JN098630

田中 亘 編著

飯田秀総＋久保田安彦＋小出 篤＋後藤 元＋白井正和＋松中 学＋森田 果 著

数字でわかる会社法

Numerical Analysis of Corporate Law

第2版

有斐閣
yuhikaku

第2版はしがき

　初版刊行から8年が経過した。この間に、2度の大規模な会社法改正（平成26年・令和元年）が行われたほか、道東セイコーフレッシュフーズ事件決定（最決平成27・3・26。第2章に関係）やジュピターテレコム事件決定（最決平成28・7・1。第8章に関係）など、本書各章の内容に関連する重要な判例が登場している。また、ジュピターテレコム事件決定や経済産業省の「公正なM＆Aの在り方に関する指針」（2019年6月18日）等を踏まえて、利害関係のあるM＆Aの手続の公正さを確保するための実務が進展したり、株式の価格決定の方法に関する学説の議論も盛んになるなど（第8章参照）、実務や学説の発展も顕著である。

　このような初版刊行後の動向をとりいれるため、本書を改訂することとした。
　本書が、初版と同様に、学習者だけでなく、研究者や実務家を含む多くの人々に親しまれ、多様な関係者の利益を促進する重要な法制度である会社法の理解に資することを願ってやまない。

　改訂に際しては、初版以来一貫して本書を担当されている有斐閣書籍編集部の藤本依子さんの多大なご助力を賜った。執筆者一同を代表して感謝申し上げる。

　2021年3月

田　中　　亘

初版はしがき

　本書は，「数字でわかる」をコンセプトにした，新しいタイプの会社法の学習書である。会社法の何が「数字でわかる」というのか，本書の狙いがどこにあるのか，といった点については，第1章で詳しく説明しているのでそれを参照されたいが，最も重要な点は，多数の当事者の利害が複雑に絡み合うことの多い会社法の問題を考えるうえでは，利害状況を明瞭に分析するために，数字を用いた議論が極めて有益となる，ということである。また，会社法は，会計学，経済学，および統計学といった，他の社会科学と深い関わりを持っている。そしていうまでもなく，これらの学問分野は，数字（あるいは数学）を利用する部分が極めて大きい。厳密な論理を展開するうえでは，それが必要不可欠だからである。本書は，会社法の理解にとって重要なこれらの関係諸科学の知識をわかりやすく伝えるということも，重要な目的としている。

　本書は，基本的には，ロースクールや学部で会社法を学習中の人を主な読者として想定している。しかし，本書の多くの章では，従来の会社法学において曖昧にされていたところ，議論が十分に詰められていなかったところを浮き彫りにし，より緻密な分析を行うように試みている。また，株式や新株予約権の評価方法など，実務上も問題になることの多い論点について重点的に検討している他，今後の会社法学（特に立法論）において利用が拡大すると見込まれる統計学については，最新の統計手法の紹介を含めて詳しく解説している。このような点で，本書は，会社法の学習者にとどまらず，研究者や実務家，さらには，法律や自主規制の立案に携わる人にとっても，手に取る価値のあるものになっていると考える。

　本書は，編者の他，本書の企画に賛同してくれた7名の研究者による共著である。各章は，最終的には，それぞれの担当者の責任において執筆されているが，執筆に際しては，著者全員で何度も会合を開き，各自が持ち寄った原稿を

たたき台にして活発な議論を重ねた。そのようにして生まれた本書は，著者た
ちの共同研究の成果物であるといってもよい。

　本書の執筆・編集に当たっては，企画の段階から一貫して，有斐閣書籍編集
第 1 部の藤本依子さんと藤木雄さんにお世話になった。記して感謝申し上げる。

　2013 年 3 月

田 中 　 亘

目　　次

第 **3** 章　株主有限責任制度と債権者の保護　44

第 **4** 章　取締役の善管注意義務・忠実義務 および株主代表訴訟　76

第 7 章　オプションと会社法　176

凡　例

■法　　令

　会社法の条文は，他の法令との混同を避けるため必要な場合を除き，条文番号のみ
で引用している。それ以外の法令については，原則として，『六法全書』（有斐閣）巻
末の法令名略語によった。

■判　　例

最大判昭和 45・6・24 民集 24 巻 6 号 625 頁（百選 2，商判 I -3）

　　＝最高裁判所大法廷昭和 45 年 6 月 24 日判決，最高裁判所民事判例集 24 巻 6 号
　　　625 頁（岩原紳作＝神作裕之＝藤田友敬編『会社法判例百選〔第 3 版〕』〔有斐閣，
　　　2016〕事件番号 2，山下友信＝神田秀樹『商法判例集〔第 8 版〕』〔有斐閣，
　　　2020〕事件番号 I -3）

東京高決平成 22・5・24 金判 1345 号 12 頁

　　＝東京高等裁判所平成 22 年 5 月 24 日決定，金融・商事判例 1345 号 12 頁

東京地決平成 20・3・14 判時 2001 号 11 頁

　　＝東京地方裁判所平成 20 年 3 月 14 日決定，判例時報 2001 号 11 頁

■雑　　誌

民　集：大審院民事判例集・最高裁判所民事判例集
判　時：判例時報
判　タ：判例タイムズ
金　判：金融・商事判例
金　法：金融法務事情

■書　　籍

江　頭：江頭憲治郎『株式会社法〔第 7 版〕』（有斐閣，2017）
神　田：神田秀樹『会社法〔第 22 版〕』（弘文堂，2020）
L　　Q：伊藤靖史＝大杉謙一＝田中亘＝松井秀征『会社法〔第 5 版〕』（LEGAL
　　　　QUEST）（有斐閣，2021）
会社法 VM：落合誠一編，中東正文＝久保田安彦＝田中亘＝後藤元＝得津晶著『会社
　　　　法 Visual Materials』（有斐閣，2011）

■文献表記

　本文・脚注中の「○○・後掲」は，各章末の参考文献欄に掲げた文献を指す。

編著者・著者紹介

編著者

　田　中　　亘（たなか・わたる）

　　　東京大学社会科学研究所教授

　　　［第1章・第4章・第7章　執筆］

著　者

　飯　田　秀　総（いいだ・ひでふさ）

　　　東京大学大学院法学政治学研究科准教授

　　　［第9章　執筆］

　久保田安彦（くぼた・やすひこ）

　　　慶應義塾大学大学院法務研究科教授

　　　［第2章　執筆］

　小　出　　篤（こいで・あつし）

　　　学習院大学法学部教授

　　　［第5章　執筆］

　後　藤　　元（ごとう・げん）

　　　東京大学大学院法学政治学研究科教授

　　　［第3章　執筆］

　白　井　正　和（しらい・まさかず）

　　　京都大学大学院法学研究科教授

　　　［第8章　執筆］

　松　中　　学（まつなか・まなぶ）

　　　名古屋大学大学院法学研究科教授

　　　［第6章　執筆］

　森　田　　果（もりた・はつる）

　　　東北大学大学院法学研究科教授

　　　［第10章　執筆］

第1章

数字で「わかる」とはどういうことか——本書の狙い

Ⅰ　は じ め に

　『数字でわかる会社法』と題した本書の序論として，会社法の何が数字で「わかる」というのか，本書の狙いがどこにあるのか，といったことについて説明したい。数字で会社法が「わかる」というとき，それは主として次のようなことを念頭に置いている。1つは，何らかの会社法のルール（立法ないし法解釈）を採用した場合に，関係する人々の利害がどのように影響を受けるかを明確にできるということである。もう1つは，望ましい会社法のルールが何かについて，一定の洞察を得ることができるということである。本章のⅡとⅢでは，数字を用いた分析のこうした効用について説明する。最後にⅣでは，本書のもう1つの狙いである，会社法に関係する諸科学をわかりやすく紹介するという点について，説明する。

Ⅱ　数字で「わかる」とはどういうことか（1）
——利害状況を明確化すること

1　数字を用いた分析がなぜ重要か

　数字を用いた分析の効用として，まず，利害状況を明確化する機能について説明しよう。会社法の問題を考えるうえでは，関係する当事者の利害状況を注意深く分析する必要がある。望ましい法制度が何かについてどのような立場をとるにせよ，少なくとも，特定の立法ないし法解釈をすると不利益を被る者がいるにもかかわらず，その者の不利益をまったく無視して立法や法解釈を提唱するとすれば，それは優れた法律論とはいいがたいことは同意してもらえるだろう。

そのような利害状況を分析するうえで，数字を用いることの利点は大きい。会社法の問題は，往々にして，多数の当事者の利害が複雑に絡み合うため，文章だけで利害状況を分析しようとしても容易ではないことが多い。逆に，数字を用いれば，割合簡単に分析できてしまうのである。このことを，本書の後の章（第6章）でも取り上げる具体的な論点を例にとって説明しよう。

2 論点──業務提携のための新株発行における有利発行性の判断

会社法上，公開会社は，定款に規定した発行可能株式総数の範囲内であれば，取締役会の決議によって，募集株式の発行等（199条以下）をすることができるのが原則であるが，1株の払込金額が，募集株式の引受人にとって「特に有利」である場合は，既存株主の利益を保護するため，株主総会の特別決議による承認を要するものとしている（有利発行規制。201条1項・199条2項3項・309条2項5号）。

こうした有利発行性が裁判で争われた著名な事件として，ソニー・アイワ事件がある（東京高判昭和48・7・27。以下，「本件」ないし「本判決」という）。本件では，ある上場会社（A）が第三者（Y）と業務提携をする目的で，Yに割り当てて新株の発行（第三者割当増資）をしたが，Aの取締役会が発行の決議をする時点で，すでに，両社が業務提携するであろうという見通しは株式市場に流れており，Aの株価は高騰していた。それでも，Aの取締役会は，高騰前の低い株価を基準にして1株の払込金額を決め（決議時の株価のおよそ半額），株主総会の承認を得ることなく新株発行を行った。Aの株主の1人が，Yに対して，改正前商法280条の11（会社法212条1項1号に相当）の責任を追及したが，裁判所は，1株の払込金額が著しく不公正であったとはいえないとして，請求を棄却した。

学説上は，結論において本判決を支持する立場（以下，これを「有力説」という）と，決議時における（業務提携の見通しを受けて高騰した）株価を基準に1株の払込金額を決めなければ有利発行になると解すべきだとして反対する立場（以下，「反対説」という）がある。これら学説については，会社法判例百選の解

---

1) 判時715号100頁（百選97，商判 I -54）。

説の中で，次のように要約・論評されている（百選199頁［仮屋広郷］）。

　　　「本件第三者割当は，業務提携を目的としていたことに鑑みれば，本件における
　　　株価高騰は，AがYの傘下に入ると，技術の相互補完性，資金的テコ入れ等によ
　　　りAの業績が向上するという，いわゆるシナジー（相乗効果[2]）を見越したもので
　　　あったと考えられる（中略）。
　　　　ここで注意すべきは，①高騰した価格からシナジーを反映した部分を除いた部分
　　　がYの払込金額とされれば（＝本判決のルール），Aに生じるシナジーは，既存株
　　　主と新株主であるYとの間で，新株発行後の持株割合に比例して配分されること
　　　になり，［これに対して，］②シナジー含みの高騰した価格がYの払込金額とされれ
　　　ば（＝反対説のルール），Yがシナジーの恩恵を受ける割合は小さくなる（極論で
　　　はあるが，仮に100％シナジーが反映されているような場合には，Yは何の恩恵も
　　　受けない），という点である」。

　仮屋教授はこのように述べて，高騰前の株価を基準に払込金額を決めても通
常は公正であるとする有力説の立場[3]は「合理性があるように思う」と評してい
る。
　けれども，法律学習者がこの記述だけを読んで，その趣旨を正確に理解する
ことは難しいであろう。なぜ，高騰前の株価を基準に1株の払込金額を決める
と，シナジーが「持株割合に比例して」配分されることになるのか，また，な
ぜそれが「通常は公正である」といえるのか。あるいはまた，高騰後の株価を
1株の払込金額とすると，「Yは何の［シナジーの］恩恵も受けない」ことにな
るのはなぜか。
　一般に，法律学習者向けの文献（教科書・教材）は，字数の制約が厳しく（百
選の場合，どんなに込みいった判例であっても，見開き2頁，字数でいうと4800字し
か書けない！），書き手が「この記述ではたぶん読者は理解できないだろうな」
とわかっていても，どうにもならない場合もあるのである。その場合，法律学
習者は教科書・教材だけに頼るのではなく，そこでなされている引用等を手が
かりに，より高度な文献に当たる必要がある[4]。とはいえ，そうした高度な文献

　2）　業務提携や企業の結合・買収によって生まれる企業価値の増大分をシナジーという。
　　LQ 384頁［田中亘］参照。
　3）　代表的な文献として，江頭憲治郎『結合企業法の立法と解釈』（有斐閣，1995）228頁。
　4）　ただし，ここでの問題についていえば，より高度な文献（江頭・前掲注3）227頁）

は，学習者向けに書かれたものではないため，読んでみても必ずしも理解できないということもありうる。学習者向けにかみ砕いた説明をしてくれる文献があればいちばん望ましいであろう。そして，本書は，数字を用いることで，そうした「かみ砕いた説明」をすることを目指しているのである。そこで次に，ここでの論点を，数字を用いた設例によって分析してみよう。

3　設　　例

> **【設例】**　Aは，もしもYと業務提携しない場合，その株主価値は 6000 円であるとする[5]。また，発行済株式総数は 100 株であるとする[6]。Aは，Yから 3000 円の払込みを受けて新株を発行し，Yと業務提携をすると，その株主価値は 12000 円になるとする。こうした業務提携の見通しは，Aが新株発行の決議をする前から，すでに株式市場に流れており，株価は高騰しているとする。

　もしも株式市場における株価が，Aの株主価値を合理的に予測して形成されているとすれば，株価が高騰する前（業務提携の見通しが市場に流れる前）のAの株価は，1株 60 円であったはずである（以下では，高騰前の株価は実際に1株 60 円であったことを前提にする）。そしてAが，Yから 3000 円の資金調達を受けると，その株主価値は，従前の株主価値と調達資金額の合計である 9000 円でなく，12000 円になるとされているが，その差額 3000 円が，AとYの業務提携による（技術的・営業的補完性や資金面の助成等により生じる）シナジーに相当する。

を読んでもなお，得心の行かない人が多いのではないかと思う。シナジーが新株発行後の持株割合に応じて配分されることが通常は不公正といえないという説明の仕方が，やや舌足らずに思われるからである。その点は，本文で後述する。

5)　ある会社の「株主価値」（株主全体に帰属する価値）とは，企業価値（第2章で説明するとおり，会社が生み出す将来キャッシュフローの割引現在価値として算定される事業価値に非事業用資産の価値を加えたもの）から金融（有利子）負債を差し引いたものである。第2章，特にIV7を参照。

6)　この設例（本書で後に出てくる多くの設例も同じ）では，計算を簡単にするため，あえて小さな数字を用いている。もっと現実的な数値を用いても，分析の本質に変わりはない。

4　高騰前の株価を基準に1株の払込金額を決める場合

　まず，1株の払込金額を高騰前の株価である 60 円にした場合，A の既存株主と Y がそれぞれどれだけの利益を得るのか，とりわけ，シナジーが両者にどのように配分されるかを考えてみる。

　実際に計算してみよう。Y は1株 60 円で 3000 円の払込みをするから，Y が発行を受けるべき A の株式数は，3000/60 = 50（株）となる。すると，新株発行後の A の株式は，A の既存株主と Y とが，2 : 1 の割合（100 株と 50 株）で保有する。発行後の A の株主価値は 12000 円であり，そのうち A の既存株主に帰属する分は，$12000 \times (100/150) = 8000$（円）である。株価が高騰する前は，A の株主価値は 6000 円であったから，A の既存株主は，業務提携により $8000 - 6000 = 2000$（円）の利益を得たことになる。他方，発行後の A の株主価値のうち Y に帰属する株主価値は，$12000 \times (50/150) = 4000$（円）である。Y は払込金額 3000 円と引き換えにこの価値を得たのであるから，Y の利益は $4000 - 3000 = 1000$（円）となる。すなわち，業務提携によるシナジー 3000 円は，A の既存株主と Y との間で，2 : 1 の割合，つまり，「新株発行後の持株割合に比例して」（百選 199 頁［仮屋］）配分されることになる。

　もっとも，「シナジーが新株発行後の持株割合に比例して配分される」ということは，それ自体は，Y がたくさん新株の発行を受けるほどたくさんシナジーの配分を受けられるという，当然のことをいっているに過ぎない。なぜそこから，払込金額が「通常は公正である」という主張が出てくるのか，納得できない人もいるのではないか。

　実は，ここでのポイントは，シナジーが「新株発行後の持株割合」に応じて配分されることにとどまらず，シナジーが既存株主と引受人との間で，それぞれが従前に把握していた価値の比率に応じて配分されることにあると考えられる（その意味では，従来の学説の説明の仕方には，やや舌足らずな面があったように思われる）。A の株主価値は，業務提携のシナジーを反映する前は 6000 円であり，それが，A の既存株主が従前把握していた価値である。他方，Y が従前把握していた価値は，Y が A に払い込んだ金額，つまり 3000 円である。高騰前の株価を1株の払込金額として新株を発行すれば，発行後の持株割合は，A の既存株主と Y のそれぞれが従前把握していた価値の割合（6000 : 3000 = 2 : 1）

と等しくなり，業務提携のシナジーもまた，その割合に応じて配分されることになるのである。

　このような配分割合が，なぜ有力説によって「通常は公正である」と考えられているのかについては，業務提携の目的でAがYに新株発行をするという行為は，「Aの既存株主とYとが，それぞれ，Aの事業全部と金銭とを出資しあって，合弁企業を設立する」という行為と経済実質的には同じであるという事実[7]に思いをいたせば，理解できるであろう。もしもAの既存株主とYとが，それぞれ6000円と3000円の金銭出資をしたとすれば，両者の持株割合を2：1にすることが，通常は公正だといえるだろう。Aの既存株主が6000円の金銭でなく，それだけの価値を持つ事業を出資した場合も，やはり，出資額に応じて持株割合を決めるのが，通常は公正である——あるいは少なくとも，そのように決めることが引受人に「特に有利」（199条3項）であるとか，「著しく不公正」（212条1項1号）であるとまではいえないだろう，というのが，有力説の考え方である[8]。

5　高騰後の株価を基準に1株の払込金額を決める場合

　これに対し，仮に決議時の（業務提携の見通しを受けて高騰した）株価を1株の払込金額にする場合はどうなるであろうか。この場合，Aの既存株主とYがそれぞれどれだけの利益を得るかは，決議の時点までにAの株価がいくらまで高騰するかに依存する。そして，株価がいくらまで高騰するかは，株式市場（そこで株式取引をする投資家）が，AのYに対する新株発行が行われる可能性がどれだけあると予測しているかに依存して決まる。ここでは，問題点を明確

---

7)　どちらの行為も，その結果として，Aの事業全部とYが払い込んだ金銭を所有する会社が存在して，その株式をAの既存株主とYが保有するという状態が実現する。

8)　本文に述べた発想は，合併をすることを，各当事会社の株主がそれぞれの会社の事業全部を出資して合弁企業を設立することに見立てて，各当事会社の従前の株価の比率に基づいて合併比率を決めることが公正であると論じる，米国由来の学説（神田秀樹「合併と株主間の利害調整の基準——アメリカ法」鴻常夫先生還暦記念『八十年代商事法の諸相』（有斐閣，1985）331頁，353-354頁参照）に負っている。高騰前の株価を基準に1株の払込金額を決めれば通常は公正と認められるとする有力説は，合併を念頭に置いて展開されてきた学説の議論を，新株発行の場面に応用したものなのである。

にするために，決議の時点までに，株式市場は，「Aが（決議時における株価を1株の払込金額として）Yに新株発行をすることは確実である」と予測して，株価を形成すると仮定しよう。その場合，業務提携のシナジーはすべてAの既存株主に配分され，Yは利益を得られないという結果になる。

　そのことは，次のようにして明らかにできる。上記の仮定のもとでは，決議の時点においてすでに，Aの株価は，「AがYに新株発行をした後に実現する（1株当たりの）株主価値」と同額まで高騰しているはずである。その株価（＝1株の払込金額＝新株発行後の1株あたりの株主価値）を p 円としよう。そして，1株の払込金額を p 円とした場合に，Yに対して発行される株式数を q 株とする。すると，次の2つの等式が成立する。

$$3000/p = q \qquad \cdots (1)$$
$$p(100+q) = 12000 \qquad \cdots (2)$$

　Yは1株 p 円で3000円をAに払い込み，q 株の発行を受けるのだから，(1)の等式が成立していなければならない。また，(2)は，新株発行後のAの株主価値が12000円，1株当たりの株主価値が p 円で，発行済株式総数が $(100+q)$ 株になることを表している。この2つの等式から（連立方程式を解くと），$p=90$（円），$q=33$（株）となる。

　この場合，Yは3000円の払込みと引き換えに3000円相当のA株式を手に入れることになり，その利益は0円である。他方，Aの既存株主に生じる利

---

9)　この仮定のもとでは，決議の時までに新株発行の情報はAの株価に完全に織り込まれることになり，実際にAが新株発行の決議をして公表しても，さらには実際に新株発行をしても，Aの株価はそれ以上変動しないことになる。もちろん，現実には，決議の時点では株式市場は新株発行をそこまで確実には予測していないことも多いであろう。その場合，決議時のAの株価は，新株発行後のAの（1株当たりの）株主価値と同水準まで高騰することはなく，その結果，Yは業務提携のシナジーの一部を享受することができることになる。ここでは，有力説の問題意識（高騰後の株価を基準にするとYはシナジーの配分を受けられない恐れがある）が何なのかを明確にするために，あえてこのような（人によっては「極論」と感じられるかも知れない）仮定を置いている。

10)　小数点未満を四捨五入している。厳密には，$q=33\frac{1}{3}$ である。

11)　$90 \times 33\frac{1}{3} = 3000$（円）。

益は，$90 \times 100 - 6000 = 3000$（円）であって，業務提携のシナジー 3000 円はすべて A の既存株主に配分されることになる。この条件は，むしろ A の既存株主に「特に有利」であるといえるかもしれない。少なくとも，この条件よりも Y に有利な条件で発行すれば直ちに有利発行になるとまでいうことは，難しいのではなかろうか。1 株の払込金額は高騰前の株価を基準に決めればよいとする有力説の考え方は，以上のような考慮に基づいているのである。

6　ま　と　め

　本章では，結論において有力説と反対説のいずれをとるべきかについて論じることはしない。以上の分析を前提にしても，業務提携のシナジーをどのように配分するかは，A の取締役会でなく，A の株主に決めさせるべきだとして，反対説を支持するという議論もありうるところである。この点については，第 6 章でさらに詳しい議論が展開されるであろう。ここで強調したいことは，この問題を考えるうえでは，高騰前あるいは高騰後の株価を 1 株の払込金額とすることにより，A の既存株主と Y の利害は，それぞれどのように変わるかを分析する必要があるということである。さもなければ，関係する当事者の利害状況に注意を払わずに法解釈をすることになり，不適切な法律論であると評されることになろう。数字を用いた分析により，利害状況の明確な分析が可能となるのである。

Ⅲ　数字で「わかる」とはどういうことか（2）
——望ましい法制度についての洞察を得ること

1　規範的な分析

　Ⅱでは，法律論（立法論であれ，解釈論であれ）をする際に，関係する当事者の利害状況を明確に分析するために，数字による分析が有用であると論じた。このような目的での数字の利用は，法律論をどのような判断基準に基づいて行うか——ある立法なり法解釈が「望ましい」かどうかを，どのようにして判断するか——に関わりなく，有用であると考えられる。法律論をどういう判断基準に基づいて行うにしても，その前提として，関係する当事者の利害状況を注

意深く分析することは必要であると考えられるためである。[12]

　しかし，本書の各章の分析では，単に利害状況を分析するだけでなく，一定の規範的な主張（法は「こうあるべきだ」という主張）をするために，数字による分析を行っている場合がある。たとえば，第 4 章Ⅱで取締役の忠実義務の意義を論じる場合のように，特定の法制度の存在意義——ある法制度を有することは，それを有しない場合と比べてどういう点で「望ましい」か——を明らかにするために，数字による分析をすることがある。また，第 3 章Ⅲで株主有限責任の「弊害」を論じているように，特定の法制度の問題点を明らかにするために，数字による分析をしている場合もある。

2　規範的な分析をする際の判断基準——効率性について

　このような規範的な議論をするにあたっては，ある法制度が「望ましい」とか，あるいはそれに「問題点」があるとかいう場合，どういう判断基準に即してそういっているのかが問題になる。本書の各章の分析では，そうした規範的な議論を——必ずしも明示的でなく，また，常にそれによっているとも限らないが——，効率性（efficiency）[13]という基準によって行っている場合が多い[14]。効率性という評価基準は，法制度の望ましさを，それが人々にもたらす便益（利

---

12)　この点は，あるいは異論があるかも知れない。法の「望ましさ」は，その法が人々の利害にどのように影響を与えるか（法の「帰結」）とは無関係に判断するべきだ，と考える人もいるかもしれない。その立場によれば，本書で展開する数字による分析は，まったく無用ということになる。しかし，筆者は，少なくとも会社法の問題についていえば，そのような徹底した反帰結主義的な立場は，人々の支持を得られないだろうと考えている。

13)　効率性の意味について詳しくは，田中亘「取締役の社外活動に関する規制の構造(2)」法学協会雑誌 117 巻 10 号（2000）1425 頁，1504-1513 頁参照。

14)　たとえば，第 9 章で飯田教授は，公開買付けの「強圧性」と呼ばれる現象について，それが何らかの法的対処を検討するに値する「問題」であると考える理由の 1 つを，企業価値を低下させる買収が強圧性によって実現する可能性がある点に求めている（第 9 章Ⅱ 1 の「第 2」の理由）。これは，効率性を基準にした規範的分析といってよい（「企業価値」とは，要は会社が生み出す便益のことである）。これに対し，飯田教授が「第 1 の理由」として挙げている，対象会社の株主の利益が害されるという点は，買収価格が低いために対象会社の株主の利益が減ると，その分，買収者の利益が増えるため，一見，効率性の問題ではない（当事者間の利益移転の問題に過ぎない）ようにも思われる。しかし，第 9 章注 14）で飯田教授が指摘するように，強圧性により買収価格が低く抑えられることが予

益）の大きさによって判断しようとするものである。もしも法制度が，人々に便益だけでなく費用（損失）ももたらす場合は，便益から費用を差し引いたもの（ネットの便益）の大きさによって，その望ましさを評価することになる。この基準によれば，たとえば，忠実義務の意義は，それが会社と取締役との間の価値ある（費用を上回る便益を生む）関係の形成を可能とする点に求められることになるし（第4章），株主有限責任制度の「弊害」は，主として，過度にリスキーであって費用を上回る便益を生まない事業を行うインセンティブを株主に与えてしまう点に求められることになる（第3章）。

　このような判断基準を受け入れる限り，法制度の望ましさはネットの便益の大きさによって評価されることになるから，便益と費用とを明示的に数値化した（数字を用いた）分析が有用であることは明らかであろう。ただ，効率性という基準を用いることに対しては，法制度の望ましさを効率性だけで判定することができるのか，もっと別の，正義とか公正といった判断要素も（あるいはそれこそが）重要なのではないか，といった反論があるかも知れない。それに対してどう答えるかは，本書の執筆陣の間でも見解が分かれるところだと思うので，ここで本書の立場はこうだと明示することはしない。筆者（本章の執筆者である田中）自身は，こと自分の研究領域である商法その他の私法の分野に関する限り，法制度の望ましさは，効率性だけで判断すべきであり，それ以外のどんな判断要素も交えるべきではないのではないかと真剣に考えるようになっている。それは，1つには，一般には正義・公正の観点から要求されると考えられているさまざまな法規範は，実は，その法規範を広く社会に普及させれば効率性を増進するということから正当化することができるのではないかと考えているためである。もう1つには，もしも効率性以外の（正義とか公正といっ

想される場合，対象会社またはその株主が，事前（買収が起きる前）に企業価値増加のための投資を行う動機（インセンティブ）を不十分にしか持たなくなるという形で，効率性の問題も生じうる。このように，それ自体は当事者間の利益移転の問題と見える法律問題は，当事者の事前の行動に与える影響を考慮すれば効率性の問題になることはしばしばある。たとえば，少数株主の保護法制に関し，榊＝飯田・後掲75-80頁参照。
15）　たとえば，詐欺や強迫が禁じられるのは，詐欺や強迫の実行やその防止のために費やされる努力は社会的な浪費であること，および，詐欺や強迫のゆえに結ばれる契約は当事者

た）判断要素により正当化できる法規範があるとすると，それは，非効率な（費用を上回る便益を生まない）行為であっても法が人々に義務づけることが正当化される場面があるということになるが，そのような場面が，筆者には思いつかないためである。

　もっとも，本書における規範的な分析を読むうえでは，筆者の見方に賛同してもらう必要はない。効率性が，法制度を評価するための唯一の基準であるという見方は受け入れられなくても，法制度を評価するさまざまな判断要素のうちの1つになりうるという見方を受け入れる限り，効率性を基準にした規範的な分析には一定の意義が認められるはずである。もしも読者が後者の見方に立つのであれば，効率性を基準にした規範的な分析の結論が，正義や公正といった他の判断要素を加えた場合にどのように変わりうるかを——「正義」や「公正」とは具体的には何を意味するのかという点も含めて——考察してみてもよいであろう。

Ⅳ　関係諸科学への招待

　本書のもう1つの狙いとして，経済学（特にファイナンス理論），統計学，会計学（簿記）といった，会社法に関係する諸科学を紹介することも挙げられる。

　本章では，法律論をするにあたって，関係する当事者の利害状況を分析することの重要性を強調したが，そのためには，経済主体がどのように行動し，その結果としてどのような社会の状態が実現するかに関する分析手法を発展させている経済学は，大いに参考になる学問分野である。また，経済学でも特にファイナンス理論は，株式価値（第2章）やオプション価値の評価（第7章）に関する理論を発展させている。これらの理論は，株式や新株予約権の価値評価が争われる裁判例で現実に利用されており，その意味で，こうした理論の少なく

相互の利益になるものではないためその履行を法が促す根拠がないこと，という，もっぱら効率性の観点から正当化できる（シャベル・後掲337-378頁，385-386頁参照）。法が横領を禁じることも，同様に，効率性の観点から説明できる（田中・後掲① 231-237頁参照）。会社法の「正義」とは「富の最大化」（本文に述べた効率性とほぼ同じと考えてよい）を図ることにあると論じるものとして，草野・後掲第1章も参照。

とも基礎を知っていることは，会社法の実務をする上でも不可欠のものとなりつつある。

　また，関係する当事者の利害状況を知るうえで，実証的な研究は当然ながら重要である。本書の多くの章では，しばしば，簡単な設例を用いて利害状況を分析しているが，こうした分析から得られる結論は，あくまでも仮説の域を出ず，それが現実の利害状況をどこまで正確に反映しているかについては，究極的には，実証的な研究を待たなければならない。わが国においても，近時は，会社法に関連する実証研究が経済学者らにより徐々に行われつつあるが，これを適切に理解するためには，統計学に関する最低限の知識が必要となる。本書では，今後の法律学にとって実証研究がますます重要になるという認識のもと，特に 1 章を割いて，統計学の基本的考え方および，現に実証研究で使用されるさまざまな統計手法について解説している（第 10 章）。

　最後に，会計学ないし簿記の知識は，会社法の計算のルールを理解するうえで重要である。計算を苦手にしている会社法の学習者は多いと思うが，私見では，それは簿記に関する基本的な知識なしに，会社法の教科書の（つまり文章による）説明だけで理解しようとするからである。実際に簿記の基本を学び，資産，負債，資本（ないし純資産），収益および費用がどのように会計上記録されるかを知ると，難しく思えた計算のルールも割合簡単に理解できると筆者は考えている。簿記については，本書の第 5 章で解説している。

V　お わ り に

　以上に説明したとおり，本書では，さまざまな形で数字を用いた分析を行っているのであるが，それらに通底しているのは，法律学においては，関係する当事者の利害状況を注意深く分析することが重要であるという認識である。読者が本書を通じて，これまで十分に理解していなかった（あるいはなんとなく理解したと思っていた）会社法の諸問題についてより深く理解することができ，そ

---

16)　たとえば，2009 年日本私法学会の商法シンポジウムでは，会社法に関する実証研究が発表された（商事法務 1874 号（2009）4 頁以下参照）。

れによって，より強い関心を持って会社法の学習に取り組めるようになること
を願っている。

◆練習問題◆

　Ⅱ3〜5では，業務提携を目的とする新株の発行に際して，①もしも1株の払込
金額を，業務提携の見通しを受けて高騰する前の株価に等しく設定するとすれば，
業務提携のシナジーは，既存株主と引受人との間で，それぞれが従前把握していた
価値の比率に応じて分配されること，および，②もしも1株の払込金額を，業務提
携の見通しを受けて高騰した株価に等しく設定するとすれば，（業務提携の見通しが
発行決議までに株価に完全に反映されていることを前提にすると）シナジーは既存株主の
みに分配されることになることを，数字を用いた設例によって示した。しかし，こ
れに対しては，たまたまこの設例における数値の設定の仕方によって，そのような
結果になったのではないか，という疑問が生じるかもしれない。

　上記①②が，数値の設定の仕方を問わず一般的に成り立つことを示すためには，
数字の代わりに，文字を使う分析が必要になる。**Ⅱ3**の設例で，業務提携をしない
場合のAの株主価値をV円，その発行済株式の総数をm株，新株発行に際してY
がAに払い込む金額をS円，Yに新株発行して業務提携をした場合に実現するA
の株主価値をW円とした場合に，上記①②が成り立つことを示しなさい。

◇ヒント◇

　ここで指摘したとおり，数字を用いた分析には，一般性に欠ける（分析の帰結が数
値の設定の仕方に依存しているのではないかという疑問が常につきまとう）という欠点があ
る。これに対し，文字を用いた分析は，取っ付きにくさがあるかもしれないが，一
般性のある帰結を導くことができる。本書は，取っ付きやすさを優先し，設例はす
べて数字を用いたものにしているが，読者は，そこで示されている帰結が，文字を
使っても成り立つかどうかを確かめてみるのもよいだろう。そのような実践をする
ことで，読者は，**法の経済分析**（法と経済学）と呼ばれる学問領域に足を踏み入れ
ることになる。シャベル・後掲参照。

[第2版への追記]

　Ⅲ2で述べた，効率性を法制度の望ましさの判断基準にすべきであるという主張
は，田中・後掲③で展開している。また，練習問題のヒントで触れた法の経済分析
（法と経済学）について，田中・後掲②で紹介しているので，興味があれば，これ

らも読んでもらいたい。

■参考文献■

草野耕一『会社法の正義』（商事法務，2011）

シャベル，スティーブン（田中亘＝飯田高訳）『法と経済学』（日本経済新聞出版社，2010）

榊素寛＝飯田秀総「会社関係者間の利害を調整するルールとは〜会社法〜」柳川隆－高橋裕－人内伸哉編『エコノリーガル・スタディーズのすすめ──社会を見通す法学と経済学の複眼思考』55-83頁（有斐閣，2014）

田中亘①「忠実義務に関する一考察──機能に応じた義務の設計方針」小塚荘一郎＝高橋美加編『落合誠一先生・還暦記念　商事法への提言』（商事法務，2004）225-268頁

田中亘②「法の経済分析とは何か，なぜそれが必要とされるのか──会社法の問題を中心に」ビジネス法務16巻5号（2016）53-59頁

田中亘③「商法学における法解釈の方法」山本敬三＝中川丈久編『法解釈の方法論──その諸相と展望』（近刊，有斐閣，2021）

第2章
株式価値の評価

I　はじめに

　会社法上，株式価値の評価が争われる場合は少なくない。たとえば，①譲渡制限株式の売買価格を決定する場合（144条），②反対株主の株式買取請求に係る買取価格（「公正な価格」）を決定する場合（117条・182条の5・470条・786条・798条・807条），③会社による全部取得条項付種類株式の取得価格を決定する場合（172条），④特別支配株主の株式等売渡請求に係る売渡株式等の売買価格を決定する場合（179条の8），⑤募集株式の有利発行（199条3項）に関する取締役の責任について争われる場合である。①②③④は非訟事件として，⑤は訴訟事件として争われることになる。

　それでは，株式価値の評価はどのような方法で行われるべきなのであろうか。さまざまな方法が唱えられているが，学説上，必ずしも見解は一致しておらず，そのことは裁判例でも同様である。以下では，まずIIで代表的な評価方法を概観した後，IIIで裁判例や学説の状況を取り上げる。そのうえで，IVでは，株式の評価方法のうちDCF法（Discounted Cash Flow法）を取り上げ，その具体的な評価プロセスを解説することにしよう。とくにDCF法を取り上げる理由は，①DCF法が学説上の支持を集めてきていること，②近時は裁判例でも，継続企業の株式の価値評価についてはDCF法が最も妥当であると判示するものが現れ，実務上の重要性も増してきていること，③それにもかかわらず，DCF法には難解なところがあり，イメージがつきにくいこと，④逆に，いったんDCF法を「わかる」ことができれば，他に「わかる」ことも多いと考えられることにある。なお，本章では，説明を単純化するため，1種類の株式しか発行しない会社の場合を対象にすることにしたい。

Ⅱ　さまざまな株式価値の評価方法

　株式の権利内容は，剰余金配当請求権や残余財産分配請求権のような会社の
キャッシュフローの分配を受ける権利と，株主総会における議決権のような会
社のコントロールに関する権利とに大別される。株式価値の評価とは，本来こ
れらの権利の価値を総体として評価することであるはずだが，会社のコントロー
ルに関する権利の金銭評価は非常に難しいため，キャッシュフローの分配を
受ける権利に着目して株式価値を評価することが行われる。より具体的に，剰
余金配当請求権に着目するのがインカムアプローチ（収益方式），残余財産分配
請求権に着目するのがネットアセットアプローチ（純資産方式）であると理解
できるであろう。また，株式評価の方法としては他に，類似する他の上場会社
の株式の市場価格を参考にするといったマーケットアプローチ（比準方式）も
みられる。

1　ネットアセットアプローチ

　ネットアセットアプローチ（純資産方式）では，評価対象会社の純資産の額
を算定したうえで，それを発行済株式総数（自己株式を除く）で除すことによっ
て株式の価値が求められる。ただし，純資産の額を算定するにあたり，貸借対
照表上の帳簿価額に基づくのか（簿価純資産法），それとも時価に引き直して算
定するか（時価純資産法）によって，株式の評価額は異なることになる。

　簿価純資産法による方が簡便であるが，簿価として計上されているのは，基
本的に会社が当該資産をいくらで取得したのかという取得価額であるため，実
際の資産価値から乖離している可能性がある（→本書第 5 章参照）。他方，時価
純資産法はさらに，会社を解散・清算して，その財産をただちに処分するとし
た場合における価格に引き直す方法（清算処分時時価純資産法・清算価値時価純資
産法）と，会社の財産と同一のもの（新品ではない）を調達するとした場合にお
ける価格に引き直す方法（再調達時価純資産法）とに分かれる。ただし，いずれ
の方法にあっても，実際にすべての資産を時価評価するのは必ずしも容易では
ない。また，そもそもの問題として，継続企業の株式を評価するにあたり，残
余財産分配請求権に着目するのが妥当かどうかという問題もある（→Ⅲ2 参照）。

2　インカムアプローチ

　インカムアプローチ（収益方式）とは，①評価対象会社の株主が将来いくら
の剰余金配当を受けられるかを予測し（配当還元法），あるいは，②会社が将来
いくらの利益を上げるかを予測し，その予測額に基づいて株式の価値を求める
方式のことをいう。このうち②の方式で，会社の将来の利益を基準とするのは，
それが株主への配当の原資となるからである。そうであれば，最初から①配当
還元法に拠ればよさそうであるが，現実には，会社の配当政策は合理的である
とは限らない。また，事業再生途上であるという理由や税制上の理由により，
配当を低く抑えている企業もあるであろう（→ *Column 2-1*）。それらの場合に，
過去の実績をもとに将来の配当額を予測するのは妥当でないため，②の方式で
は，株主への配当額ではなく会社の利益の額が基準にされている。

　②の方式が基準とする会社の利益としては，課税後純利益（収益還元法）の
ほか，フリー・キャッシュフロー（DCF 法）が挙げられる。ここでフリー・キ
ャッシュフロー（以下「FCF」という）とは，企業が事業活動で生み出したキャ
ッシュフロー（現金収入）を用いて必要な投資を行い，後に残る分（余剰資金）
のことを意味する。

Column 2-1　企業の配当政策

　　いわゆるフリー・キャッシュフロー仮説では，企業が抱えている内部資金の用い
　方について，経営者に最適な用い方を強制することは難しく，どうしても経営者の
　裁量の余地が大きくなるため，経営者は，企業価値の最大化ではなく，自己の私的
　利益のために内部資金を用いる可能性が高いとされる。この仮説のもとでは，企業
　が投資機会をあまり有しておらず，余剰資金を抱えているときは，それを株主に分
　配するのが望ましいことになる。
　　ところが，わが国の上場会社は，伝統的に，毎年の配当性向（当期純利益に占める
　配当支払額の割合）や1株あたりの配当額を一定にするという安定配当を実施してき
　た。このことは，上記のフリー・キャッシュフロー仮説に照らすと，上場会社で合
　理的な配当政策がとられてこなかった可能性を示唆している。というのも，各会社
　がどれほどの投資機会を有しているか（逆にいえば余剰資金をどれほど抱えているか）
　は年ごとに異なると考えられる以上，それに応じて毎年の配当額や配当性向も変化
　してよいはずなのに，そうなっていないからである。もっとも反面で，近時の上場
　会社は，自己株式の取得を積極的に行っている[1]。こうした動きは，安定配当を維持

しつつも，自己株式の取得を通じて余剰資金を株主に分配しようとするものとみることができる。

　他方，非上場会社については，統計資料がなく，どのような配当政策がとられているのかは不明である。ただ，一般的には，支配株主が存在する同族会社の場合は，税制上の理由から，配当額を低く抑えようとする可能性が小さくないといわれる。すなわち，まず会社が利益をあげると，その額を基準に算定される所得に法人税がかかるだけでなく，剰余金の配当をすると，今度は配当を受け取った株主にも所得税がかかってしまう。そのため，支配株主は，こうした二重課税のかかる配当の額は低く抑える一方，損金算入が認められる（課税対象となる所得の額の算定に際して利益から控除される）役員報酬や給与の形で会社から利益の還元を受けようとするというのである。

　こうした可能性に鑑みて，税法は，同族会社が利益を配当せず一定金額以上を内部留保した場合に，その留保金に課税したり（留保金課税），損金算入が認められる役員報酬の額を制限したりしているが，それでも，配当額が低く抑えられる可能性が完全に排除されているわけではない。

　インカムアプローチでは，将来の配当額やFCFなどを予測する必要があるだけでなく，それらを適切な割引率で割り引く（ディスカウントする）ことも必要になる。それは，仮にある事業について，1年後に1.1億円，2年後に1.21億円のFCFが確実に期待できるとしたときでも，その現在価値は2.31億円ではない（2.31億円から割り引いた価値しか有しない）からである。このことを理解するために，日本国債などのデフォルトの危険がほとんどない安全な資産に，1億円を投資するケースを考えてみよう。仮にそうした安全資産の収益率（安全利子率，リスクフリーレート）が年10%であるとすれば，現在の1億円は2年後には，1億円×$(1+0.1)^2$＝1.21億円となる。これを逆にみれば，2年後に得られる1.21億円を年利10%で割り引くことによって，1億円という現在価値が導かれることになる。同様に，1年後に得られる1.1億円の現在価値は，1.1/$(1+0.1)$＝1億円であるため，上記のFCFの現在価値は，2.31億円ではなく2

---

1)　上場会社の株主還元（剰余金配当や自己株式取得）に関する近時の動向については，生命保険協会「平成29年度調査　株式価値向上に向けた取り組みについて」30頁以下《http://www.seiho.or.jp/info/news/2018/pdf/20180420_3.pdf》参照。

億円になる。

【FCF の現在価値の算定】

　ある事業からもたらされる FCF を n 期目まで予測できたとすると，その現在価値は，以下の式で求められる。なお，C_n は n 期目における FCF，割引率は r である。本文で述べたように，割引率は，もし C_n が確実に期待できる（リスクがない）のであれば，安全利子率となる（→リスクがある場合については**Ⅳ3**参照）。

$$\text{FCF の現在価値}(PV_0) = \frac{C_1}{1+r} + \frac{C_2}{(1+r)^2} + \frac{C_3}{(1+r)^3} + \cdots\cdots + \frac{C_n}{(1+r)^n} \quad\cdots\cdots①式$$

　もっとも，現実には，企業の将来キャッシュフローを予測できるのは，せいぜい 5 年先や 10 年先までである。そこで実務上は，それらの期間の FCF を予測したうえで，その期間経過後については，(1)予測期間の平均 FCF が継続すると仮定したり，(2)予測期間の最終期の FCF をベースに，期待インフレ率などの一定の成長率が継続すると仮定することが多い。これらの仮定を置く場合には，一定期間の FCF さえ予測できれば，将来の FCF の算定は比較的容易である。

　たとえば，上記(1)のように，一定の FCF が継続すると仮定すると，上記①式は，次のように置き換えることができる。

$$\text{FCF の現在価値}(PV_0) = \frac{C}{1+r} + \frac{C}{(1+r)^2} + \frac{C}{(1+r)^3} + \cdots\cdots + \frac{C}{(1+r)^n} \quad\cdots\cdots②式$$

　この②式から，②式の両辺に $\frac{1}{1+r}$ を掛けたもの（③式）を引くと，④式のようになる。

$$PV_0 = \frac{C}{1+r} + \frac{C}{(1+r)^2} + \frac{C}{(1+r)^3} + \cdots\cdots + \frac{C}{(1+r)^n}$$

$$-\Big)\left(\frac{1}{1+r}\right)PV_0 = \frac{C}{(1+r)^2} + \frac{C}{(1+r)^3} + \cdots\cdots + \frac{C}{(1+r)^n} + \frac{C}{(1+r)^{n+1}} \quad\cdots\cdots③式$$

$$PV_0 - \left(\frac{1}{1+r}\right)PV_0 = \frac{C}{1+r} - \frac{C}{(1+r)^{n+1}} \quad\cdots\cdots④式$$

　r がゼロより大きい場合には，n が大きい数になればなるほど $\frac{1}{(1+r)^n}$ はゼロに限りなく近づくので，④式に，$\frac{1}{(1+r)^n}=0$ を代入して整理すると，以下の⑤式が導かれる。

$$PV_0 = \frac{C}{r} \qquad \cdots\cdots ⑤式$$

他方，上記(2)のように，FCF が一定の率 (g) で成長すると仮定すると，上記①式は，次のように置き換えることができる。

$$\text{FCF の現在価値}(PV_0) = \frac{C}{1+r} + \frac{C(1+g)}{(1+r)^2} + \frac{C(1+g)^2}{(1+r)^3} + \cdots\cdots + \frac{C(1+g)^{n-1}}{(1+r)^n} \cdots\cdots ⑥式$$

ここで $r > g$ とした場合，上記⑥式の両辺に $\left(\frac{1+g}{1+r}\right)$ を掛けると，次のようになる。

$$\left(\frac{1+g}{1+r}\right) PV_0 = \frac{C(1+g)}{(1+r)^2} + \frac{C(1+g)^2}{(1+r)^3} + \frac{C(1+g)^3}{(1+r)^4} \cdots + \frac{C(1+g)^{n-1}}{(1+r)^n} + \frac{C(1+g)^n}{(1+r)^{n+1}}$$
$$\cdots\cdots ⑦式$$

⑥式から⑦式を引いたうえで，上記⑤式を導いた場合と同じく $\frac{1}{(1+r)^n}=0$ を代入して整理すると，以下の⑧式が導かれる。

$$PV_0 = \frac{C}{r-g} \qquad \cdots\cdots ⑧式$$

Ⅲ*2*で述べるように，学説上は原則としてインカムアプローチに拠って株式価値を評価すべきであるとする見解が有力である。ただし，将来の配当額やFCF などの予測は，たとえ5年先や10年先までであっても，必ずしも容易ではない。また，将来における配当額や FCF についてリスク（不確実性）がある場合は，それも考慮して適切な割引率を設定することが必要になるところ，その作業にも小さくない困難をともなう。株式評価をめぐる紛争が生じた場合は，これらの FCF の予測額や割引率などが争点となるが，それは，それらの予測・設定が難しいことに加え，どのような額・率を予測・設定するかによって株式価値の評価額が大きく異なるからである（→Ⅳ参照）。

3　マーケットアプローチ

マーケットアプローチ（比準方式）としては，評価対象会社の株式の過去の相対取引における価格（取引事例法）や過去の市場取引における価格（市場株価法）を参考にして株式価値を評価する方法のほか，評価対象会社と業種，収益

の状況，企業規模の面で類似する上場会社を選定し，その株式の市場価格を参考に株式価値を評価する方法（類似会社比準法）がある。

　もっとも，取引事例法は，過去の取引事例が比較的直近で，その間に会社の状況に大きな変化がないことや，当該取引事例が独立した第三者間で行われたものである（何か特別な事情があって取引価格が決まったわけではない）ことなどが必要であるとされる。また，直近に株式公開買付けがなされた場合は，その公開買付価格を参照することに問題ないようにもみえるが，公開買付けに「強圧性」（→本書第9章参照）が認められるときは，そうとはいえない。

　他方，類似会社比準法では，非上場会社である評価対象会社と上場会社である類似会社とを比較して，1株当たり利益，売上高，キャッシュフローなどの会計上の数値が何倍なのかを算定したうえで，その倍率を類似会社の市場価格に適用することで，評価対象会社の株式価値を評価する。この方法によれば，たとえばインカムアプローチのようにFCFや適切な割引率の推計といった困難な作業は必要ない。市場価格は多数の投資家がそれらの分析作業をしながら投資判断をした結果として形成されるものであり，そうした市場価格を参考にする方が真の株式価値に接近しやすいようにもみえる。しかし実際には，類似会社の選定や株価倍率の適用を適切に行うことは相当に難しいという問題がある。

Ⅲ　株式の評価をめぐる裁判例・学説の状況

1　裁判例の動向

　近時，株式価値の評価をめぐる紛争としては，上場会社・非上場会社を問わず，反対株主の株式買取請求に係る買取価格（「公正な価格」）の決定をめぐる紛争が急増している。ただし，かかる買取価格の決定については，そもそも「公正な価格」とはどのようなものかといった問題があり，それは第8章で取り扱われるため，ここでは，株式評価論の伝統的な主戦場として，市場価格のない株式，それも譲渡制限株式の売買価格の決定（144条）に係る裁判例を取り上げることにしよう。

　譲渡制限株式の売買価格の決定について，初期の裁判所に大きな影響を及ぼ

してきたのは，国税庁の相続税財産評価基本通達（昭和39年4月25日直資56直審（資）17）が定める評価基準であったといわれる。その評価基準は，これまで紹介した評価方法のいずれとも異なる，独特なものである。すなわち，まず同通達は，市場価格のない株式の発行会社を，従業員数・総資産（帳簿）価額・取引高によって，大会社・中会社・小会社の3種類に分ける。そのうえで，原則として，大会社の株式は「類似業種比準価額」による方式，中会社の株式は「類似業種比準価額」と「純資産価額価額（相続税評価額によって計算した金額）」との併用による方式，小会社の株式は「純資産価額価額（相続税評価額によって計算した金額）」による方式で評価するとしながら，「同族株主」以外の株主等が取得した株式については，独特の方法で算定した「1株あたりの配当金額等」による方式で評価する。そして，税の公平性を確保する観点から，恣意的な価値評価がなされないよう，これらの評価の方式には，それぞれ一定の算定式が定められている。

【国税庁・相続税財産評価基本通達：「類似業種比準価額」による方式】

$$A \times \left[\frac{\dfrac{b}{B} + \dfrac{c}{C} \times 3 + \dfrac{d}{D}}{5} \right] \times 0.7 [①]$$

A：類似業種の株価

b（Ⓑ）：評価会社の「1株当たりの配当金額」[②]

c（Ⓒ）：評価会社の「1株当たりの利益金額」[②]

d（Ⓓ）：評価会社の「1株当たりの純資産価額（帳簿価額によって計算した金額）」[②]

B：課税時期の属する年の類似業種の「1株当たりの配当金額」[②]

C：課税時期の属する年の類似業種の「1株当たりの年利益金額」[②]

D：課税時期の属する年の類似業種の「1株当たりの純資産価額（帳簿価額によって計算した金額）」[②]

※[①]：0.7は大会社の場合であり，中会社の場合は0.6，小会社の場合は0.5であるとされている。なお，ここでいう大会社は，当該基本通達上の概念であり，会社法上の大会社とは全く別物である。

※[②]：「1株当たりの配当金額」等については，計算方法が別に定められてお

　り，たとえば「1株当たりの配当金額」は，直前期末以前2年間におけるその会社の剰余金の配当金額の合計額の2分の1に相当する金額を，直前期末における発行済株式数で除して計算した金額とされている。

　しかし，学説が強く批判するように，[2]同通達の基準は，それが大量発生的な事象を機械的に処理する目的のものにすぎない，各方式の算定式がどうしてそのような算定式になっているのかが明らかでなく合理性が疑われる，類似業種比準方式については類似業種の選定に困難がともなう，などの問題があった。

　これに対し，近時の裁判例は，上記の国税庁通達の評価基準に依拠することはせず，その代わりに，評価対象会社の特徴に着目して，複数の評価方法を併用している。複数の評価方法を併用するのは，いずれの評価方法にも一長一短があり，ひとつの方法だけを用いると短所が増幅される危険があるという考え方に基づくものである。[3]

　仮にこうした考え方に従うと，問題になるのは，どのような評価方法をどのような割合で併用するかである。裁判例に一定の傾向を見いだすことは容易でないが，それでも以下のような傾向は認められる。第1に，収益状況・企業規模・所有財産などの点からみて，会社の継続可能性が高いと考えられる場合は，会社が継続することを想定した評価方法であるインカムアプローチの割合が比較的大きくなる傾向がみられる。[4]

　第2に，対象株式が少数株主の保有株式（少数株式）である場合は，インカムアプローチの中でも，とくに配当還元法が重視される傾向がある。裁判例で配当還元法が用いられる場合は，過去における実際の配当額をベースに将来の配当額を予測する方法（実際配当還元法）がとられることが少なくない。それは，少数株主はもっぱら実際の配当額を通じてしかキャッシュフローの分配を享受することができないという考え方に基づくものである。[5]

---

　2)　江頭・後掲131頁以下参照。
　3)　福岡高決平成21・5・15金判1320号20頁など参照。
　4)　近い将来に会社の解散が予定されていないことを理由に，インカムアプローチを重視する裁判例として，東京地決平成20・1・22判タ1284号278頁，広島地決平成21・4・22金判1320号49頁，大阪地決平成27・7・16金判1478号26頁など参照。

　第3に，対象株式が支配株主の保有株式（支配株式）である場合，あるいは，会社・指定買取人による買取りによって会社支配権の移転が生じる場合については，時価純資産法と，インカムアプローチのうちの収益還元法またはDCF法が併用される傾向がみられる。[6]

2　学説上の有力説

　学説上もさまざまな見解が唱えられており，たとえば，支配株主の保有株式は収益還元法，少数株主の保有株式は実際配当還元法で評価すべきとする見解[7]や，場面ごとに適切な評価方法を採用すべきとする見解[8]のように，上記の裁判例の傾向に親和的なものもみられる。しかし，株式の価値は，基本的にはその株式の株主が（主に剰余金の配当という形で）会社からどれだけのキャッシュフローの分配を受けられるかによって決まると考えられる。株主は，株式を他人に有償で譲渡するという方法によっても利益を得ることができるが，そもそも他人が有償で株式を譲り受けるのは，やはり会社からキャッシュフローの分配を受けることを期待した結果であろう。このような考え方から，近時は，原則としてインカムアプローチに拠って株式価値を評価すべきであるとする見解が有力である。[9]

---

5)　例えば，大阪地決平成25・1・31判時2185号142頁（商判Ⅰ-37）は，「少数株主の企業価値に対する支配は基本的に配当という形でしか及ぶことはないから，その株式価値の評価に当たり，配当に着目した配当還元法をある程度考慮することは不合理ではない。しかも，少数株主は将来の配当をコントロールすることができないから，現状の配当が不当に低く抑えられているとしても，その限度における配当を期待するほかない。したがって，現状の配当を前提に評価することに不合理な点はないというべきである」とする。

6)　京都地決昭和62・5・18判時1247号130頁，東京地決平成20・1・22前掲注4），東京高決平成20・4・4金判1295号49頁，福岡高決平成21・5・15前掲注3）など参照。譲渡等承認請求者（売主）が少数株主で，買取人が会社または支配株主である指定買取人である場合には，実際配当還元法と，「純資産法および収益還元法またはDCF法」を折衷するといった方法がとられる例もみられる（大阪地決平成25・1・31前掲注5）など参照）。

7)　竹中正明ほか『非公開株式の評価と税務』（商事法務研究会，1981年）250頁［河本一郎］など。

8)　関俊彦『株式評価論』（商事法務研究会，1983）298頁以下など。

9)　こうした見解は，もともと江頭憲治郎教授が提唱し（江頭・後掲論文参照），その後，宍戸善一教授によって補強されたものであり（宍戸・後掲論文参照），筆者もこれを支持している（久保田＝湯原・後掲論文参照）。

　この有力説が具体的に用いるべきであるとするのは，DCF法，または，合理的な配当政策がとられたと仮定した配当還元法である。先に触れたように，裁判例において配当還元法が用いられる場合は，過去における実際の配当額をベースに将来の配当額を予測する方法（実際配当還元法）がとられることが少なくない（→ *1*参照）[10]。これに対し，有力説は，実際配当還元法だと，支配株主の意向などによって剰余金配当が低く抑えられている会社の場合は株式価値が不当に低く評価されてしまうため，配当還元法を用いるときは，合理的な配当政策がとられることを仮定して，将来の配当額を予測すべきであると主張している。そして，そのような処理をする限り，配当還元法とDCF法とでは，実質的にあまり異ならないことになる。なぜなら，DCF法は，会社の将来のFCFの予測をもとに株式価値を評価するところ，FCFとは，企業が事業活動で生み出したキャッシュフロー（現金収入）を用いて必要な投資をおこない，後に残る分であり，フリー・キャッシュフロー仮説（→ *Column 2-1* 参照）に照らすと，その全額を剰余金の配当として株主に分配することが合理的であると考えられるからである。

　他方，有力説の考え方に立つと，ネットアセットアプローチは基本的に妥当でないことになる[11]。なぜなら，純資産を時価で評価にするにせよ，簿価で評価

---

10)　先に触れたように，譲渡制限様式の売買価格の決定に関する裁判例は支配株式と少数株式とで価値評価方法を変えており，少数株式については実際配当還元法を重視しているところ，非上場会社は剰余金配当額を低く抑えていることが多いと推測されるため，少数株式について実際配当還元法によって価値評価をする場合は，支配株式よりも相当程度低く評価額が算出されることになると考えられる。このことを踏まえると，裁判例は，少数株式の価値評価に際しては，一種のマイノリティ・ディスカウント（少数株式であることを理由にした減価）を意図的に加えているものと理解される。筆者は，（譲渡制限株式の売買価格を決定する場面であれ，株式買取請求に係る「公正な価格」の決定の場面であれ）こうしたマイノリティ・ディスカウントは妥当でない（そのため実際配当還元法を用いることも妥当でない）と考えているが，そのことについては後掲 *Column 2-3* を参照されたい。

11)　ただし，裁判所がネットアセットアプローチのうちの再調達時価純資産法を用いることに関しては，裁判所は，企業が競争的な環境にいる限り，DCF法による事業価値は個別資産の時価総額を大きくは上回らないという考え方の下，DCF法に必要な事業計画・キャッシュフロー予測が得られない場合に，本来はDCF法によって求めるべき事業価値を時価純資産法によって求めている可能性があるという分析も示されている（田中・後掲110-111頁）。仮にそうだとすれば，再調達時価純資産法の利用に関しては，あながち不

するにせよ，それは会社が将来どれほどのキャッシュフローを生み出すのか，株主がどれほどのキャッシュフローの分配を受けられるのかとは，直接的には関係しないからである。そのことを理解するために，以下の【設例 I】をみてみよう。

【設例 I】　ともに株式会社である A 社と B 社がある。両社とも，純資産は 10 億円，発行済株式総数（自己株式は除く）は 1 万株である。また，計算を単純化するため，両社とも負債はない（したがって総資産＝純資産），必要な投資額はゼロである（したがって収益＝FCF），収益の全額を剰余金配当として毎年株主に分配するという仮定も置くことにしよう。なお，安全資産の収益率（安全利子率）は 5％であるとする。

　以上の点では A 社・B 社は同じである。ただし，相違点として，A 社は毎年確実に（リスクなしに）1 億円の FCF を獲得し，1 株当たり 1 万円の剰余金配当を実施するのに対し，B 社は毎年確実に 2000 万円の FCF を獲得し，1 株当たり 2000 円の剰余金配当を実施するものとする。

　直感的に分かるとおり，誰も B 社株を A 社株と同じ価格で買おうとは考えないであろう。実際，DCF 法または配当還元法だと，期待される 1 株当たりの FCF（DCF 法の場合）または剰余金配当額（配当還元法の場合）を，適切な割引率（A 社・B 社の場合はリスクがないので安全資産の収益率）で割り引くことで株式価値が求められるため，A 社株の価値は 20 万円，B 社株の価値は 4 万円になる。これに対し，純資産法によるときは，純資産を発行済株式総数（自己株式を除く）で除すことで 1 株の価値が算定されるため，A 社株・B 社株の価値はいずれも 1 株 10 万円になる。もし A 社・B 社がいますぐ解散して清算するのであれば，A 社の株主も B 社の株主も，1 株当たり 10 万円という同額の残余財産の分配を受けられるにすぎないため，上記の評価額にも納得できるかもしれない。しかし，【設例 I】では，A 社・B 社が解散・清算することなど予定されておらず，継続企業として毎年一定の収益を上げることが想定されているのに，純資産法だと，その毎年の収益の額や株主が受け取る剰余金配当の額がまったく考慮されていないという問題がある。

合理とはいえないことになる。

　このようにネットアセットアプローチは基本的に妥当でない。それにもかかわらず，上記の有力説は，清算処分時時価純資産法（清算価値時価純資産法）で算出された株式価値が，DCF 方式や配当還元方式で算出された株式価値を上回る場合は，例外的に清算処分時時価純資産法に拠るべきであるとする。それはなぜであろうか。

　この点について，有力説の論者は，もし会社を解散し，全資産を処分して負債を弁済したうえで，残余財産の分配として株主が得ることのできる価値が，企業を継続した場合に得られる価値よりも大きいのであれば，株主の利益のために会社はただちに解散されるべきである旨を主張している[12]。こうした主張を敷衍すれば，以下のような説明が可能であろう。すなわち，本来的には DCF 法（または合理的な配当政策がとられたと仮定した配当還元法）を用いることが望ましいが，非効率な経営がされている場合は，DCF 法等による評価額は低廉な額になるため，株主の救済（株主による適切な投下資本の回収）は実現されないことになる。また，非効率な経営がされている場合に，そのことを前提にして少数株式の価格（譲渡制限株式の売買価格や反対株主の株式買取請求に係る「公正な価格」など）を決定すると，会社・支配株主側が低廉な価格で当該株式を取得できることになるため，支配株主としては，取締役に非効率な経営をさせたり，そこまではしないとしても，非効率な経営を放置して改めようとしない危険がある（インセンティブの歪み）。そこで，非効率な経営がされており，DCF 法等によって算定される評価額が低廉な額になる場合は，せめて，その時点で会社を解散・清算したとした場合に株主が残余財産の分配として得られるであろう金額（清算処分時時価純資産法に拠る評価額）を与えることで，少数株主の救済（株主の適切な投下資本の回収）を実現するとともに，インセンティブの歪みが生じにくくすることが望ましいと考えられる。

---

12)　江頭・後掲 155 頁。

Ⅳ　DCF法による株式評価のプロセス

1　全　体　像

　これまで縷々述べてきたように，DCF法（または合理的な配当政策がとられた
と仮定した場合の配当還元方式）が最も理論的に優れている。DCF法による評価
プロセスは一様ではないが，その代表的なものは以下のとおりである。すなわ
ち，①まず会社の事業によって将来どれほどの額のFCFが生み出されるのか
を予測した後，それを適切な割引率で割り引く（ディスカウントする）ことで，
会社事業の現在価値を求める。次いで，②遊休不動産や投資有価証券などの非
事業用資産の時価（清算価値）を算出し，上記①の事業価値に加算して企業全
体の価値を求めた後，③そこから有利子負債を差し引くことで，株主全体に帰
属する価値（全株式の価値）を求め，④それを発行済株式総数（自己株式を除く）
で除すことで，1株あたりの株式価値が導かれる。

　こうした評価プロセスのうち，とくに難しいのは①である。そこで，以下で
は，①のプロセスを取り上げ，少し詳しくみていくが，その際，なるべく具体
的なイメージを持ってもらえるよう，カネボウ株式買取価格決定申立事件にお
ける東京地裁決定（東京地決平成20・3・14判時2001号11頁）・東京高裁決定（東
京高決平成22・5・24金判1345号12頁）を適宜紹介することにしよう。

　同事件は，カネボウ（Y社）の再建過程において，再建のスポンサーである
ファンドの傘下企業にカネボウの主要事業が譲渡されたため，カネボウの反対
株主（Xら）が株式買取請求権を行使したうえで，東京地裁に価格決定の申立
てを行ったというものである。東京地裁は，鑑定人の株式鑑定評価意見書によ
る評価を概観したうえで，まず「本件において，継続企業としての価値の評価
に相応しい評価方法は，収益方式〔インカムアプローチ〕の代表的手法である
DCF法ということができ〔る〕」とする。そのうえで，「〔DCF法による価値評価
を行った〕本件鑑定人らの判断には十分合理性があり，不合理な点は認められ
ない」として，「Y社の普通株式の1株当たりの株式価値は，本件鑑定の結果
に従い，360円と認めるのが相当であ〔る〕」とした。Xら・Y社はいずれも抗
告したが，東京高裁は，東京地裁決定は相当であるとして抗告を棄却している。

> **【カネボウ株式買取価格決定申立事件の概要】**　Y 社（旧商号：カネボウ株式会社，
> 2008 年 11 月に解散）は，食品事業・ホームプロダクツ事業・薬品事業等を営む
> 株式会社であり，普通株式を東京証券取引所第一部・大阪証券取引所第一部に上
> 場していた。Y 社は，明治から昭和初期にかけては国内企業売上高１位を誇っ
> ていた名門企業であったが，経営状態が悪化したため，産業再生機構の支援を仰
> ぐことになった。2004 年，Y 社は 200 億円の出資を受けて，同機構に C 種類
> 株式（議決権を有する利益配当請求権のない種類株式で，会社が任意消却することができ，
> 2006 年 10 月１日以降であれば普通株式に転換できる）を発行した。
> 　こうした中，内部調査によって 1998 年度から５年間にわたり粉飾決算をし
> ていたことが判明したため，Y 社は 2005 年４月にそのことを公表した。これ
> を受けて，同年６月に証券取引所は上場廃止措置をとり，Y 社は非上場会社と
> なった。最終株価は１株 360 円であった。
> 　産業再生機構は，Y 社の支援先（スポンサー）を選定するに際し，その入札希
> 望者が Y 社の企業価値を判断するための判断材料とするため，Y 社に事業再建
> 計画である新再生５か年計画を作成させた。こうして Y 社の支援先に決まった
> のが，A 社（トリニティ・インベストメント株式会社）である。
> 　A 社は，2005 年 12 月，産業再生機構から C 種類株式を譲り受けたことなど
> により，Y 社の議決権の約 70% を保有することになった。さらに A 社は，
> 2006 年２月 21 日から，一般投資家が保有していた Y 社普通株式を対象とする
> 公開買付けを行い，Y 社の議決権の約 82% を保有するに至った。この公開買付
> けの買付価格は１株 162 円であったが，それは，A 社が依頼した第三者機関が
> 算出した株式価格を参考に Y 社の普通株式を１株 147 円と評価し，これに 15
> 円（約 10.2%）のプレミアムを上乗せして決定されたものである。
> 　2006 年４月，Y 社は，食品事業・ホームプロダクツ事業・薬品事業という主
> 要三事業を，それぞれ傘下企業に譲渡することを決定したため，これに反対する
> 株主 X らが保有する普通株式を買い取るよう Y 社に請求した。ところが，買取
> 価格について Y 社との協議が整わなかったため，X は東京地裁に価格決定を申
> し立てた。X らは，異なる買取価格（１株あたり 1578 円，1491 円，1392 円，950
> 円）を主張する複数のグループに分かれており，他方，Y 社は，公開買付価格で
> ある１株 162 円を買取価格とするよう主張した。

2　将来 FCF の算定

　既述のように，DCF 法による評価は，まず会社の事業によって将来どれほ
どの額の FCF が生み出されるのかを予測することから始まる。ただし，永遠
に将来の FCF を予測するのは不可能であるため，①一定期間（５年間から 10 年

間程度）のFCFを予測したうえで，②その期間経過後については，（a）予測期間の最終期のFCFをベースに，期待インフレ率などの一定の成長率が継続すると仮定したり，または，（b）予測期間の平均FCFが継続すると仮定したりすることが多い。上記①将来の一定期間におけるFCFの予測は，直近のFCFの額を基礎に，過去の額の推移や今後の事業計画をも参照しながら行われる。

> **【カネボウ事件における株式価値評価①】**　Y社は事業ごとの計画として新再生5か年計画を作成し，これを全社としてまとめたものとして中期計画方針を作成しているところ，鑑定人の鑑定評価では，この中期計画方針が将来FCFを予測するための基礎資料として採用されている。そのうえで，主要事業など継続する事業部門については今後8年間，撤収が予定されている事業部門については今後5年間のFCFを予測している。
>
> 　これらのこと自体には当事者間に争いはないが，ただY社は，中期計画方針の数値を下方修正して用いるべきことを主張した。その理由は，①計画方針作成後の実績値が計画値を下回っていることを考慮すべきこと，②本件5か年計画はもともと再建の支援先選定のために作成されたものであり，事業の目標値を高く設定していたこと，にある。しかし鑑定人も裁判所も，こうしたY社の主張は採用しなかった。

　本件鑑定評価が上記のY社の主張を採用しなかった理由は，計画値を修正するとすれば恣意的な評価になりかねないことにあった。たしかに，会社の外部者が計画の修正を行うことには大きな困難をともなう。さりとて，会社が修正した計画値を用いることにも慎重でなければならない。株式買取請求にかかる買取価格の決定のために株式評価が行われるときは，会社には株式買取価格をできるだけ低額に抑えるインセンティブがあり，買取請求後に作成・修正される事業計画については，計画値を低く抑えようとする危険があるからである[13]。

　ところで，FCFとは，企業が事業活動で生み出したキャッシュフロー（現金収入）を用いて必要な投資を行い，後に残る分（余剰資金）のことであった。これをもう少し正確に表現すると，事業から生じるキャッシュフローを，株主が期待する収益率（株主資本コスト〔→3(2)参照〕）を上回る収益率が期待できる

---

13)　後藤・後掲（下）商事法務1838号15頁。

全ての事業に投資し，それでもなお余る資金のことを意味する。具体的にどのように FCF を算出するかは問題になるが，実務上は，会計上の数値を利用して，各期ごとの課税後純利益に非現金支出費用（減価償却費など）を加算したうえで，必要な資本支出額（設備投資額など）を控除することで算出されることが少なくない。カネボウ事件の鑑定評価でも，基本的にそうした算出方法がとられている。

> **【カネボウ事件における株式価値評価②】** 鑑定人の鑑定評価では，継続する事業部門の FCF については，まず今後 8 年間の数値を予測したうえで，その期間経過後は，予測期間の最終期の FCF がそのまま続く（成長率はゼロである）と仮定されている。成長率がゼロと仮定されたのは，Y 社は国内市場を営業エリアとする小売業を取引先としているため，その事業の成長は国内の小売販売業の成長に連動していると考えることができること，そして，国内の小売販売業では激しい競争が続き，厳しい事業環境におかれており，経済産業省商業統計調査の結果でも 2002 年までの過去 10 数年の間の年間小売販売額が減少しているため，小売販売額は成長が期待できないというよりも低下が止まらないと推測されることを理由とするものである。

3 割引率の設定——リスクがある場合

(1) リスク・プレミアム

　次いで，上記の FCF を適切な割引率で割り引く（ディスカウントする）ことで，会社事業の現在価値を求める。割引率は，上記の FCF が確実に期待できる（リスクがない）のであれば，安全資産の収益率（安全利子率・リスクフリーレート）となる（→Ⅱ*2*参照）。しかし，現実にはリスクがないということはありえないところ，リスクのある事業の現在価値の計算は，リスクのない場合とは異なることに注意しなければならない。このことを理解するために，以下の【設例Ⅱ】をみてみよう。

> 【設例Ⅱ】　1年後に確実に100万円のキャッシュフローが得られる金融商品A
> と，1年後に50％の確率で200万円のキャッシュフローが得られるが，残り
> 50％の確率で何も得られない金融商品Bがある。この金融商品A・Bの価格が
> 同額だとしたら，どちらを購入しようとする者が多いであろうか。

　金融商品Bに期待される将来キャッシュフローは，200万円×0.5＋0円×0.5
＝100万円であり，それは金融商品Aに期待される将来キャッシュフローと
同額である。しかし，多くの者は，金融商品Aの方に投資することを好むで
あろう。一般に人間はリスクを回避したいと考える傾向にあり，期待リターン
が同じであれば，リスクの低いものを選好する傾向がみとめられるからである。
逆にいえば，リスクのない金融商品と比べたとき，リスクがある金融商品につ
いては，そのリスクの大きさに応じて，より高い収益率（リスク・プレミアム）
が期待できない限り，投資しようとする者は現れない。そして，そのことは，
上記A・Bという金融商品を比べると，金融商品Bの方がリスクがある分だ
け価値が小さいこと，したがって，リスクのあるキャッシュフローについても，
その現在価値を算定するにあたっては，リスク・プレミアムを考慮した割引率
（リスクがない場合と比べて大きな割引率）を用いる必要があることを意味する。
　それでは，以上のことを，株式会社の株主の場合に当てはめるとどうなるだ
ろうか。

> 【設例Ⅲ】　A株式会社が1000万円の資金を用いて，1年後に50％の確率で
> 1500万円（収益率は50％），50％の確率で800万円（収益率は－20％）のキャッ
> シュフローをもたらす事業Xを実行しようとしている。安全利子率が10％であ
> るとしたとき，A社の株主は，この事業Xの実行を望むだろうか。また，事業
> Xの現在価値はどのように算定すべきであろうか。

　【設例Ⅲ】では安全利子率が10％とされている。このことを株主の立場から
みると，確実に（リスクなく）10％の収益率をもたらす投資機会があるのに，
それを犠牲にして，A社の株式に投資していることを意味する。そうすると，
A社の株主とすれば，A社が最低でも10％の収益率が期待できる事業を行わ
ない限り，A社株式への投資を続けたいとは思わないであろう。

　それだけではない。株式会社が行う事業にはおよそリスクがあるところ、既述のように、多くの者はリスク回避的であって、リスクがある投資対象には、その分、高い期待収益率を求めると考えられるからである。したがって、A社の株主としても、A社が行う事業の期待収益率が 10% よりもリスクに見合う分（リスク・プレミアム）だけ高くなければ、やはり A 社株式への投資を続けたいとは思わないことになる。

　ここで【設例Ⅲ】の事業 X の期待収益率は 15% であるから、A 社株主としては、仮にリスク・プレミアムが 5% 以下（たとえば 3%）であれば、当該事業の実行を望むであろうし、逆に、リスク・プレミアムが 5% 超（たとえば 8%）であれば、当該事業を中止して欲しいと考えるであろう。

　そして、以上のことを別の見方でみると、リスクのある事業 X の現在価値を評価するときは、将来期待されるキャッシュフロー（1500 万円×0.5＋800 万円×0.5＝1150 万円）を、安全利子率にリスク・プレミアムを加えた割引率で割り引く必要があることを意味する。仮にリスク・プレミアムが 3% であるとしたら、用いるべき割引率は 13% であるため、事業 X の現在価値は約 1018 万円となる。これは事業 X の実行に必要な資金 1000 万円を上回る額であり、だからこそ、A 社の株主としては実行を望むのだと理解することができる。

　他方、リスク・プレミアムが 8% であるとしたら、用いるべき割引率は 18% であるため、事業 X の現在価値は約 975 万円となる。これは事業 X の実行に必要な資金 1000 万円を下回る額であるため、A 社の株主は事業を中止してほしいと考えるであろう。もしそれにもかかわらず、A 社が事業 X を実行すると、株式の価値は下落するはずである。もちろん、結果的に事業 X が成功して 1500 万円のキャッシュフローをもたらせば、株式の価値は上昇するが、少なくとも事業 X を実行する時点では、株式の価値は下落すると考えられる。

(2)　株主資本コストと負債資本コスト

　このように会社が行う事業にはリスクがあるのが通常であるところ、その事業の現在価値を導くための割引率（会社事業に期待されるキャッシュフローを現在価値に割り引くための割引率）は、安全利子率 r にリスク・プレミアム ρ を加えたものとなる。この $r+\rho$ は、見方を変えれば、資本提供者である株主がリスクのある事業を営む株式会社に資本を提供するにあたり、安全資産と比較する

なかで，最低限要求する収益率（資本コスト）でもある。

　ただし，株式会社への資本提供者としては，株主だけではなく債権者もいる。そして，株主と債権者とでは負担するリスクの大きさが異なり，したがって最低限要求する収益率も異なるため，会社事業の現在価値を求めるときの割引率（$r+\rho$）は，株主にとっての資本コスト（株主資本コスト・自己資本コスト）と債権者にとっての資本コスト（負債資本コスト・負債コスト）を，株主資本と有利子負債の比率に応じて加重平均することで算出されることになる。このようにして算出されるものを**加重平均資本コスト（WACC）**と呼ぶ。

$$\text{WACC} = \frac{E}{E+D} \times r_e + \frac{D}{E+D} \times (1-\tau) \times r_d$$

　　※ E：株主資本総額（時価総額），D：有利子負債総額，r_e：株主資本コスト率
　　　r_d：有利子負債コスト率，τ：実効税率

　この WACC の算出方法を数式の形で示すと，上記のものになる。このうち，τ は実効税率を意味する。なぜ実効税率を考慮するかというと，税制上，企業が収益から負債の利息を支払うとき，支払利息は費用として計上され，その分，課税額が小さくなる（節税効果をもつ）からである。

　それでは，資本コストはどのように推計するのであろうか。負債資本コストと株主資本コストに分けて，順次みていこう。

(3)　負債資本コストの推計方法

　負債資本コストの推計方法として最も簡便なのは，実際に会社が支払っている金利を負債資本コストとするというものである。たとえば A 社が，期限は 5 年，金利は 5% という条件で銀行から借入れをした場合であれば，負債資本コストは 5% であるとみるのである。ただし，もし期限前に A 社の倒産リスクが高まることがあれば，その分，債権者のリスクも大きくなるから，負債の時価（債権を譲渡するとした場合の価格）は低下し，負債資本コストは 5% より高くなるはずである。そして，会社が発行する社債に市場価格がある場合は，そうした負債資本コストの変化は社債の市場価格に反映されていると考えられるため，市場価格と金利から，負債資本コストを推計するという方法がとられることもある。

> 【設例Ⅳ】　A 株式会社は，利付債タイプの普通社債を発行している。社債の満期
> は 2 年後，額面（償還金額）は 1000 円，金利は 5% である。現在，この普通社
> 債の市場価格が 1018.861 円であるとしたとき，A 社の普通社債の負債資本コ
> ストは何% であろうか。

　ここではまず，普通社債の価格がどのように決まるのかを考えることから始
めよう。これまで繰り返してきた考え方によれば，期待されるキャッシュフロ
ーを負債資本コストで現在価値に割り引くことで，社債の価格を求めることが
できるはずである。したがって，毎年の利息は R，額面（満期の償還金額）は F，
負債資本コストは r_d，満期までの年数は n であるとすると，社債の価格 P_D の
算定式は以下のようなものになる。

$$P_D = \frac{R}{1+r_d} + \frac{R}{(1+r_d)^2} + \cdots\cdots + \frac{R}{(1+r_d)^n} + \frac{F}{(1+r_d)^n}$$

　そうすると，社債価格 P_D，毎年の利息 R，額面（満期の償還金額）F が分か
れば，資本コスト r_d を推計できることになる。【設例Ⅳ】の場合だと，以下の
とおりである。

$$1018.861 = \frac{50}{1+r_d} + \frac{50+1000}{(1+r_d)^2}$$

$$r_d = 0.04$$

（4）　株主資本コストの推計方法

　株主資本コストの推計方法にも様々なものがあるが，伝統的に良く用いられ
てきたのは，**資本資産評価モデル**（CAPM：Capital Asset Pricing Model）という
方法である。この CAPM に従えば，会社 i の普通株式の資本コストは以下の
計算式で決定される。

$$r_e = r_f + \beta_i \{E(r_m) - r_f\}$$

　r_f は安全資産の収益率（安全利子率）なので，会社 i の普通株式の株主にとっ
てのリスク・プレミアムに該当するのが，$\beta_i \{E(r_m) - r_f\}$ である。$E(r_m)$ は，
マーケット・ポートフォリオの期待収益率である。ここで，マーケット・ポー
トフォリオとは，市場にあるすべての株式銘柄を，その時価総額構成比に合わ

せて組み入れたものを指し，東証株価指数（TOPIX）や日経平均株価（日経225）などがこれに相当するものとして扱われている。そうすると，$|E(r_m) - r_f|$ は要するに，株式市場全体の平均的なリスク・プレミアム（市場リスク・プレミアム）ということになる。そして，それに β（ベータ）値という係数を掛け合わせることで，会社 i の普通株式の資本コストが算出される。

　それでは β_i とは何か。これは，マーケット・ポートフォリオの価格が1%上昇したときに，会社 i の株式の価格が何%上昇するかという感応度（連動性）を示すものである。たとえば β 値が1.2であれば，株式市場全体の平均株価が10%上昇したときには，その企業の株価は12%上昇すると期待され，逆に，株式市場全体の平均株価が20%下落したときには，その企業の株価は24%下落すると期待される。つまり，β 値が1よりも大きければ，その会社の株式は株式市場全体よりも値動きが大きく（リスクが大きい），1よりも小さければ，株式市場全体よりも値動きが小さい（リスクが小さい）ということになる。

　このようにCAPMでは，株式の資本コストを求める計算式のなかで，個別企業に特有の値が β 値だけになっている。そのことは，CAPMが，たとえばトヨタとソニーの普通株式の資本コストの違いは，両社の β 値の違いのみによって生じるという考え方に立っていることを意味する。したがって，CAPMを用いて株主資本コストを算出するときは，β 値をどのように推定するかが極めて重要になる。β 値は，基本的には当該会社の株式投資収益率と株式市場全体の投資収益率を回帰分析することで求められるが，推定精度を高めるために，①業界ごとの β 値を用いることで，各社ごとの過小評価・過大評価を相殺させたり，②回帰分析で求めた β 値を，過去の実証研究に基づいて導かれた一定の調整式を用いて修正したりすることが多いといわれる[14]。

Column 2-2　マルチ・ファクター・モデル

　CAPMは単純であるがゆえに使いやすいといえるが，反面，単純すぎて現実をうまく説明できないのではないかという疑問が生ずる。そこで，市場リスク・プレミアムだけでなく，規模リスク・プレミアム（リスクが大きい小型株に高いリターンを

---

14)　伊藤・後掲314-316頁参照。

求める）や簿価／時価プレミアム（簿価／時価比率の高い銘柄に高いリターンを求める）といった複数のファクターから株主資本コストを求めようとするモデル（マルチ・ファクター・モデル）も数多く提唱されている。

　他方，将来の市場リスク・プレミアム $\{E(r_m) - r_f\}$ はどのように推計されるのか。現在の株価から逆算して推計する方法（インプライド方式）もあるが，その推計は容易でないため，過去のデータをもとに推計されることが多い。すなわち，過去の一定期間の市場リスク・プレミアムの平均値をもって，将来の市場リスク・プレミアムとするわけである。ただし，たとえば過去の東証株価指数（TOPIX）のデータを基礎に推定するにしても，どの期間の数値をとるかによって推定結果は大きく異なる。特定期間固有の変動要因を除去するために長期のデータで市場リスク・プレミアムを算出したり，市場リスク・プレミアムに影響を与えるような変数（市場全体の配当利回り，配当性向，PER，PBR など）をベースに推定モデルを構築して活用したりすることが考えられるが，いずれにせよ課題が残されている。こうしたことから，企業評価・分析の専門家である証券アナリストやファンドマネージャーは，経験値として市場リスク・プレミアムをおおよそ3～6% として価値評価することが多いといわれる。[15]

> 【カネボウ事件における株式価値評価③】　鑑定人の鑑定評価では，β値について，Y 社が非上場会社であること，食品事業・ホームプロダクツ事業・薬品事業の3つの事業部門に分かれて事業展開していることから，各事業ごとに類似上場会社のβ値を参考にして，食品事業が 0.677，HP 事業が 0.598，薬品事業が 0.521 というβ値が算出されている。また，市場リスク・プレミアムについては，1955 年から 2005 年までの統計データ（算術平均）を使用して，年 8.50% という数値が採用されている。

　上記の数値のうち，とくに市場リスク・プレミアムの数値はかなり高いものであり，その分，Y 社株式の評価額は低く抑えられていることになる。そこで，当事者が不服を述べたが，東京地裁も東京高裁もその主張を斥けている。その

---

15)　伊藤・後掲 318 頁。鈴木一功『企業価値評価・実践編』（ダイヤモンド社，2004）は，4%～6% の数値を用いるのが妥当であるとする。

37

際，東京高裁は「上記数値等については，正に専門的知識と経験に基づき判断するのがふさわしいものであり，しかも，必ずしも絶対の正解はなく，採用可能な幾つもの数値等が存すると考えられるものであるから，裁判所としては，鑑定人の判断が，会計理論，専門的経験則，統計等に照らして著しく不合理であるといえるものでない限り，それを尊重すべきであるというべきである。しかるに，上記数値等については，本件鑑定人が，本件鑑定の趣旨，目的等を考慮して，専門的知識や経験に基づき採用したものであり，いずれも会計理論，専門的経験則，統計等に照らすとそれなりの根拠を有することを否定し難いものであるから，本件鑑定が上記数値等を採用して判断したことをもって著しく不合理であるとはいえない」と述べている。

　たしかに，年8.50％という数値も理論上誤っているとまでいうことはできない。しかし，仮に専門家によって一般的に用いられている数値のレンジというものがあるのであれば，鑑定人がそれと大幅に異なる数値を用いた場合には，本来，裁判所は鑑定人の意見が専門家間で受け入れられるものであるかどうかをより慎重に吟味すべきであるが，[16]裁判所でそのような慎重な吟味がなされた形跡はあまり窺われない。

Column 2-3 　マイノリティ・ディスカウント[17]

　カネボウ事件では，マイノリティ・ディスカウントがなされるべきかどうかも問題となった。これは，通常の株式取引の場面では，少数株主の保有株式は支配株主の保有株式よりも低い価格で取引される（マイノリティ・ディスカウントが加えられる）ことが通例であるため，裁判所が少数株主の株式買取請求に係る「公正な価格」を決定する場面でも，同様に取り扱うべきかという問題である。カネボウ事件の鑑定

---

16)　後藤・後掲（下）商事法務1838号15頁。
17)　詳細については，久保田＝湯原・後掲（下）商事法務2191号13頁以下参照。同論文は，譲渡制限株式の売買価格の決定の場面を取り上げたものであるが，そこでの分析は，基本的に，株式買取請求に係る「公正な価格」の決定の場面についても妥当すると考えられる。なお，その点に関連して，宍戸・後掲52-53頁は，いずれの場面も支配株主と少数株主の経済的利害対立の調整が問題になっているのであって，規範的な価値評価（実際の株式価値ではなく，少数株主の保護の観点から，その持株を買受人・会社にいくらで買い取らせるのが妥当なのかというときの株式価値の算定）が求められていることに変わりはないため，同一に取り扱うべきであるとする。

人の鑑定評価ではマイノリティ・ディスカウントは加えられなかったが，そのことは妥当であろうか。

そもそも通常の株式取引の場面でマイノリティ・ディスカウントが加えられるのは，基本的に，少数株主よりも支配株主の方が会社から多くのキャッシュフローを獲得できるからであると考えられる。そして，なぜそのように支配株主がより多くのキャッシュフローを獲得できるのかといえば，その主たる理由は，支配株主は，事業運営方針や配当政策などの決定を通じて，会社のキャッシュフローをコントロールできることに求められる。そのことを含めて，もう少し具体的に示すと，以下のように理由を分類できるであろう。①支配株主は，経営を改善させて，会社に帰属するキャッシュフローを増やすことができる可能性がある。②支配株主は自己が望めば，企業価値のうち株主全体に帰属すべき価値を（持株数に応じて）剰余金配当等の形で受けとることができる（これに対し，少数株主は，支配株主がその気にならない限り，それを配当等として受けとることはできない）。③支配株主は，自らが役員となって過大とはいえない額（ただし当該者が別の職に就いていたであれば得られていたであろう報酬額を超える額）の役員報酬を受けたり，会社の事業と自己の別の事業を協働させることなどを通じて，不当とはいえない私的利益を獲得できる可能性がある。④支配株主は，少数株主の搾取などを通じて，不当な私的利益を獲得できる可能性がある。

そうすると問題は，会社法の理念に鑑みて，支配株主が上記①〜④の事由によって生じるキャッシュフロー（及びその可能性に基づく価値の増加）を独占することを許してよいかどうかである。仮に支配株主による独占を許すべきでないとすれば，裁判所はそのことを踏まえて，株式買取請求に係る「公正な価格」を決定すべきことになる。

ただし，そもそも上記の①〜④の事由の中には，DCF 法による株式評価にあたって考慮されるもの（それを含んだ評価額が算出されるもの）と，そうでないものとが混在している。まず上記③（不当とはいえない私的利益）・④（不当な私的利益）は，DCF による評価額に含まれていない。また上記①（経営改善の可能性）も，すでに経営改善策が事業計画として具体化されているのでなければ（漠然と経営改善の可能性があるというだけでは），やはり DCF 法による評価額に含まれない。そのため，仮に上記①③④による利益は支配株主に独占させるべきではなく，少数株主にも保証すべきであるとすると，裁判所は，マイノリティ・ディスカウントどころか，むしろ DCF 法による評価額にさらに当該利益の額の分だけ上乗せして，少数株式の売買価格を決定すべきことになりそうである。しかし，上記①は，漠然と経営改善の可能性があるというだけで経営計画や事業計画に基づいて将来キャッシュフローが計算できないのであれば，考慮にいれるべきではないと考えられる。他方，上記③は，不当とはいえない私的利益であるため，支配株主に独占させても問題なく，し

たがって，少数株式の売買価格の算定にあたって上乗せする必要はないように思われる。また，上記④は不当な私的利益だから，売買価格の算定に際して，かかる利益を得られる可能性を考慮すべきではないであろう。

　以上に対し，上記②（支配株主は自己が望めば，企業価値のうち株主全体に帰属すべき価値の分配を実現できること）は，どのような事業計画を前提とするかによるところもあるが，基本的に DCF 法による評価額に含まれている。なぜなら，DCF 法では，会社のフリーキャッシュフローを基礎として株主全体に帰属すべき価値（内部留保の一部も含まれる）を算出して，株式価値を評価するところ，それはまさに上記②でいうような状態を実現しうることを前提としたものだからである。

　そうすると，ここでの最大のポイントは，上記②による利益を支配株主に独占させても会社法上の問題が生じないか否かである。この点について，筆者は，上記②による利益は支配株主に独占させるべきではないため，裁判所が少数株式の「公正な価格」を決定する際に，その分を減価する（マイノリティ・ディスカウントを加える）ことは許すべきでないと考えている。その理由は，仮にかかるマイノリティ・ディスカウントを許すと，支配株主には利得を得る機会が与えられることになるため，支配株主としては，M&A をすることが企業価値の向上に役立たない場合でも，M&A を計画して，少数株主に株式買取請求権を行使するよう仕向けるといった行動をとる危険がある（つまりインセンティブの歪みが生じる）からである。

　このことを理解してもらうために，ここで，例えば，自己株式を除いた発行済株式（社外株式）が 100 株で，DCF 法で算出された株式価値は 10，上記②による利益の分を減価した（マイノリティ・ディスカウントを加えた）株式価値は 7 である場合を考えてみよう（さしあたり非流動性ディスカウント〔Column 2-4 参照〕のことは考慮しない）。そのことは，株主全体に帰属すべき価値は 1000（100 株×10）であること，および，支配株主は株主全体に帰属すべき価値をいつでも（持株数に応じて）配当等の形で受けとることができるために，その保有株式の価値は 10 となるが，少数株主はそうではない（支配株主が配当等を望む場合にしか受けとることができない）ために，その保有株式の価値は 3 だけ減価された 7 であることを意味する。

　この場合，もし裁判所が当該少数株式の「公正な価格」を 10 ではなく 7 に決定すると，実質的には，支配株主が自己にとっては 10 の価値のある株式を 7 の価格で取得するのと似たような状況が生じる（会社財産ひいては株主全体に帰属すべき価値はさほど減少しないまま，社外株式に占める支配株主の持株数〔株主全体に帰属すべき価値のうちの支配株主の取り分〕が増えるためである）。これは，支配株主は，株主全体に帰属すべき価値（1000）の 1%（10）を取得するのに，それを下回る対価（7）しか支払わなくてよいというのに実質的に等しいから，その意味で，支配株主には利得が生じることになる。この結果，支配株主には利得を得る機会が与えられることになるため，支配株主としては，それを狙って，M&A をすることが企業価値の向上に役

立たない場合でも，M&A を計画して，少数株主に株式買取請求権を行使するよう仕向けるといった行動をとる危険が小さくない（インセンティブの歪みが生じる）と考えられる。

<hr>

Column 2-4　非流動性ディスカウント[18]

　通常の株式取引の場面においては，非上場株式の取引価格を定める際に，上場株式と比して流動性が低いことを理由とした減価（非流動性ディスカウント）を加えるのが通例である。そして，DCF 法による評価額に非流動性ディスカウントを加える方法としては，割引率を調整する方法（流動性の制約によって生じる取引費用を反映した割引率を用いる）と，評価額に一定のディスカウントを加える方法とが考えられる。そこで，カネボウ事件において株式買取請求に係る「公正な価格」を決定する際にも，同様に非流動性ディスカウントを加えるべきかどうかが問題とされた。この問題について，カネボウ事件における鑑定人の鑑定評価では非流動性ディスカウントは加えられなかったが，そのことは妥当であろうか。

　判例の中には，収益還元法を用いる場合は，非流動性ディスカウントを加えることは「その評価手法の内容，性格等」に鑑みて相当でないことを理由に，非流動性ディスカウントを加えることは許されないとしたものがみられる[19]。しかし，すでに指摘されているように[20]，収益還元法や DCF 法などのインカムアプローチを用いる場合に非流動性ディスカウントを加えることは，理論的にみると，相当ではないとはいえない。すなわち，収益還元法や DCF 法が基準とする，将来における会社の利益（収益還元法では課税後純利益，DCF 法ではフリー・キャッシュフロー）を現在価値に割り引くときの割引率については，上場株式の数値を参照して算定することが少なくない（カネボウ事件でもそうであった〔→ *3*(4)参照〕）。そして，割引率のうちの株主資本コストは，投資家が最低限要求する期待収益率であるところ，投資家が上場株式について最低限要求する期待収益率は，上場株式には流動性がある分だけ，非上場株式について最低限要求する期待収益率よりも低いものとなると考えられる。したがって，非上場株式の株式評価に際して，上場株式の数値を参照して算定した割引率を用いる場合は，その割引率を調整する（流動性の制約によって生じる取引費用

<hr>

18)　詳細については，久保田＝湯原・後掲（下）商事法務 2191 号 18 頁以下参照。なお，同論文については前掲注 17）の記述も参照されたい。
19)　最決平成 27・3・26 民集 69 巻 2 号 365 頁（百選 90）。
20)　星明男「判批」平成 27 年度重要判例解説（2016）108 頁，田中・後掲 122-123 頁，星明男「株式買取請求手続における非流動性ディスカウントの可否」法学教室 457 号（2018）92 頁以下など。

を反映した割引率を用いる）方法，または，より簡便な方法として，評価額に一定の
ディスカウントを加える方法によって，非流動性ディスカウントを加えることが，
むしろ理論的には妥当であると考えられる。

　そうだとすると，裁判所が「公正な価格」を決定する場面でも，何か会社法の理
念に反する事態が生じるおそれがない限りは，非流動性ディスカウントを許すこと
が妥当であろう。この点について，筆者は，裁判所が DCF 法などのインカムアプ
ローチを用いて株式価値を算定する場合，非流動性ディスカウントについては，マ
イノリティ・ディスカウントとは異なり，それを許しても，会社法の理念に反する
事態は生じにくいと考えている。すなわち，*Column 2-3* で述べたように，マイノ
リティ・ディスカウントを許すべきでない主たる理由は，マイノリティ・ディスカ
ウントを許すと，支配株主には利得を得る機会が与えられることになるため，支配
株主としては，それを狙って不要な M&A を計画し，少数株主が株式買取請求を
するよう仕向けるといった行動をとる危険が小さくない（支配株主のインセンティブ
の歪みが生じる）ことにあった。これに対し，非流動性ディスカウントについては，
それを許したからといって，支配株主は利得できるとは限らないために，インセン
ティブの歪みは生じにくいように思われる。

　ここで例えば，ある非上場会社が発行する株式につき，通常の株式取引の場合は，
上場株式と比べて，支配株式は 30% 低く評価され，少数株式は支配株式よりも流
動性が低いため，さらに 10%（つまり 40%）低く評価されている状況で，M&A が
計画され，少数株主が株式買取請求をした場合を考えてみよう。この場合，DCF
法で算出された株式価値が 10 であったとしたとき，裁判所がそれに 40% の非流動
性ディスカウントを加えて売買価格を 6 と決定すると，支配株主には利得が生じる
が，30% の非流動性ディスカウント（支配株式の取引価格についても加えられるような
非流動性ディスカウント）を加えて売買価格を 7 と決定するのであれば，支配株主に
は非流動性ディスカウントの差に基づく利得が生じるわけではない。[21]

　このように支配株式の取引価格についても加えられるような非流動性ディスカウ
ントであれば，それを許しても会社法の理念に反する事態は生じにくいこと，およ
び，理論的にはむしろ非流動性ディスカウントを加えることが妥当である場合があ
ることからすると，裁判所が「公正な価格」を決定する場面でも，非流動性ディス
カウントを加えることは禁じられないと解するべきであろう。

■参考文献■
伊藤邦雄『新・企業価値評価』（日本経済新聞出版社，2014）第 8 章～第 10 章

21）　田中・後掲 124-125 頁参照。

江頭憲治郎「取引相場のない株式の評価」同『会社法の基本問題』（有斐閣，2011，初出 1983）131 頁以下

後藤元「カネボウ株式買取価格決定申立事件の検討（上・下）」商事法務 1837 号（2008）4 頁以下・1838 号（2008）14 頁以下

久保田安彦＝湯原心一「譲渡制限株式の売買価格（上）（下）──事前の観点を重視して──」商事法務 2190 号（2019）4 頁以下，2191 号（2019）13 頁以下参照。

宍戸善一「非公開株式の評価再論」平出慶道先生還暦記念『現代企業と法』（名古屋大学出版会，1991）37 頁以下

田中亘「講演 ファイナンスの発想から考える会社法：NPV，企業（株式）価値評価，増資等」司法研修所論集 126 号（2016）94 頁以下

第3章

株主有限責任制度と債権者の保護

I　は じ め に

　株式会社の株主の責任は，その有する株式の引受価額を限度とし（104 条），株主が会社の債務について弁済義務を負うことはない。これが株主有限責任制度である。株式会社を設立せずに個人として事業活動を行っている者は，事業が失敗に終わり，事業用の財産では事業上の債務の弁済に不足する場合には，事業に用いているのではないその他の財産（たとえば自宅等）によって，事業上の債務を弁済しなければならない。しかし，株式会社を設立して，その株主兼取締役として事業を経営している者は，仮に事業が失敗したとしても，株式会社に出資しなかった個人財産を株式会社の債務の弁済に充てる必要は（当然には）ないことになる。その代わりに，株主は会社財産に対して会社債権者に劣後する地位に立ち，会社債権者は会社財産を株主に優先して取得できるものとされている（502 条参照）。

　この株主有限責任制度は，現在では諸外国に広く存在する制度であり，またわが国においても，有限責任事業組合の創設に見られるように，その対象範囲は拡大傾向にある。その一方で，株主有限責任制度については弊害もあることが指摘されており，一定の場合に株主に無限責任を負わせるべき旨の立法論なども主張されている。

　本章では，株主有限責任制度の弊害と，それに対する債権者の自衛措置や法律上の債権者保護制度，そして学説上議論されている立法論について検討することを目的とする。

Ⅱ　株主有限責任制度の存在意義

　仮に株主有限責任制度には弊害しか存在しないのであれば，そのような制度は存置しておくべきではない。言い換えると，弊害の存在も指摘されている株主有限責任制度が広く導入されているのは，社会全体にとって弊害を上回る意義があると考えられているからであると思われる。本節では，本章の検討の前提として，株主有限責任制度の社会にとっての存在意義は何であるのかを概観する。

1　主に上場企業に当てはまるもの

　株主有限責任制度の存在意義として，よく挙げられるのは，経営には関与せずに出資だけをしようとする投資家にとってのリスクが出資額に限定される結果として，多数の投資家からの少額の出資を糾合することが容易になり，多額の資金を要する事業を行いやすくなるということである[1]。また，全株主が会社債務について無限連帯責任を負うとした場合，会社債権者は事実上資力のある株主の責任のみを追及するであろうことから，各株主の資力によって投資リスクが異なることとなり，その結果として同じ株式会社の株式であっても投資家によって客観的価値が異なることになってしまうところ，株主有限責任制度はこのような事態の発生を防ぐことによって，株式市場における価格形成と株式の譲渡を容易にするという機能も指摘されている[2]。

　もっとも，以上の存在意義は基本的に上場企業にのみ当てはまるものである。株主有限責任制度は，上場企業以外の株式会社（閉鎖的な中小企業や企業グループの中の子会社等）にも認められているが，この場合にも当てはまる存在意義はあるのだろうか。

---

1)　江頭 35 頁。
2)　藤田・後掲(1)法学教室 262 号 83 頁，江頭 36 頁注 2。

2　株式会社一般に当てはまるもの

(1)　責任財産の分離とモニタリングの効率化

　まず，株主有限責任制度の存在により，会社債権者は株主に対して会社債務の履行を請求することはできないため，株主の個人財産は会社債権者から隔離されているといえる。その一方で，株主個人の債権者も，法人格の異なる主体である株式会社に対して株主個人の債務の履行を請求することはできない。株主個人の債権者は，株主の財産である株式を差し押さえることはできるが，持分会社の場合のように株主を会社から退社させて払戻しを受けることは認められておらず（609条参照），あくまで会社債権者に劣後する地位に立つことができるにすぎない。このため，会社財産もまた，株主個人の債権者から隔離されているといえる。

　このように，株主の責任財産と株式会社の責任財産とが明確に分離されていることには，それぞれの債権者が債務者の財産状況等に対して行うモニタリングを効率化する機能があることが指摘されている。たとえば，次のような事例を考えてみよう。

> 　株式会社 A とその完全親会社である株式会社 B は，それぞれレストラン事業とソフトウェア開発事業を行っている。A の債権者 α はレストランに食材を納入している食品卸売業者，B の債権者 β はソフトウェア開発を下請けしている別の開発業者である。

　仮に株主有限責任制度が存在せず，親会社である B は子会社 A の倒産時には A の債務についても弁済義務を負わなければならないものとした場合，β は自らの債権の確実な回収のためには，B のソフトウェア開発事業の業績のみならず，A のレストラン事業の業績をもモニタリングしなければならないことになる。β は，同業者であり直接の取引先でもある B のことは比較的容易にモニタリングをすることができると考えられるが，業種も異なり，直接の取引関係もない A をモニタリングするには，よりコストがかかるものと思われる。同様に，仮に株主の個人債権者が株主を退社させて株式会社の財産の払戻しを受けることができるものとした場合，α は A のレストラン事業のみならず B のソフトウェア開発事業をもモニタリングしなければならなくなる。

　これに対して，αはＡに対してのみ，βはＢに対してのみ，履行を請求することができるという規律の下では，αはＡのレストラン事業のみを，βはＢのソフトウェア開発事業のみをモニタリングすれば足りることとなり，重複していたモニタリングコストが節減されると考えられる。これは，ひいてはＡ・Ｂの資金調達コストの低下につながると言えよう。株主有限責任制度は，このような責任財産の分離によるモニタリングの効率化の一端を担っているのである。[3]

Column 3-1　合名会社と株式会社

　株式会社の株主は会社債務について有限責任しか負わないのに対し，合名会社の社員は無限責任を負うものとされている（576条2項）。このため，債権者にとっては，会社の規模等が同一であるとすれば，株式会社よりも合名会社に対して融資をする方が有利であるようにも思われる。

　しかし，現実の社会では，合名会社よりも株式会社の方が信用力の高い会社であると考えられていることが多い。この理由としては，様々なものがありうるところではあるが（たとえば，上場企業等の大企業は株式会社であることが多いため，株式会社には大規模な会社であるというイメージがあるといったものも考えられる），理論的には，次のような説明が可能である。[4]すなわち，合名会社の場合には会社財産を社員に移転することが規制されていないため（これに対し，株式会社については分配可能額規制〔→Ⅴ⁄参照〕が存在する），合名会社の会社財産は，社員に移転された上で，社員によって費消されたり，社員個人の債権者への弁済に充てられたりする可能性がある。そのため，合名会社の債権者は，合名会社の財産状態のみならず社員の財産状態をも監視しなければならず，株式会社に融資をする場合と比べて大きな負担を強いられるのである。

---

(2)　事業活動の促進

　また，株主有限責任制度には，株式会社形態を用いて事業活動を行う起業家の負担するリスクを出資額に限定することによって，失敗の可能性が高くても

---

　3)　神田26-27頁。なお，責任財産の分離によるモニタリングの分担という考え方については，森田果『金融取引における情報と法』（商事法務，2009）44頁以下，98頁以下を参照。
　4)　詳しくは，郡谷＝岩崎・後掲(上)商事法務1746号43頁以下を参照。

社会的に望ましい企業活動を促進するという機能も期待されている。たとえば，IT技術等を用いたスタートアップ企業によって社会的に有用な技術・商品が生み出されることが期待されているが，ベンチャービジネスは，成功した場合には創業者は多額の利益を手にすることができる一方で，失敗に終わる可能性も非常に高い。失敗した場合の負担額を株主有限責任制度によって限定し，再起の余地を確保することは，このようなベンチャービジネスの創業を促すためにも有益であろう。

さらに，社会的に有益な商品・サービスを提供するものではあるが，事業活動に伴う事故によって多額の不法行為責任が発生することとなる可能性があるような事業についても，株主有限責任制度によって起業家自身が不法行為責任を負担しなくて済むようにすることによる促進効果が期待されることもある。たとえば，トラックによる運送事業は，交通事故による被害発生の危険性を多分にはらむものではあるが，現代社会の物流を維持するためには不可欠なものであるように思われる。

もっとも，これは不法行為の被害者の負担において，言い換えれば，事故の損失を被害者に押し付けることによって，社会的に有益な事業を促進しようとするものであるともいえる。このような制度に対しては批判も強く，不法行為債権者に対しては株主有限責任を否定すべきであるという主張も存在するところである（→Ⅴ4(4)参照）。これは，株主有限責任制度の弊害の理解にも関係するものであるため，その点に検討を進めよう。

5)　江頭35頁。
6)　もちろん，株主有限責任制度さえ存在すれば，ベンチャービジネスが発展するわけではない。また，後で見るように（→Ⅳ3参照），わが国の銀行実務において，中小企業への融資に際して（多くの場合支配株主である）経営者の個人保証が要求されている結果として，株主が会社債務について責任を負う場合が少なからず存在することにも注意を要する。
7)　後藤・後掲13頁注28を参照。海上運送事業者に対して船舶のトン数を基準とした特別の有限責任制度（船舶の所有者等の責任の制限に関する法律3条・7条）が認められているのも，同様の観点から説明されている。
8)　Hansmann & Kraakman・後掲。

Ⅲ　株主有限責任制度の弊害

1　総　　説

　株主有限責任制度の存在とその意義をひとまず前提とすると，株式会社の倒産時に株主が会社債務について弁済義務を負わないということは，当該株主が会社の経営に携わっていたとしても，株主有限責任制度の帰結そのものであり，このこと自体が同制度の弊害であるとは言い難い。

　近時の議論において株主有限責任制度の弊害として理解されているのは，経営者の選任を通じて会社経営を支配しうる地位にある株主が，会社倒産時に会社債務についての責任を免れうることを奇貨として，仮に会社債務について無限責任を負担するのであれば望まないような経営を行わせる可能性があり，それによって社会的に非効率な結果が生じうるということである（単に会社債権者が不利益を受けるという点が問題とされているわけではない）。これは，株主のインセンティブが株主有限責任制度の存在によってゆがんでいる状況であると表現することもできよう。

Column 3-2　個人の「無限責任」と破産免責

　本文の説明は，株主が個人として会社債務について無限責任を負担するのであれば，インセンティブのゆがみは全く生じないということを意味しているように思われるかもしれない。しかし，株主が無限責任を負うということは，株主の負担が会社への出資額に限定されないということを意味するに過ぎず，株主が会社債務の全額を弁済できるということを当然には意味しない。株主が弁済できるのは，当然のことながら，株主が有している財産の額に限定される。そして，自己の財産で債務をすべて弁済できない個人は，破産手続の中で免責の決定を受けることにより，弁済しきれなかった分の債務について責任を免れることができるのである（破253条1項）。

　このため，株主が会社債務について無限責任を負うものとされたとしても，その財産額次第では，上記のような事実上の有限責任によるインセンティブのゆがみが生じる可能性はある。しかし，この場合には，株主は，破産法によって認められている自由財産（破34条3項）を除いた全財産を失うこととなるため，インセンティブのゆがみの影響も自ずと限られてこよう。これに対し，株主有限責任制度の下では，株主が会社債権者に対する有責資産と免責資産とを任意に区分できるため，インセンティブのゆがみの影響がより強くなると考えられる[9]。

　この株主のインセンティブのゆがみには，いくつかの類型がある。まず，株主有限責任制度の存在意義として挙げた事業活動の促進機能と深く関連する，不法行為責任の発生の可能性が高い事業の実施に関する株主のインセンティブから検討しよう。

2　不法行為コストの外部化

　たとえば，ある株式会社の工場が公害を発生させ，それによって周辺住民が病気に苦しんでいるとする。経済学の用語で，ある経済主体の行動が市場を介さずに他の経済主体の費用や便益を直接増加・減少させることを「外部性」または「外部効果」というが，上記の例では，株式会社による工場の操業という行動によって，周辺住民という他の経済主体に，病気の苦しみによる費用の増加という負（マイナス）の外部性が生じていることになる。[10]

　このような工場の操業が社会的に望ましいものであるか否かは，当該工場の生産物からの利益と周辺住民に発生する損失との総和がプラスであるかマイナスであるかによって判断されるべきものである。そこで，公害による損失をその発生源である株式会社自身に負担させ（外部性を内部化する），そのような損失の発生可能性を考慮した上で行動を選択するようにさせるための法律上の仕組みとして，不法行為に基づく損害賠償責任が用意されている。[11]

　しかし，この株式会社の株主は，株主有限責任制度の結果，この不法行為責任を負担することはない。これは，株式会社の経営方針を決定できる地位にある株主が，自らが出資している株式会社の事業活動に伴う事故のコストを内部化できていない（いわば「外部化」している）ということを意味する。そして，この結果として，株主による事業内容の選択や事故・被害防止措置の実施等に関するインセンティブにゆがみが生じることが知られている。数値例を用いて，考えてみよう。

---

　9)　藤田・後掲(1)法学教室 262 号 88-89 頁。
　10)　外部性には，負の外部性だけではなく，正（プラス）の外部性もある。たとえば，工場が存在することによって，その周辺の道路が整備され，周辺住民もそれを利用できているような場合である。
　11)　森田果＝小塚荘一郎「不法行為法の目的」NBL 874 号（2008）10 頁。

(1)　事業内容の選択

> 【設例Ⅰ】　ともに資金 100 の投入により実施できる事業 A と事業 B が存在する。
> それぞれのペイオフは以下のとおりである。
> 　事業 A：常に 150 の利益が生じるが，10% の確率で 1000 の被害を発生させ
> 　　　　る。
> 　事業 B：常に 120 の利益が生じ，被害が発生する可能性はない。

まず社会全体にとってこれらの事業が望ましいかを検討しよう[12]。事業 A およ
よび事業 B のペイオフの期待値は，**図表 3-1** のようになる。

図表 3-1

	被害発生なし	被害発生	合　計	現在（投資額）
事業 A	$150 \times 0.9 = 135$	$(150-1000) \times 0.1 = -85$	50	100
事業 B	$120 \times 1 = 120$	——	120	100

事業 A のペイオフの期待値は 50 であり，これは投下資金額 100 を下回って
いるので，事業 A は，社会的には実施すべきでない事業であるといえよう。
他方，事業 B は常に投下資金額 100 を上回るリターン 120 を産むので，社会
的に実施に値する事業であるといいうる。

では，株主有限責任制度の利益を享受している株主は，事業 A と事業 B の
どちらを選択するであろうか[13]。

---

12)　ここでは，ある事業活動が社会的に望ましい，実施に値するものであるか否かを，事業
　開始前の段階で計算される当該事業のペイオフの期待値が，当該事業に必要な資金を上回
　るかどうかで判断している。
13)　正確には，株主のリスク選好性（リスク中立的か，リスク回避的か，リスク愛好的か）
　によって分けて考える必要があるが，以下では単純化のために株主はリスク中立的なもの
　と仮定して考えることとする（株主有限責任制度の弊害に関する検討の本筋には，影響は
　ない）。ここでいうリスクとは，ある出来事が発生するか否かが不確実な状況をいい，リ
　スク回避的であるとは不確実性のある状況よりも確実な状況の方を好む場合（たとえば，
　火災による自宅の焼失の可能性に備えて保険料を支出して火災保険に入る場合）を，リス
　ク愛好的であるとは確実な状況よりも不確実な状況の方を望む場合（たとえば，代金を払
　って宝くじを購入し，当選することを期待する場合）を，リスク中立的であるとは不確実
　な状況と確実な状況との間に選好の差はない場合をいう。経済学的により正確な説明につ

まず，比較のために，資産額が1000（負債額は0）である個人Pが選択する場合を考えてみよう。Pにとっての事業Aおよび事業Bからのペイオフを含めた資産額の期待値は図表3-2のようになる。

図表3-2

	被害発生なし	被害発生	合　計	現　在
事業A	$(150 + 1000 - 100)$ $\times 0.9 = 945$	$(150 + 1000 - 100$ $- 1000) \times 0.1 = 5$	950	1000
事業B	$(120 + 1000 - 100)$ $\times 1 = 1020$	——	1020	1000

この場合，Pは事業Bを選択すると考えられる。これは，社会全体の観点からも望ましい選択である。

では，資産額が200（負債額は0）である株式会社Qが選択する場合はどうだろうか。ここで考える必要があるのは，事業Aを選択した場合の株式会社Qの資産は利益150に当初保有資産額200から投資額100を除いた残額である100を加えた250しかなく，1000の被害が発生したとしても，その全額をQが賠償することはできないということ，Qの株主はこの損害賠償責任を自らが果たす必要はないということである。このことを踏まえると，Qの株主にとっての事業Aおよび事業Bからのペイオフを含めた資産額の期待値は図表3-3のようになる。

図表3-3

	被害発生なし	被害発生	合　計	現　在
事業A	$(150 + 200 - 100) \times$ $0.9 = 225$	$\max\{0, 150 + 100$ $- 1000\} \times 0.1 = 0$	225	200
事業B	$(120 + 200 - 100) \times$ $1 = 220$	——	220	200

この場合，Qの株主は，社会的には望ましくない事業であるにも関わらず，より期待値の大きい事業Aの実施を選択することになる。

このように，株主有限責任制度には，株式会社の事業によって会社資産では賠償しきれない額の損害が発生する可能性がある場合に，不法行為コストの外

いては，ハル・R・ヴァリアン（佐藤隆三監訳）『入門ミクロ経済学（第9版）』（勁草書房，2015）第12章を参照。

部化の結果として，株主に社会的に望ましくない事業を選択するインセンティブを生じさせるという影響があるのである。

(2)　事故・被害防止措置の実施

> **【設例Ⅱ】**　事業Cには25％の確率で100の被害を生じさせる可能性がある。ここで5の費用をかけて防止措置Dを実施すれば，被害発生確率は15％に低下する。

事故・被害の発生を防止するための措置の実施に関するインセンティブについても見ておこう。

まず，防止措置Dは，図表3-4のように，5の費用をかけることによって，損害の期待値を $100 \times (0.25 - 0.15) = 10$ 低下させることができるものであるから，社会全体にとっては防止措置Dが実施されることが望ましい。

図表3-4

	防止措置Dを実施しない場合	防止措置Dを実施する場合	損害の期待値の減少	防止措置Dの実施費用
社会全体	$100 \times 0.25 = 25$	$100 \times 0.15 = 15$	$25 - 15 = 10$	5

では，事業Cを実施している主体にそのインセンティブはあるだろうか。

まず，比較のために，資産が105以上ある個人Rの場合（負債額は0とする）を考えてみよう。この場合には，防止措置Dの実施費用を支出しても被害全額を個人資産で賠償できるため，Rにとっての期待損害も $100 \times (0.25 - 0.15) = 10$ 低下するので，防止措置Dは実施されることになる。

他方，当初の資産が25しかない株式会社Sの場合（負債額は0とする）には，図表3-5のように，Sの株主にとっての期待損害は $\min\{25, 100\} \times 0.25 - \min\{25-5, 100\} \times 0.15 = 3.25$ しか低下しない。これは，実施費用である5を下回るため，株主にとって防止措置Dを実施するインセンティブはないことになる。

図表3-5

	実施しない場合	実施する場合	損害の期待値の減少	実施費用
Sの株主	$\min\{25, 100\} \times 0.25 = 6.25$	$\min\{25-5, 100\} \times 0.15 = 3$	$6.25 - 3 = 3.25$	5

(3)　事業用資産の分離

　現実の事案において，上記のような事業内容の選択や事故・被害防止措置の実施に関するインセンティブのゆがみを直接観察することは，株主が無限責任を負っていたとしたらどのような選択がなされたかを明らかにしなければならないため，困難である。

　現実に観察されることが多いのは，親子会社や兄弟会社が，事業用の財産を分割して保有した上で，事故が発生する可能性のある事業を一体として営んでいるという状況である。たとえば，著名なアメリカの判例では，ある親会社は，法定最低限の自動車責任保険のみに加入した多数の子会社にタクシーを2台ずつ保有させてタクシー事業を展開していたことが認定されている[14]。このように親子会社・兄弟会社の形態を用いて企業体を分割することにより，事業用財産を被害者による不法行為責任の追及から隔離するということも，一種のインセンティブのゆがみの表れであると見ることができよう[15]。

(4)　小　　括

　以上のように，株式会社の事業活動に伴って発生しうる損害額より会社の資産額が少ない場合には，株主有限責任制度による不法行為コストの外部化の結果，事故発生の危険性の高い活動を過度に行い，また事故発生の可能性や被害を軽減するための注意を尽くさないようになる，さらには事業用財産を分割して保有することにより危険な事業活動を行う会社の資産額を少なく抑えようとするなどといった株主のインセンティブのゆがみが生じることが見て取れる[16]。これが株主有限責任制度の弊害であるが，他方で，特に事故発生の危険性のある活動の促進は，既に見たように，株主有限責任制度の存在意義であると見ることもできるものであった（→Ⅱ2(2)参照）。

　この株主有限責任制度の存在意義として認められる危険性のある事業活動と，

---

14)　Mull v. Colt Co., Inc., 31 F.R.D. 154（S.D.N.Y. 1962），Walkovszky v. Carlton, 18 N.Y. 2d 414, 223 N.E. 2d 6（1966）. 事案と判旨については，後藤・後掲257頁注572および251頁を参照。

15)　後藤・後掲120-121頁。

16)　この他にも，株式会社の事業活動に伴って発生しうる損害額より会社の資産額が少ない場合には，事故による損害賠償責任の負担に備えて責任保険に加入しておくインセンティブも低下することが知られている。この点については，後藤・後掲128頁注283を参照。

株主有限責任制度の弊害にあたる危険性のある事業活動との線引きは，法解釈論としては，たとえば不法行為の被害者による法人格否認の法理を用いた株主への責任追及はどのような場合に認められるべきか等という形で問題となる。[17]

3　資 産 代 替

さて，株主有限責任制度の弊害は，不法行為債権者との関係でのみ認められるものではない。次に，株式会社に融資をした銀行等の契約債権者との関係でも問題となる株主のインセンティブのゆがみを検討しよう。

(1)　ハイリスク・ハイリターンな事業の選択

まず，次のような数値例を考えてみよう。

> 【設例Ⅲ】　ともに資金1000の投入により実施できる事業Eと事業Fが存在する。
> それぞれのペイオフは以下の通りである。
> 事業E：事業成功の場合には1200，事業失敗の場合には700，成功確率は80％。
> 事業F：事業成功の場合には3000，事業失敗の場合には375，成功確率は20％。

【設例Ⅲ】における事業Eと事業Fの違いは，成功確率が高く失敗した場合の損失も少ない事業Eは成功した場合の利益が少ないのに対し，成功確率が低く失敗した場合の損失も大きい事業Fは成功した場合の利益が大きいという点にある。事業Eはローリスク・ローリターンな安定的な事業，事業Fはハイリスク・ハイリターンなギャンブル的・投機的事業だといえよう。

これらの事業のペイオフの期待値は，図表3-6のようになる。

図表3-6

	成　功	失　敗	合　計	現在（投資額）
事業E	1200×0.8＝960	700×0.2＝140	1100	1000
事業F	3000×0.2＝600	375×0.8＝300	900	1000

いずれも投下資金は1000であるため，1100の期待値が得られる事業Eは社会的に実施する価値のある事業であるのに対し，900の期待値しか得られない事業Fは社会的には実施すべきではないものと言える。起業家が個人資産か

---

17)　筆者の立場については，後藤・後掲546頁以下を参照。

ら資金 1000 を支出して個人として事業を行おうとする場合も，事業 E を選択するはずである。

　では，起業家が 300 の資金を出資して株式会社を設立し，当該株式会社が債権者から 700 の借入れを行った上で事業を行おうとする場合はどうだろうか（なお，ここでは，検討を簡単にするため，債権者が要求する利率は 0% であると仮定しておく）。事業 E を選択した場合と事業 F を選択した場合の株主・債権者のそれぞれのペイオフの期待値は図表 3-7 のようになる。

図表 3-7

事業 E	成　功	失　敗	合　計	現　在
株　主	500×0.8＝400	0×0.2＝0	400	300
債権者	700×0.8＝560	700×0.2＝140	700	700

事業 F	成　功	失　敗	合　計	現　在
株　主	2300×0.2＝460	0×0.8＝0	460	300
債権者	700×0.2＝140	375×0.8＝300	440	700

　株主のペイオフの期待値は，事業 E を選択した場合には 400，事業 F を選択した場合には 460 である。後者の方が高いため，株主は事業 F を選択することになる。これは，社会全体の観点からは，実施されるべきではない事業 F が実施されている点で非効率な意思決定であると同時に，債権者のペイオフの期待値も 440 であり，融資額の 700 を下回る結果となってしまっている。

　このように，株式会社が負債により調達した資金を用いて事業を選択する場合には，事業が失敗に終わった場合にも株主自身は会社債務を弁済する責任を負わないため，株主のインセンティブがゆがみ，会社債権者の負担においてハイリスク・ハイリターンな事業を選択してしまうことがある。これは，経済学において「資産代替」，すなわち確実・安定的な収益をもたらす資産から収益の変動が大きい資産への変更と呼ばれている問題である。

（2）　債権者による自衛とその影響

　株主に資産代替のインセンティブを与えてしまうことによる株主有限責任制度の弊害は，実は，社会的に実施すべきではない事業が実施されてしまうという点にとどまらない。この点を次に確認しよう。

　ここまでの【設例Ⅲ】の検討では，株式会社に融資をする債権者は，株式会

社がどのような事業を選択するのかを考慮することなく，求められるがままに700の資金を利率0で融資しており，その結果として損失を被っていた。

　しかし，債権者がこのように何らの自衛措置も講じないと想定するのは，あまり合理的ではないように思われる。むしろ，株式会社に融資をしようとする債権者は，株主がハイリスク・ハイリターンな事業を選択しようとするインセンティブを有していることを踏まえて，自らが損失を被らないように融資の条件を設定するはずであると考えるのが自然であろう。

　そこで，【設例Ⅲ】について，自己資本額が300である株式会社から700の資金の提供を要請された債権者であれば，どのような条件を設定するかを考えてみよう。なお，この債権者は，株式会社が事業Eと事業Fのどちらかを任意に選択できるということを知っているものとする。

　債権者が損失を被らないようにするためには，株式会社が事業Fを選択した場合に備えて置くことが必要となる。具体的には，事業Fが失敗に終わった場合には債権全額を回収することができないので，これを埋め合わせるために融資の条件として利息の支払を要求し，事業Fが成功した場合に回収できる金額を増やすということが考えられる。事業Fの成功時に債権者が請求できる金額を x として，株主・債権者のそれぞれのペイオフの期待値を考えてみよう。

図表3-8

事業F	成　功	失　敗	合　計	現　在
株　主	$(3000-x)\times0.2$	$0\times0.8=0$	$600-0.2x$	300
債権者	$x\times0.2$	$375\times0.8=300$	$0.2x+300$	700

　x は，事業Fが選択された場合の債権者にとってのペイオフの期待値が融資額700と等しくなるように設定されるので，$0.2x+300=700$ という式が成り立っている必要がある。この式を解くと，$x=2000$ となる。この場合，株主のペイオフの期待値は $600-0.2x=200$ となり，株主の出資額である300を下回るので，株主が事業Fを選択するインセンティブは消滅することになる。また，事業の成功時には2000を返済しなければならないということを前提とすると，成功時のペイオフが1200しかない事業Eを選択する余地もない。結局，株主としては，何の事業も行わないのが最適な選択だということになる。

　これは，会社債権者は，貸付の利率を引き上げることにより株主のインセンティブのゆがみから生じる不利益を防ぐことができるが，その結果として，社会的に実施される価値のある事業までもが行われなくなってしまうという社会的な損失が生じているということを意味している。この社会的損失は，自らが事業 E を選択すると債権者に信頼させることができていれば，株式会社に無利息の条件で 700 の資金を借り入れさせて事業 E を実施することにより利益を得られていたはずの株主が負担することになる。

(3)　経営状態の悪化した企業における事業内容の変更と事業停止の遅延

　株式会社が債権者から借入れを行う際には，事業内容の開示等により債権者が上記のような自衛措置を比較的取りやすいとすると，株主による資産代替が実際に問題となり得るのは，借入れから時間が経過した場面，特に債務者である株式会社の経営状態が悪化した場面であると思われる。

　たとえば，多額の負債を抱え経営状態の悪化した中小企業のオーナー経営者が起死回生を狙って手元の資金を競馬や宝くじにつぎ込むという事例は，小説やドラマではしばしば目にするものである（フィクションの世界では，大当たりによってハッピーエンドを迎えることもあるだろうが，現実の世界は，おそらくそれほど甘くはない）。また，ここまで極端なケースではないが，裁判例の中には，業績不振の会社の経営者が事業内容をハイリスク・ハイリターンなものに転換しようとした事案に関するものも存在している。[18]

　また，経営状態が悪化した株式会社の株主のインセンティブのゆがみは，事業内容の積極的な変更ではなく，現在の事業の継続という形で現れることもある。次の数値例を検討してみよう。

> 【設例Ⅳ】　資産額 800，負債額 1000 という債務超過状態にある株式会社が，現在，次のような事業を行っている。
> 事業 G：事業成功の場合には 1200，事業失敗の場合には 0，成功確率は 50%。

---

[18]　たとえば，東京地判平成 5・9・21 判時 1480 号 154 頁は，株主代表訴訟に関する判決であるが，ビル一棟の賃貸のみを事業内容としていた株式会社の取締役が，ビルの賃貸収入のみではビルの建替費用に充てた借入金の返済が困難であったため，多額の借入れをした上で株式投資に乗り出したという事案についてのものである。

この事業 G を継続した場合と，即時に事業を停止して株式会社を清算した場合の，株式会社全体および株主と債権者にとってのペイオフの期待値は，図表 3-9 のようになる。

図表 3-9

	継続・成功	継続・失敗	継続・合計	清　算
株式会社全体	1200×0.5＝600	0×0.5＝0	600	800
株　　主	(1200－1000)×0.5＝100	0×0.5＝0	100	0
債権者	1000×0.5＝500	0×0.5＝0	500	800

まず，事業 G を継続した場合に得られるペイオフの期待値 600 は，事業を停止した場合に得られる現在の資産価値（清算価値）の 800 を下回っているため，事業 G の継続は，社会的には非効率なものである。また，債権者にとっても，事業 G を継続した場合に得られるペイオフの期待値は 500 であり，事業を停止した場合の 800 を下回っているため，事業 G は直ちに停止されることが望ましい。

しかし，この株式会社は債務超過状態にあるため，事業 G を停止して会社を清算しても株主が受け取ることのできる会社資産はない。そのため，株主は，事業が成功した場合の利益を享受する可能性に賭けて，事業 G を継続するインセンティブを持つのである。これも，事業の継続というリスクのより高い行動を選択している点で，資産代替と同様の仕組みによる株主有限責任制度の弊害の 1 つであるということができよう。

4　会社財産の株主への移転

株主と会社債権者との間の利害対立の局面として，資産代替と並んで重要であるのが，配当や自己株式の取得等による会社財産の株主への移転である。

株主は，会社債務について責任を負わないものとされている代わりに，会社財産については会社債権者に劣後し，株式会社が清算された場合には，債権者への弁済が済んだ後でなければ残余財産の分配を受けることができないものとされている（502条）。そのため，株式会社の経営状態が悪化した場合には，株主は会社財産から利益を受けることができない可能性が高まることになる。この場合，株主は，会社債権者が自らに対しては履行を請求できないことを奇貨

として，会社債権者への返済に充てるべき会社財産を自らの下へ移転させることにより，会社財産に対する債権者の執行を防ごうとするインセンティブを持つと考えられる（株主が無限責任を負うのであれば，会社財産を移転させたとしても，その財産が株主の手元にある限り会社債権者の執行を受けるため，このような行為の意味は乏しいと言える）。配当や自己株式の取得による会社財産の分配は，株主が会社から余剰資金の返却を受け，別の投資先に投資をすることを可能にするものであり，経営者による会社財産の浪費を防ぐためにも重要な制度であるが[19]，上記のような会社財産の移転は，「余剰資金」の返却ではなく，債権者から株主への単なる利益移転であり，社会的に価値を生み出すものではない。

　このような会社財産の移転により会社倒産時に不利益を受けることを予期した債権者は，高い利息の要求や融資の中止といった対応を取ることが考えられ，それによって社会的に有益な事業が実施され得なくなる場合がある点は，資産代替の場合と同様である[20]。

　なお，このような財産移転は，配当や自己株式の取得の他に，取締役でもある株主への報酬の増額や会社・株主間の取引の対価（株主所有財産の高額な賃料での賃借や会社財産の株主への廉価売却等）等の形式で行われることも多い[21]。

Ⅳ　債権者による自衛

　以上のような株主有限責任制度の影響による株主のインセンティブのゆがみに対しては，株式会社に対して事業資金を融資した銀行等の契約債権者は一定の自衛措置を講じることができる（これに対して，事故の被害者等の不法行為債権者は，事前に自衛をすることが困難であり[22]，その保護は法律に委ねられることになる）。

---

19)　藤田友敬「株式会社の企業金融(7)」法学教室270号（2003）62頁，68頁。
20)　郡谷＝岩崎・後掲(下)商事法務1747号20頁。
21)　たとえば，ある商工ローン業者においては，過払金返還請求による業績の悪化を受けて，オーナー経営者に対する役員報酬の増額やオーナーの資産管理会社が所有する不動産の賃借料の引上げ等の手法で会社財産が移転されていたことが報じられている（高橋篤史『凋落』（東洋経済新報社，2011）192-193頁）。
22)　不法行為の潜在的被害者が採り得る自衛手段としては，事故に遭わないように注意する，自ら損害保険に加入しておくというものが考えられるが，完全な自衛は難しいといえよう。

ここでは，資産代替や会社財産の株主への移転に対する自衛措置として考えられる手段と，その限界について検討しよう。²³⁾

1　利率の引上げ

　既に見たように，資産代替や会社財産の株主への移転に対する最も単純な自衛措置は，（そもそも貸付けを行わないということを除くと）これらの行為が行われるリスクを考慮して貸付けの利率を引き上げることである（→Ⅲ3(2)参照）。利率の引上げにより債権を問題なく回収できる場合の回収額を大きくすることによって，事業の失敗や過大な財産移転により債権を回収できなくなる場合の損失を埋め合わせることができるのである。

　しかし，このような利率の引上げによる対応には，次のような社会的コストと限界とが存在する。

　まず，Ⅲ3(2)の【設例Ⅲ】の検討においては，債権者が株主による資産代替のリスクを考慮して貸付けの利率を引き上げた結果，社会的に実施すべきではない事業Fのみならず，社会的に実施する価値のある事業Eまでもが実施されない結果となってしまっていた。このような社会的コストの発生を防ぐためには，資産代替を行わずに事業Eを実施するという株主の約束を債権者が信頼することができるようにするための手段が必要であるといえよう。

　また，利率の引上げによる対処には，資産代替の対象となる事業の内容についての情報が十分ではない場合には，適切な水準の利率を設定することが難しいという限界がある。【設例Ⅲ】において債権者が貸付けの利率を自らが損失を被らないような水準に引き上げることができたのは，債権者が事業Eと事業Fの内容を認識できていたからであるが，数値例を離れた現実の世界においては，このように選択肢が有限で，その内容が明らかであるとは限らない。もちろん，事業用資金を融資しようとする銀行には，融資の前提とされている事業計画等が提供されると考えられるが，融資契約の締結後に債務者が採り得る事業内容の変更についての情報までもが十分に提供されているとは思われない。将来の事業拡大・変更の可能性が不明である場合，債権者は最悪の事態を想定

---

23)　より詳しくは，後藤・後掲504頁以下を参照。

した条件で融資をするということが考えられるが，この場合には上記の社会的
コストが大きくなる。最もリスクが高い事業への変更が行われる可能性が現実
にはそれほど高くはないとすると，これを前提とした利率を設定することが合
理的であるとも思われない。

　以上は資産代替の場合に即した説明であるが，会社財産の株主への移転に利
率の引上げによって対処しようとする場合にも，同様の問題がある。

2　行為自体の直接的制限と再交渉権限の留保

　次に考えられるのが，融資契約上，会社財産の株主への移転や資産代替を直
接制限することである。具体的な契約条項としては，会社が一定の財務状態に
なった場合の配当を禁止する条項や，会社が行いうる事業や保有しうる資産を
限定する条項，逆に一定の事業への従事や特定の資産の保持を要求する条項な[24]
どが考えられる。また，追加借入を制限することにより資産代替に必要な資金
を確保できないようにするという間接的な制限も考えられる。しかし，これら
の条項には，その定め方によっては有望な投資機会の逸失や資産の効率的利用
の阻害などの機会費用が伴う可能性があり，また事業のリスクを増大させる行
為を事前に特定することは困難でもあるという，利率の引上げと同様の問題が
存在する。

　そこで，特定の行為を禁止するのではなく，資産代替や株主への過剰な配当
等が行われる可能性の高い経営状況になった場合に融資条件について再交渉を
する機会を確保することにより対応することも考えられる。たとえば，会社の
利益や純資産等の財務指標が一定値を下回った場合には期限の利益を喪失する
という条件を設定することにより，株主が事業の継続・変更を望む場合にはそ
のリスクに応じた利率の変更等を要求することが可能となる。もっとも，この

---

24)　わが国の銀行実務においては，融資に際して不動産に抵当権を設定するということが広
　く行われてきた。これは，第一義的には，債務者の倒産時に担保財産である不動産を売却
　した代金から債権の回収を図る目的で行われているものと考えられるが，債務者自身が当
　該不動産を売却してその代金をリスクの高い事業に投資をするという資産代替を抑止する
　という機能も有していると評価することができる。
　　約定担保権の機能に関しては，沖野眞已「約定担保物権の意義と機能」学習院法学34
　巻1号（1998）75頁を参照。

場合も，基準となる財務指標の数値を高く設定しすぎれば再交渉の回数が増え
て非効率である反面，低すぎれば資産代替や過剰な配当を防げない可能性があ
るという問題は残る。

3　株主による会社債務の保証

　そこで，少し視点を変えて，株主のインセンティブのゆがみ自体を是正する
ことを考えてみよう。株主のインセンティブのゆがみが生じるのは，株主有限
責任制度の結果，株主が会社債務について弁済する責任を負わないからである。
そこで，株主に特定の会社債務について個人保証をさせることができれば，当
該会社債務について当該株主に無限責任を負わせることとなり，その限りで株
主有限責任によるインセンティブのゆがみを縮小・除去できると考えられる。[25]

　わが国では，中小企業に対して融資をする金融機関が当該企業の支配株主で
もある経営者の個人保証を要求することが一般的であるが，これは上記のよう
な効果を意図した実務であるということができよう。[26]

　なお，このような実務に対しては，近時，倒産した会社の経営者が個人保証
に基づいて会社債務を弁済する責任を負った結果，個人としても破産せざるを
えなくなり，「経営者として再起を図るチャンスを失ったり，社会生活を営む
基盤すら失うような悲劇的な結末を迎える」ことになるため望ましくないとい
った批判も向けられている。[27]これは，保証人の保証債務は主債務者の不履行の
原因を問わずに成立するため，[28]会社債務を保証したオーナー経営者は，資産代
替や会社財産の株主への過剰な移転を行った場合だけでなく，景気変動等の経

---

25)　個人保証により個人資産を全て提供しなければならないほど財務状況が悪化している時
　　点では，これを解消するために敢えてリスクの高い行為がとられる可能性もある。もっと
　　も，この場合は会社が既に債務超過・支払不能に陥っていると思われるので，倒産手続開
　　始を申し立てることによって資産代替を防止することができる。
26)　小出・後掲 511-512 頁。
27)　「新しい中小企業金融の法務に関する研究会報告書」5 頁（2003, available at http://
　　www.fsa.go.jp/news/newsj/15/ginkou/f-20030716-1.html）。日本弁護士連合会「保証制度
　　の 抜 本 的 改 正 を 求 め る 意 見 書」（2012, available at http://www.nichibenren.or.jp/
　　library/ja/opinion/report/data/2012/opinion_120120.pdf）も参照。
28)　保証人の支払義務が生じる場合を，将来生じ得る事情をすべて考慮して限定した保証契
　　約を締結すれば，この問題に対処することができるが，これは，現実には困難である。

営者の責めに帰しえない事情が主な原因となって会社が倒産した場合にも，会社債務の弁済を迫られることを問題とするものであると思われる。仮に，この結果として事業意欲のある者による起業が阻害されているとすれば，それは株主による会社債務の保証の社会的コストだと見ることができよう。

V　法律による債権者保護と学説による立法提言

　以上のように，会社債権者は株主有限責任制度による株主のインセンティブのゆがみに対して様々な自衛措置を講じることができるが，それには限界も存在していた。また，会社債権者の中には，不法行為の被害者のように，そもそも事前に契約によって自衛することが困難な者も存在する。

　そこで，会社法をはじめとする法律や判例法理により，会社債権者を保護し，また株主有限責任制度の弊害に対処するための仕組みが用意されており，また新たな規律の導入が提言されてもいる。他方で，このような法的介入には一定のコストが伴うことにも注意する必要がある。以下では，これらの法律・判例法上の規律や学説による立法提言について概観しよう。

1　分配可能額規制

　会社法上の会社債権者を保護するための制度の代表が，株主への配当や株主からの自己株式取得等の会社財産の株主への分配行為についての限度額の設定と，それを超えた分配についての責任等に関する規律である。分配可能額に関する規律の詳細は会社法の教科書に委ねるが，大まかにいうと，株式会社は，株主に対して，会社の資産額から負債額を控除した残額である純資産額のうち，資本金と資本準備金・利益準備金の合計額を上回った部分からのみ，配当や自己株式の取得により株主への分配を行うことができる（461条・446条）。

　この規律には，まず，事業上の事故により会社が多額の損害賠償責任を負担するに至った場合に，株主が被害者からの執行を受ける前に会社財産を自らの下に移そうとする行為から不法行為債権者を保護するという機能がある。

　また，既に見たように，株式会社に融資をしている債権者は，会社が一定の財務状態になった場合の配当等を禁止する条項を融資契約中に盛り込んでおく

ことによって自衛をすることができるが（→Ⅳ2参照），そのような契約の作成には交渉やドラフティングに関して一定のコストがかかると考えられる。もし，株式会社に対して融資をしようとする債権者は一般的にそのような配当制限条項の導入を望むのだとすれば，そのような規制を法律で導入しておくことによって契約作成のコストを節減するという効果も期待できる。ただし，このような効果を期待するためには，会社法が定めている分配可能額の基準が，多くの債権者が望むであろう配当制限条項のそれと同じ水準のものであることが必要となる（会社法上の基準の方が緩い場合には，債権者は結局契約中に配当制限条項を盛り込まなければならないので，コストの節減にならない。一方，会社法上の基準の方が厳しい場合には，株式会社の余剰資金の株主への返還を過剰に制約してしまう恐れがある[29]）。

　会社法が分配可能額の算定基準として採用している資本金と準備金の額は，基本的には株主の出資額という過去の出来事に基づいて決められる（445条参照），現在の株式会社の状態とは無関係な数値である[30]。しかし，債権者が望んでいるのは，株式会社の倒産が差し迫った場合の配当を禁じることだとすると，融資契約中に盛り込まれる配当制限条項は，配当を行う時点での会社の財務状況に関する数値（たとえば配当後の資産負債比率等）を基準とするのが自然であろう[31]。学説上は，資本金・準備金額という基準は，その後の会社の倒産可能性を予測する指標としては適切ではなく，資産負債比率を基準とした分配可能額規制を採用すべきであるという立法論も提唱されている[33]。

---

29)　藤田・後掲(2)法学教室 263 号 125 頁。

30)　これは，株主が一度出資した財産を会社から引き出すことを禁止する必要があるという発想に基づくものであると言えるが，それが会社債権者にとってどのような意義があるのかという点には，疑問も示されている（郡谷＝岩崎・後掲(下)商事法務 1747 号 23-24 頁）。

31)　たとえば，アメリカの模範事業会社法典においては，配当規制として資産負債比率と流動資産・流動負債比率が併用されている（カーティス・J・ミルハウプト編『米国会社法』（有斐閣，2009）138-139 頁）。

32)　郡谷＝岩崎・後掲(下)商事法務 1747 号 21 頁。

33)　吉原和志「会社の責任財産の維持と債権者の利益保護(2)」法学協会雑誌 102 巻 5 号（1985）881 頁，909 頁以下。わが国と同様に資本金を基準とした分配可能額規制を採用している EU 諸国における議論の状況については，久保大作「資本制度・分配規制に関連して」商事法務 1974 号（2012）21 頁を参照。

また，現在の分配可能額規制には，自己株式の取得や配当等の会社法461条
1項各号に列挙されている行為にしか適用されないため，その他の形式で会社
財産が株主に移転させられた場合には対応できないという限界がある。たとえ
ば，取締役でもある株主に対する役員報酬名目での過大な支払や，親会社に非
常に有利な条件での親子会社間の取引などが問題となろう。これらの行為には，
詐害行為取消権（民424条）や否認権（破160条等），次に見る法人格否認の法
理などによって対処することになる。

Column 3-3　資本制度と債権者保護

　　伝統的な会社法の教科書においては，株式会社については，会社財産だけからし
か弁済を受けることのできない会社債権者のために会社財産を確保する必要があり，
そのために認められたのが資本金制度であるとし，その一環として，資本金を基準
とする分配可能額規制（資本維持の原則）の他に，資本金の額に相当する財産が現実
に会社に拠出されなければならないという資本充実の原則があると論じられるのが
一般的であった。[34]この資本充実の原則に基づくものとして説明される制度としては，
株式に対する仮装払込みの規制（64条・965条，刑157条）や，現物出資の評価に関
する規制（33条・207条）などがある。

　　しかし，これらの制度が対処しようとしている問題は，本章で分析してきた株主
有限責任制度による株主のインセンティブのゆがみとは異なるものである。

　　まず，設立や募集株式の発行等に際しての仮装払込みにより会社債権者が害され
るのは，その時点で会社が利用できる資金が拠出され，財務状況が改善されたと信
じた債権者が，新たな融資をしたり，既存の債権の回収を控えたりした場合である。[35]
ここでの問題は，虚偽の外観に対する信頼の保護と，そのような外観の作出の防止
になる。

　　また，現物出資の対象財産が過大評価されたことにより資本金の額が高く設定さ
れた場合には，分配可能額規制との関係では債権者にむしろ有利になるのであり，
害されるのはそのような現物出資者に比べて割高な価格で株式を引き受けたその他
の株主であることが指摘されている。[36]

---

34)　たとえば，前田庸『会社法入門（第13版）』（有斐閣，2018）19-22頁を参照。

35)　後藤元「資本充実の原則と株式の仮装払込みの目的」前田庸先生喜寿記念『企業法の変
遷』（有斐閣，2009）223頁，252-253頁。

36)　藤田・後掲(2)法学教室263号127-128頁，郡谷＝岩崎・後掲(上)商事法務1746号50-
51頁。

2　法人格否認の法理と取締役の対第三者責任

　会社債権者が会社財産から弁済を受けることができない場合には，法人格否認の法理や取締役の対第三者責任（429条）に基づいて，会社を支配している株主の責任を追及することも考えられる。これらは，株主に会社債権者に対する責任を負わせることによって，そのインセンティブを是正し得る点で，株主に会社債務について保証をさせることと類似の機能を持つものである。

　株主による保証と法人格否認の法理等に基づく株主の責任との違いは，会社債務について保証をした株主は，会社が倒産した原因が何であっても会社債務を弁済しなければならないのに対して，法人格否認の法理や取締役の対第三者責任が適用されるためには，法人格の濫用・形骸化や「役員等がその職務を行うについて悪意又は重大な過失があったとき」（429条）という一定の要件が充足される必要があるという点である。これにより，資産代替や会社財産の株主への過剰な移転があった場合にのみ株主に責任が課されるのであれば，過不足なく株主のインセンティブのゆがみを是正できる手段であると言うことができるが，法人格否認の法理や取締役の対第三者責任に関する現在までの判例においては，株主のインセンティブという観点からの議論が正面から展開されているわけではない[37]。また，株主のインセンティブのゆがみに着目した要件が設定されたとしても，裁判所がその適用の判断を誤る可能性があり，株主のインセンティブのゆがみを十分に抑止できなかったり，株主や債権者の過度な萎縮を招いたりするおそれも存在する。

3　法的倒産手続と経営状態の悪化した場合の取締役の義務

(1)　株主の議決権と法的倒産手続

　株主有限責任制度による株主のインセンティブのゆがみが問題となるのは，株主が株主総会における議決権の行使による取締役の選任を通じて，会社の経営方針を決定できる立場にあるからである。このような決定権が会社債権者で

---

37)　ただし，たとえば倒産に瀕した時期の返済見込みのない債務負担行為について債権者に対する損害賠償責任を取締役に課す判例（江頭514頁参照）は，そのような行為を用いた事業継続を制限することによって，Ⅲ*3*(3)で検討した事業停止の遅延を間接的に抑止していると見ることもできよう。

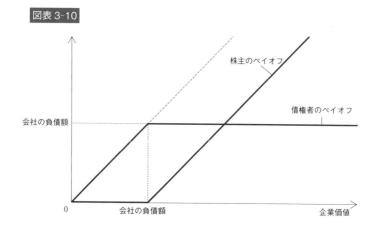

図表3-10

はなく株主に与えられているのは，次のような理由による。

　図表3-10は，株式会社の財産の価値（企業価値）の増減と株主および債権者の取り分の関係を表したグラフである。株式会社が返済すべき負債の額は，あらかじめ債権者との契約によって固定されている。この負債額を企業価値が上回っている場合（資産超過の場合）には，債権者に対して負債を返済した残りが株主の取り分となる（このことをもって，株主は残余請求権者である，と表現することがある）。これに対して，企業価値が負債額を下回っている場合（債務超過の場合）には，会社財産はすべて債権者のものとなり，株主の手元には何も残らないが，株主有限責任制度の結果，株主が不足額の弁済をする必要はない。

　資産超過の局面に注目すると，この場合には，企業価値の増加が株主の取り分の増加と連動していることがわかる。株主に議決権が与えられているのは，株主が自己の利益を最大化するように議決権を行使することにより，企業価値が最大化されると期待できるからである。

　しかし，債務超過の局面に注目すると，株主の取り分は0で固定されており，企業価値の増加とはもはや連動しておらず，株主に議決権を与える上記の説明は当てはまらなくなっている。この局面において企業価値の増加と連動しているのは債権者の取り分である。この場合に，株主のインセンティブのゆがみにより資産代替や会社財産の株主への移転が行われることを防ぐためには，会社の経営方針の決定権を株主から取り上げ，会社が債権者の利益のために経営さ

れるようにすることが考えられる。

　これを実現するための仕組みが，破産手続などの法的倒産手続である。破産手続は株式会社が支払不能または債務超過である場合に（破 15 条 1 項・16 条 1 項），民事再生手続および会社更生手続は支払不能または債務超過が生ずるおそれがある場合（民再 21 条 1 項，会更 17 条 1 項 1 号）に開始される。そして，破産手続または会社更生手続の開始が決定されると，会社財産の管理処分権は，株主によって選任された取締役の手を離れ，裁判所によって選任された破産管財人または更生管財人に専属することとなる（破 78 条 1 項，会更 72 条 1 項）。民事再生手続の場合には，手続開始後も再生債務者が財産の管理処分権を有するが（民再 38 条 1 項），再生債務者はこの管理処分権を債権者の利益のために公平誠実に行使しなければならないものとされている（同条 2 項）。これにより，取締役が株主の利益のために資産代替や会社財産の移転を行うことはできなくなるのである。

（2）　経営状態の悪化した場合の取締役の義務

　学説では，このような考え方を一歩進めて，法的倒産手続が開始されていない段階においても，株式会社が債務超過に陥った場合には，取締役の義務は株主に対するものから債権者に対するものへと変化すると考えるべきであるとの主張がなされている[38]。これは，特に資産代替への対処を念頭に，会社法 429 条の取締役の第三者に対する責任の要件を，株主有限責任制度によるインセンティブのゆがみを踏まえて合理的に解釈しようとする試みであるともいえる[39]。

　しかし，このような考え方に対しては，次のような批判が可能である[40]。

　まず，Ⅲ*3*で検討した【設例Ⅲ】における株式会社は資産額 1000，負債額

---

[38]　黒沼悦郎「取締役の債権者に対する責任」法曹時報 52 巻 10 号（2000）2901 頁，2923-2927 頁

[39]　日本の学説が参考にしているアメリカの判例では，債権者による取締役への責任追及ではなく，債権者の利益を考慮した取締役の行為に対する株主側からの責任追及が問題とされていることが多いということに注意を要する。詳しくは，後藤元「取締役の債権者に対する義務と責任をめぐるアメリカ法の展開」金融研究 29 巻 3 号（2010）123 頁を参照。また，高知地判平成 26・9・10 金判 1452 号 42 頁（商判Ⅰ-148）は，債務超過状態で事業を継続した株式会社の取締役に対する会社債権者による損害賠償請求を，経営判断の原則の適用によって退けている。

[40]　藤田・後掲(2)法学教室 263 号 132-133 頁。

700，自己資本額 300 という資産超過状態にあったことからもわかるように，株主のインセンティブのゆがみは債務超過状態になる前から存在しているため，取締役の義務の内容を変化させるとしても，債務超過を基準時とするのでは十分ではないということができる。それでは，いつを基準時とすればよいのかということが問題となるが，これは株式会社が有する事業内容の変更の選択肢に依存するため，一律の線引きをすることは困難である。

　また，債権者が株式会社から受けられる利益はあらかじめ決められた額に限定されているため，債権者の取り分の増加と企業価値の増加とが完全に連動しているわけではない。次のような設例で考えてみよう。

【設例Ⅴ】　資産額 1000，負債額 1500 という債務超過状態にある株式会社が，1000 の資金の投入を必要とする次のような事業への投資を検討している。
事業Ｈ：事業成功の場合には3500，事業失敗の場合には500，成功確率は20％。

　事業Ｈと，これを実施した場合の株主および債権者のペイオフの期待値は図表3-11の通りである。

図表3-11

	成　功	失　敗	合　計	現　在
株式会社全体	3500×0.2＝700	500×0.8＝400	700＋400＝1100	1000
株　主	(3500−1500)×0.2＝400	0×0.8＝0	400＋0＝400	0
債権者	1500×0.2＝300	500×0.8＝400	300＋400＝700	1000

　事業Ｈから得られるペイオフの期待値は 1100 であり，現状の会社資産額 1000 を上回っているため，社会的には，事業Ｈへの投資がなされることが望ましい。しかし，債権者にとっては，現状のまま会社を清算すれば 1000 の返済が受けられるが，事業Ｈが実施された場合のペイオフの期待値は 700 に減少してしまうため，債権者がこの株式会社の経営方針を決定できる場合には，事業Ｈへの投資はなされないことになるのである。

4　不法行為コストの外部化への対処

　以上は，主に資産代替や会社財産の株主への移転への対処となる制度の概観であった。次に，不法行為コストの外部化による株主のインセンティブのゆが

みに対処することを目的とした法制度と立法提言を検討しよう。

(1)　業法による監督

　まず，事業活動に伴って事故による被害が発生する可能性のある業種については，個別に定められた業法において，当局による事業の監督が行われているものが少なくない。たとえば，タクシーやバスの運行に関しては道路運送法による規制が，原子力発電所による発電に関しては電気事業法による規制がなされている。業法による規律の内容は様々であるが，当該事業を行うための免許・許可・登録制度や事業活動に関する安全規制，一定の行為の禁止などがある。

　これらは，株主有限責任制度による不法行為コストの外部化により社会的に望ましくない事業活動が行われたり，実施されるべき事故・被害の防止措置が実施されなかったりすることを防止するための規律であるということができる。ただし，事故による被害発生の可能性があるすべての事業について業法による監督があるわけではなく，また業法が存在する場合でも，事業活動の危険性についての情報の偏在等のため，完全な対処が行われるとは限らない。

(2)　強制責任保険

　また，危険性が特に高く，被害者を救済する必要性の高い活動については，当該活動を行う条件として，一定額以上の責任保険への加入が法律によって強制されていることがある。具体例としては，自動車による交通事故に関する自動車損害賠償責任保険（いわゆる自賠責，自動車損害賠償保障法 5 条）や原子力発電所等の事故に関する原子力損害賠償責任保険（原子力損害の賠償に関する法律 6 条～8 条）などがある。

　このような強制責任保険制度は，被害者に最低限の救済を確実に与えることを主たる目的とするとともに，株主有限責任制度の結果として責任保険に加入するインセンティブが低下すること[41]への対処という機能をも有している。

(3)　法人格否認の法理と取締役の対第三者責任

　株式会社一般について適用される法制度の中で不法行為コストの外部化への対処となり得るのは，法人格否認の法理等によって，事業活動に際して発生し

---

41)　前掲注 16) を参照。

た事故についての損害賠償責任を株主にも負担させることであろう。

　この場合，いかなる株主に，いかなる場合に責任を負わせるべきかということが問題となるが，株主有限責任制度の存在意義をどのように理解するかという問題と関連することもあって，定まった見解は現在のところ存在していない[42]。問題となるのは，親会社や支配株主等の会社の経営に対して影響を及ぼし得る株主に限って責任を課すのか，それとも株主一般に責任を課すのか，また株主が事故防止措置の不実施を指示する等，不法行為コストの外部化によるインセンティブのゆがみが顕在化した場合に限って株主に責任を課すのか，それとも株式会社の不法行為債務すべてについて責任を課すのか，といった点である。

(4)　不法行為債権に対する分割無限責任

　上記の点については，最も極端な立場として，上場企業における少数株主を含めた全ての株主に，株式会社の全ての不法行為債務について，出資比率に応じた分割責任を課すという見解が有力に主張されているが[43]，一般に受け入れられるには至っていない。その理由としては，以下のようなことが考えられる。

　まず，ここで各株主の責任が出資比率に応じた分割責任とされているのは，資力のある株主に損害額全額が請求されることを防ぐことによって，株式市場における価格形成と株式譲渡の容易化という株主有限責任制度の存在意義を維持しようとしているからであるが，その一方で，分散した多くの株主に対する執行のコストは無視できないものとなろう。

　また，支配株主以外の少数株主に責任を課すことにより事業選択等に関するインセンティブのゆがみの除去が実現されるかということも問題となる。たとえば，株式が上場されていない閉鎖会社の少数株主は支配株主と交渉することが可能であるが，両者の関係が悪化した場合には少数株主が事業内容の決定に関与することは期待できない。このように少数株主が関与できない場合に出資比率に応じて責任を負わせると，支配株主の負担額が減少するため，支配株主が会社の経営により出資比率相当額以上の利益を得ているとすれば，支配株主の事業選択等に関するインセンティブのゆがみは，さほど是正されない可能性

---

42)　1つの試論として，後藤・後掲546頁以下および569頁以下を参照。

43)　Hansmann & Kraakman・後掲。

が少なからず存在する。

　他方で，上場会社の少数株主は，理論上は不法行為責任を負う可能性のある
会社の株式を市場で売却することによって経営者に圧力をかけることが可能で
ある。しかし，事業内容の抜本的改善には経営者が買収のリスクに晒されるこ
とが必要であるが，具体的な不法行為の発生可能性等に関する情報が被害発生
前に察知・価格に反映され，それを受けて事業政策の変更による利益を得よう
とする買収者が登場するという可能性は，現実には高くないと思われる。また，
株主の無限責任が問題となりうるような不法行為を発生させうる活動が既に行
われている場合には，そのような潜在的賠償責任を負担している企業を買収し
ようとする者は多くはないであろう。[44)

(5)　不法行為債権の優先債権化

　このように考えると，株式会社の活動の危険性のモニタリングの主体として
は，情報の取得可能性・評価能力や経営者に対する影響力の点で，上場企業の
株主よりも銀行等の大口債権者の方が優れているとも考えられる。そこで，こ
のような大口債権者にモニタリングのインセンティブを与えるために，不法行
為債権を実体法上もしくは倒産手続上その他の一般債権や担保付債権よりも優
先させるべきであるという見解も有力である。[45)　ただし，大口債権者は多数の債
務者に与信しているのが通常であるため，個々の債務者の事業運営の細部に対
するモニタリングをどこまで行いうるかという問題もあると思われる。

Ⅵ　ま　と　め

　本章では，株主有限責任制度の弊害と，それに対する契約や法律による債権
者保護の仕組みについて分析してきた。株主有限責任制度によって株主のイン
センティブがどのようにゆがむのか，そして，それへの対処手段にはどのよう

---

44)　すでに行われた不法行為について無限責任を問われるのは買収者に株式を売却した旧株
　　主であるとしても，会社財産の限度で買収者も経済的負担を強いられることになるからで
　　ある。
45)　田中亘「東電処理に関する一考察」経済セミナー増刊『復興と希望の経済学』(2011)
　　158 頁，162 頁。

な効果と限界があるのかということを理解することが重要である。なお，株主有限責任制度による不法行為コストの外部化の評価については，歯切れの悪い説明に終始したところがある。この問題については，最終的には理論的分析を超えた政策判断にならざるをえないということも，併せて重要なポイントである。

　最後に，株主と債権者の事業選択に関するインセンティブのゆがみについて，理解をより深めるための練習問題を 2 つ掲げておく。

◆練習問題◆

問1　不法行為コストの外部化に関する株主のインセンティブのゆがみは，不法行為法の規律により影響を受ける。【設例Ⅱ】の検討は，株式会社が防止措置 D を実施したとしても，結果として被害が発生した場合には，不法行為責任を問われるという厳格責任制度を前提にしたものであった。不法行為法の規律としては，このような厳格責任制度とは異なり，加害者が社会的に相当な注意を尽くしていた場合には，被害が発生したとしても加害者は免責されるという過失責任制度も考えられる。このような過失責任制度の下で，【設例Ⅱ】における防止措置 D の実施のインセンティブがどうなるかを，株式会社の資産額が 25 である場合と 10 である場合とについて検討しなさい。ただし，防止措置 D を実施していれば，社会的に相当な注意が尽くされたものとする。

問2　過大な債務の負担により経営状態の悪化した株式会社の再建に際しては，債権者が有する債権の全部もしくは一部を株式会社が発行する株式と交換するデット・エクイティ・スワップ（DES）が行われることが少なくない。では，この DES は，債権者のインセンティブにどのような影響を与えるだろうか。この点を確認するために，【設例Ⅴ】において，既存の株主の権利をすべて消滅させた上で，債権者が有する 1500 の債権のうち 1000 を株式と交換したと仮定して，債権者（DES 後は債権者兼株主）のペイオフがどうなるかを検討しなさい。

■参考文献■

Frank H. Easterbrook & Daniel R. Fischel, *Limited Liability*, in Easterbrook & Fischel, The Economic Structure of Corporate Law, 40（Harvard University Press, 1991）

Henry Hansmann & Reinier Kraakman, *Toward Unlimited Shareholder Liability for Corporate Torts*, 100 Y<small>ALE</small> L. J. 1879（1991）

小出篤「中小企業金融における人的保証の機能」江頭憲治郎先生還暦記念『企業法
　の理論・下巻』（商事法務，2007）487 頁

郡谷大輔＝岩崎友彦「会社法における債権者保護(上)(下)」商事法務 1746 号 42 頁，
　1747 号 19 頁（いずれも 2005）

後藤元『株主有限責任制度の弊害と過少資本による株主の責任』（商事法務，2007）

シャベル，スティーブン（田中亘＝飯田高訳）『法と経済学』第Ⅱ編（日本経済新
　聞出版社，2010）

藤田友敬「株主の有限責任と債権者保護(1)(2)」法学教室 262 号 81 頁，263 号 122
　頁（いずれも 2002）

第4章

取締役の善管注意義務・忠実義務および株主代表訴訟

I　は じ め に

　会社法は，取締役[1]は会社に対して善管注意義務（330条，民644条）および忠実義務（355条）を負い，義務違反によって会社に損害を与えた場合は，会社に対して損害賠償責任を負うべきものとしている（423条）。また，取締役の会社に対する責任を株主が追及できるものとする，株主代表訴訟の制度も設けている（847条以下）。本章は，こうした取締役の義務や責任に関するルール（以下，「法的責任ルール」ということもある）にどのような意義（機能）があるのか，あるいは逆に，どのような問題点を持ちうるかについて，検討する。まず，IIで，善管注意義務・忠実義務について考察し，IIIでは代表訴訟について論じる。

II　取締役の善管注意義務・忠実義務の機能と問題点[2]

1　善管注意義務と忠実義務——その意義はどこにあるか

　株式会社の取締役は，会社との間で委任の関係にあり（330条），受任者の義務の1つとして，「委任の本旨に従い，善良な管理者の注意をもって，委任事務を処理する義務」，すなわち善管注意義務を負っている（民644条）。また，取締役は「株式会社のために忠実に」その職務を行う義務，すなわち忠実義務

---

1)　本章では，株式会社の業務執行を担う主体である取締役に焦点を当てて分析するが，その分析は，監査役や会計監査人といった，他の会社の役員等にもある程度まで応用することができるだろう（委員会設置会社の執行役については，本章の分析がそのまま当てはまると考えてよい）。

2)　本節は，田中・後掲②三（第3節）を基礎として，大幅に加筆・修正したものである。なお，本文とはまた異なる視点から忠実義務の機能を考察した論文として，藤田・後掲①も参照。

も負っている（355条）。

　本節ではまず，法がこのような義務を課す意義が何かを考えてみたい。すなわち，法が「善良な管理者の注意」とか「忠実」とかいった，かなり抽象的な内容の義務を取締役に課すのはなぜか，ということである。法の内容が抽象的だと，どういう行動をとれば法を遵守したことになるのかが不明確になる可能性がある。それは，法の規律を受ける者（ここでは，取締役）にとってかなりの負担になりうる（ある日突然，思いがけず義務違反の責任を課される恐れがある）。したがって，そのような負担を補ってあまりある便益が認められなければ，法はこうした抽象的な義務を課すべきではないということができよう。本節ではまず，そのメリットが何かを考えることにする。

　なお，善管注意義務と忠実義務については，両者は同じ内容の義務なのか（同質説），それとも異なる義務なのか（異質説）といった論点がある（LQ 223頁［伊藤靖史］）。この論点については，後に改めて取り上げる機会があろう（→ *8* (3)参照）。本節ではさしあたり，両者は基本的に同質の義務だという判例[3]にしたがって，善管注意義務と忠実義務は互換的に用いることにする（それに伴い，以下では記述を簡潔にするため，「善管注意義務・忠実義務」というべきところを単に「忠実義務」ということが多い）。

　さて，筆者は第1章Ⅲにおいて，法制度の意義を考えたり，あるいはいくつかの法制度の善し悪しを評価する際には，それが社会にもたらす便益と費用を計算し，ネットの便益が大きい法制度を「望ましい」法制度と考える，という視点を提示した。このような視点からは，忠実義務の意義は，次のように説明することができる。すなわち，「取締役が会社のためにとるべき行動をあらかじめ契約することは難しいが，事後的には（何らか具体的な事件が発生したときには）とるべき行動が裁判所に対して明らかにすることができる場合において，法（裁判所）の介入によって取締役のインセンティブを改善し，会社と取締役との間の価値ある関係の形成を可能にする」ということである。以下では，この主張をより敷衍して説明する。そのために，以下では，次のような単純な設例を考えてみる。

---

3)　最大判昭和45・6・24民集24巻6号625頁（百選2，商判Ⅰ-3）。

2　設 例 と 課 題

> 【設例】　いま，ある株式会社が，ある者を取締役に任用するかしないかを決めよ
> うとしているとする。任用しなければ，会社とこの者（以下，任用するかどうか
> を問わず「取締役」という）が得る利益はともに 0 円である。これに対し，任
> 用した場合，取締役には，会社のために「努力する」か，または「努力しない」
> かの 2 つの選択肢があるとする。取締役が「努力する」と，取締役に肉体的・
> 精神的負担が生じる。その負担を金銭換算すると 500 万円であるとする（この取
> 締役は，最低でも 500 万円もらわなければその負担を受け入れることはできないと考えて
> いる，ということである）。これに対し，「努力しない」場合は，取締役の負担を金
> 銭換算すると 100 万円であるとする（努力しなくても会社には行かなければならない
> から，それなりの負担はあるだろう）。
>
> 　会社の利益は，取締役が「努力する」か「努力しない」かによって異なりうる。
> 取締役が「努力する」場合，会社の利益は，80％ の確率で 1000 万円になり，
> 20％ の確率で 0 円になるとする。他方，取締役が「努力しない」場合，会社の
> 利益は，10％ の確率で 1000 万円になり，90％ の確率で 0 円になるとする。
>
> 　なお，会社はリスク中立的であるが，取締役はリスク回避的である（リターン
> の期待値が同じならリスクが低いほうを好むということ。→第 2 章Ⅳ3 参照）とする。ま
> た，会社・取締役の双方とも，一定の手持ち資産があるものとする（これらの前
> 提の意味は後述する）。

　この【設例】は，議論の出発点として，非常に単純化したものになっている。
現実世界では，【設例】にないさまざまな複雑な要素が加わるはずである。その点は，分析を進めていくうちにおいおい明らかにしていくとして，ここでは，この【設例】の非常に重要なポイントを 2 点，指摘しておきたい（そのポイントを明確にするために，あえて非常に単純化した設例を用いているのである）。第 1 に，【設例】では，取締役が「努力する」場合に，そしてその場合のみ，会社が取締役を任用することが価値を生む（会社関係がもたらす便益，ひいては社会全体の便益がネットで増大する）ということである。なぜならその場合，会社は，期待値で 800 万円（80％×1000 万＋20％×0）の利益を手にすることができ，取締役の負担 500 万円分を差し引いても，300 万円分の価値が生まれるからである。これに対し，取締役が「努力しない」場合は，会社の利益の期待値は 100 万であり，取締役の負担分 100 万円を差し引けば，関係が生み出すネットの価値は 0 円である。それでは，取締役を任用しない場合と変わらなくなってしまう。

　第2のポイントは，【設例】の場合，結果として生じる会社の利益を見ただ
けでは，取締役が努力したのか努力しなかったのかは確実にはわからないとい
うことである。というのも，努力してもしなくても，会社の利益は，1000万
円にも，また0円にもなりうるからである。しかし，努力したほうが会社の利
益が1000万円になる確率は高いことから，会社の利益が1000万円である場合
には，取締役が努力した可能性のほうが努力しなかった可能性よりも高い，と
いうことはいえる。

　以上の【設例】のもとで，次の課題を考えてみよう。「取締役と会社との関
係を価値あるものとするように，つまり，取締役が『努力する』ように仕向け
るためには，取締役と会社との間の任用契約の内容をどのようなものにすれば
よいであろうか？」。なお，会社と取締役は手持ちの資産があるため，それぞ
れが得る利益は，最終的にマイナスになっても構わないものとする。

3　単純な契約

　うまい任用契約を考える前に，参考までに，これではだめな契約というもの
を示しておこう。それは，単純に，取締役を定額の報酬で雇うことである。た
とえば，「会社の利益の額に関わらず，取締役に対して500万円の報酬を支払
う」という内容の契約である。

　この契約では，取締役は，努力してもしなくても500万円の報酬を会社から
受け取れる。そして，「努力する」場合は500万円分の負担が生じる一方，「努
力しない」場合は100万円分の負担しか生じない。したがって，取締役は，自
己に有利な「努力しない」という選択をすることになる。報酬額をいくらにし
ようと，定額である限り上記と同じ結果になることは，容易に見て取れよう。

4　条件付き契約
（1）　設例ではうまく行きそうである

　これに対し，次のような「条件付き契約」ではどうであろうか。
「取締役が努力したときだけ，報酬500万円を与える。努力しないときは，報
酬は0円とする」

　これから述べるとおり，この契約内容であれば，会社は取締役を任用し，か

図表 4-1　会社と取締役の行動（努力した場合に 500 万円支払う条件付き契約）

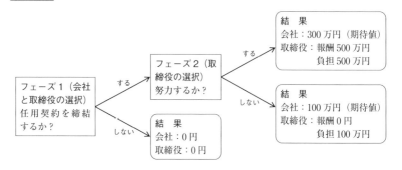

つ，そのもとで取締役は努力をすると考えられる。つまり，社会にとって価値ある関係の形成が可能になる。

　そのことを示すために，会社と取締役の行動とそれに対応する結果を示した図表 4-1 をもとに考えてみよう。この【設例】では，各当事者の行動は，2 つの段階（フェーズ）に分けて考えることができる。会社と取締役が，任用契約を締結するかどうかを決める段階（フェーズ 1）と，（仮に任用契約を結んだ場合に）取締役が「努力する」か「努力しない」かを決める段階（フェーズ 2）である[4]。そして，それらの行動に応じ，各当事者の状態は，図表 4-1 のように表せる。

　この状況で，各当事者がどのように行動するかを予想するには，「問題を後ろから解いていく」のが定跡となる。つまり，まずフェーズ 2 において，取締役がどういう行動をとるかを考え，次にそれを前提として，フェーズ 1 において，会社と取締役がどういう行動をとるかを考えるのである[5]。

---

4)　より厳密には，フェーズ 1 は，さらに，「会社が任用契約を取締役に呈示するかどうか決める」段階と，「取締役が呈示された任用契約を承諾するかどうかを決める」段階とに細分化すべきである。しかし，この問題では，そこまで厳密に考える必要はないだろう。

5)　これは簡単な問題なので，こうした定跡を踏まなくても，両当事者は任用契約を締結しかつ取締役は「努力する」という結果になることは容易にわかる人が多いだろう。とはいえ，「後ろから解いていく」手法（ゲーム理論の専門用語で，逆向き推論法 backwards-induction という。梶井＝松井・後掲第 3.3 節）は，より複雑な社会・経済関係の分析の

　そこでまず，フェーズ2で取締役が「努力する」かどうかを考えてみよう。もしも努力すれば，取締役は，努力の負担（500万円分）にちょうど見合うだけの報酬（500万円）がもらえる。これに対し，努力しなければ報酬は0円で，取締役に100万円分の負担が生じるだけである。よって，もしも任用契約を締結したとすれば，取締役はそのもとで「努力する」と予想される。

　以上の予想を前提にして，フェーズ1において会社と取締役はこの内容の任用契約を締結するかどうかを考えてみよう。取締役が任用契約を締結する（そして「努力する」）場合，努力の負担にちょうど見合うだけの報酬をもらえる。これは，任用契約を締結しない場合（取締役には何の負担も生じない代わりに報酬ももらえない）とちょうど同じだけの満足を取締役に与える。ここでは，任用契約を締結した場合と締結しない場合とで取締役の満足に差がない場合，取締役は任用契約に同意する，という前提を置くことにしよう。[6] そうすると，取締役はこの任用契約に同意することになる。他方，会社にとっては，任用契約を締結するほうが締結しない場合よりも厳密に有利である。任用契約を締結すれば，取締役は「努力する」ので，会社は80％の確率で1000万円，つまり，期待値で800万円の（報酬支払前）利益が生じ，取締役に対する報酬500万円を支払っても，会社の（報酬支払後）利益の期待値は300万円である。これに対し，任用契約を結ばないときは，会社の利益は0円である。したがって，会社も任用契約に同意する。つまり，両当事者は任用契約を締結すると考えられる。

　ここで見た任用契約では，会社は取締役に対し，任用契約を締結しない場合とちょうど同じだけの満足を与える程度の報酬を支払うものとした。この場合，当該契約のもとで会社・取締役関係が生み出す価値（期待値で300万円の利益）は，すべて会社が手に入れることになる。もちろん，【設例】において，会社と取締役が結ぶ任用契約の内容がこのようなものになるとは限らない。【設例】

ために有益であり，一般的な社会科学の教養として，覚えておいて損はない分析手法である。

6）　この前提が恣意的だと思う読者は，任用契約として，「取締役が努力した場合は，500万円をわずかに（たとえば1円）上回る報酬を与える」という内容の契約を考えればよい。そうすれば，この任用契約を結ぶほうが結ばない場合よりも取締役にとって（そして会社にとっても）厳密に有利になる。ただ，「500万1円を支払う契約」を考えると，細かい数字が出てきて煩わしいので，単純化のために本文のような前提を置くわけである。

の前提のもとでは，会社が取締役に対し，努力することを条件にして500万円から800万円の間の額の報酬を支払うという契約は，いずれも，会社と取締役の双方にとって，任用契約を結ばない場合よりも有利か，少なくともそれとちょうど同じだけの満足を与える。その範囲のいずれの報酬額が決められるかは，会社と取締役との間のバーゲニング・パワーの強弱によって決まることになる[7]。

(2) 条件付き契約を現実世界で結ぶことの難しさ

条件付き契約は，【設例】の場合は完全にうまく行くように見える。しかし，現実世界では，このような条件付き契約を結ぶことは難しいことが多いと考えられる。

その理由の1つは，現実世界では，取締役の行動は「努力する」と「努力しない」という二者択一でなく，むしろ状況次第で取るべき行動はいろいろと変わってくる，ということである。たとえば，会社が他社の株式を取得して当該他社を買収しようとする場合，取締役は，当該他社の株主（相手方）と交渉し，買収価格を決める必要がある。買収価格は，もちろんなるべく安いほうが好ましいわけであるが，相手方との間で取引関係がある場合などは，それを考慮して，あえて高い価格で買い取ることも検討すべきかも知れない[8]。あるいは，会社が第三者に融資をする場合は，第三者の信用力を調査し，融資の回収可能性が危ぶまれる場合は，担保を取ることなく融資をすることは差し控えるべきだろう[9]。しかし，もしも融資の相手方は会社の関係者，たとえば子会社であって，その子会社の倒産を回避することが会社の信用維持にとっても必要である場合には，第三者であれば行わないような融資をあえてするべき場合もありうるだろう[10]。

このように，取締役のとるべき行動は，将来起こりうる様々な状況に応じて

---

7) バーゲニング・パワーの強弱は，【設例】では想定していないさまざまな要素によって決まる。たとえば，交渉の巧みさとか，取締役は無収入であとどの位の期間不自由なく生活できるのか，といった事情に依存するだろう。

8) 本文で述べた事情が実際に現れた裁判例として，最判平成22・7・15判時2091号90頁（百選50，商判Ⅰ-129）参照。本判決については，8で言及する。

9) 最判平成20・1・28判時1997号143頁（百選51，商判Ⅰ-126）参照。

10) このような考慮から取締役の善管注意義務違反の責任を否定した事例として，大阪地判平成14・1・30判タ1108号248頁（商判Ⅰ-109）参照。

82

多種多様なものであるとすれば，そのとるべき行動を，具体的に——これこれの状況が生じた場合にはこれこれの行動をとるべきである，というように——あらかじめ契約で定めることは非常に困難である（こういう問題を，本章では約定の困難性と呼ぶことにする[11]）。

　条件付き契約を結ぶことが難しい理由の第2は，仮に取締役のとるべき行動を約定することはできたとしても，取締役が約定された行動をとらなかった場合に，会社が契約違反の責任を問うことが難しい場合がある，ということである。特に，取締役がどういう行動をとり，あるいはとらなかったかを，会社（他の取締役あるいは株主）が知る（観察する）ことは難しいかもしれない。また，仮に観察できたとしても，それを裁判所に対して立証することは簡単でないかもしれない（これらを，観察・立証の困難性といおう[12]）。

　このように，現実世界では，約定の困難性や観察・立証の困難性によって，条件付き契約を結ぶことはなかなか難しいことであると考えられる。

5　成果連動型契約
（1）　成果連動型契約の意義と注意点
　4で示したような，取締役の行動（「努力する」こと）を条件にした契約を結ぶことが難しい場合には，行動ではなく成果，【設例】でいえば，会社の利益（報酬支払前のそれ）に応じて，取締役の報酬額を変えるという契約を結ぶことが考えられる。以下ではこれを，成果連動型契約と呼ぶ。

　成果連動型契約は，うまく設計すれば，取締役の努力を引き出すことができる。もっとも，それについては注意すべきことがある。それは，【設例】のように取締役がリスク回避的である場合，会社は，リスクを嫌う取締役に成果連

---

[11]　将来起こりうるすべての状況に対応して当事者のとるべき行動を逐一約定した契約を，経済学では完備契約（complete contract）という。現実の契約は，完備契約とはほど遠いが，完備契約の概念は，契約に関する明瞭な考察をするために有益である（シャベル・後掲13.1節）。

[12]　株主は，会社の経営の外にいるから，取締役がどういう行為をしたか（たとえば，他企業を買収するときにどのような事項を調査し，何を話し合ったか）を知ることは当然にはできない。他の取締役なら，それが可能な場合が多いであろうが，取締役全員が結託してとるべき行為をとらなかった場合は，どうにもならないであろう。

動型契約を承諾させるためには，条件付き契約の場合よりも多くの報酬を支払う必要がある（つまり，コストがより多くかかる）ということである。

　たとえば，いま仮に，「会社の利益が1000万円のときは，取締役の報酬は625万円とする。会社の利益が0円のときは，取締役の報酬は0円とする」という内容の契約を考えてみよう。この場合，取締役が努力したときは，80%の確率で625万円の報酬が得られ，20%の確率で報酬は0円である。その期待値をとれば，625×80%－500万円となる。しかし，この契約内容では，取締役は，努力に見合う報酬がもらえないと感じ，任用契約を締結しないだろう。なぜなら，リスク回避的な個人にとって，期待値が500万円であるがリスクのある報酬は，確実に得られる500万円の報酬よりも価値は低いからである（リスク回避的な個人はリスクに対してプレミアムを要求する。このことは，第2章Ⅳ3で説明した）。この取締役は，「努力する」ことの負担に見合う報酬として，確実にもらえる場合は500万円を要求するのであるから，リスクのある報酬であれば，期待値で500万円を超える金額を要求するはずである。

(2)　うまく行く成果連動型契約

　そこで，いま仮に，【設例】の取締役にとっては，80%の確率でもらえる800万円が，確実にもらえる500万円とちょうど同じだけの満足を与えるとしよう。そうすると，「会社の利益が1000万円のときは，取締役の報酬を800万円とし，会社の利益が0円のときは，取締役の報酬を0円とする」という内容の成果連動型契約によって，会社と取締役の価値ある関係を形成することが可能である。このことは，図表4-2のような樹形図について，問題を「後ろから解く」ことによって示すことができる。

　まず，フェーズ2において，取締役がもしも努力すれば，努力の負担にちょうど見合うだけの報酬（80%の確率で800万円）をもらえる。これに対し，取締役が努力しない場合，10%の確率で800万円がもらえる。その期待値は80万円であり，「努力しない」場合の取締役の負担（確実にもらえる報酬で100万円分に相当）には見合わない。よって，この任用契約が仮に結ばれれば，取締役はそのもとで「努力する」ことになる。次に，そのことを前提にして，フェーズ1において会社と取締役がこの任用契約を締結するかどうかを考えると，まず取締役にとっては，任用契約を締結した場合と締結しない場合とでは，ちょう

図表 4-2　会社と取締役の行動（成功時に 800 万円支払う成果連動型契約）

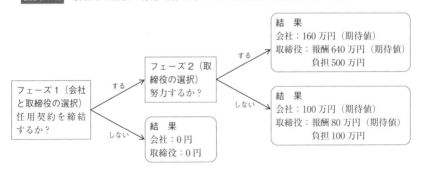

ど同じだけの満足が得られる。したがって，前述の前提（注6と対応する本文参照）により，取締役は任用契約を締結することになる。一方，この任用契約のもとでの（取締役が努力することを前提にした）会社の利益（報酬支払後）は，80％の確率で 200 万円，20％の確率で 0 円であり，その期待値は 160 万円である。これは，任用契約を締結しない場合（会社の利益は 0 円）よりも会社にとって有利である。こうして，前段落で呈示した内容の成果連動型契約が，会社と取締役との間で締結され，そのもとでは取締役は努力をすることがわかった。

(3)　成果連動型契約のコスト（エージェンシー・コスト）

(2)で考えたような成果連動型契約であれば，会社と取締役の間で価値ある関係を形成することができる。しかし，注意すべきことは，この契約は，*4*で見た条件付き契約（努力した場合にのみ 500 万円の報酬を与える契約）と比較すると，小さな価値しか生み出さないということである。

なぜなら，まず，(2)で考えた成果連動型契約も，*4*で見た条件付き契約も，取締役にとっては，任用契約を締結しなかった場合とちょうど同じだけの満足を与える。他方，会社の利益（報酬支払後）を見ると，条件付き契約の場合は期待値 300 万円であるのに対し，成果連動型契約の場合は，160 万円にすぎない。成果連動型報酬契約は，取締役の努力を引き出すために，リスク回避的な取締役にリスクを負担させた分，関係が生み出す価値が減ってしまったのである。

ここで，関連する経済学の概念を参考までに紹介しておこう。ある人（エージェントという）の行動が，別の人（プリンシパルという）の利益に影響するような関係を，経済学ではエージェンシー関係と呼んでいる[13]。取締役と会社との関

係の他，従業員と使用者の関係，保険代理店と保険会社の関係などがそれに当たる[14]。これらの関係においては，エージェントがプリンシパルの利益のために行動することにより，関係が生み出す価値が増加するが，プリンシパルの利益はエージェントの利益と同じではないから，何の工夫もしなければ，エージェントは自分の利益のために行動してしまう。*4*で述べたような，報酬をエージェントの行動に条件付けた契約を結べば，エージェントの行動を最適に（関係が生み出す価値を最大にするように）することができるが，約定の困難性や観察・立証の困難性のゆえに，そうした契約を結ぶことは難しい。そこで，成果連動型契約のような次善の策が工夫されるわけであるが，そのもとで生み出される価値は，理想的な条件付き契約（注11）で定義した，完備契約）と比べると一般に小さくなる。こうした価値の低下（損失）分を，エージェンシー・コストという。成果連動型契約では，エージェントのインセンティブを引き出すためにはリスク回避的なエージェントにリスクを負担させなければならず（つまり，インセンティブとリスクのトレードオフに直面する），それが，エージェンシー・コストになるのである。

(4)　広く活用される成果連動型契約

　成果連動型契約は，(3)で述べたような限界があるものの，条件付き契約が約定の困難性や観察・立証の困難性のために締結できないときにも，会社と取締役の価値ある関係を形成するために大いに役立つ。

　現実にも，成果連動型契約は，広く利用されている。たとえば，株価の上昇に応じて取締役の利益が増えるストック・オプションや，会社の当期利益などの業績指標に応じて報酬額が変動する業績連動型報酬は，相当数の会社で採用されている[15]。

---

13)　法律用語でエージェンシーとは代理のことであるが，経済学にいうエージェンシー関係は，法的な代理関係に限られないので，ここでは原語をそのまま使うことにしよう。

14)　エージェンシー理論については，ミクロ経済学の教科書，たとえば梶井＝松井・後掲14章を参照。エージェンシー理論を含む，企業ないし契約の経済学についての法律家向けの解説として，藤田・後掲②も参照。

15)　東京証券取引所の調査によれば，2010年9月10日現在，同取引所上場会社の31.4%がストック・オプションを実施し，19.7%が，業績連動型報酬制度を実施している。東京証券取引所・後掲①53頁。より近年の実施状況については，本章末尾の ［第2版への追記］

　さらに，成果連動型契約は，ストック・オプションや業績連動型報酬のような，明示的な契約には必ずしも限定されない。明示的には契約されていなくても，会社の業績が高まれば取締役の報酬が増えるという慣行が会社に成立していれば，取締役は，慣行どおりに報酬が支払われるという期待のもとに，会社の業績を高めるように努力するであろう。実際，わが国では，そうした慣行上の成果連動型契約は，主として賞与（ボーナス）という形で，広く利用されている。また，取締役は株主総会で選任されるところ，業績が下がれば株主の信任を失い，次期役員改選時に株主総会で再任されない可能性が高まるとすれば，取締役は再任可能性を高めるため，会社の業績を挙げようという動機を持つであろう。さらにいえば，会社の業績が高まることで，取締役の社会的評価ないし名声が上がるとか，将来勲章がもらえるといったことも，（成果に応じて取締役に利益を与えることによって努力の誘因を引き出すという意味で）成果連動型契約の仕組みとして理解することができる。そのように考えれば，成果連動型契約は，社会の至るところに存在するといえよう。

　エージェンシー関係を分析する経済学では，成果連動型契約の内容の理論的な分析や，現実世界で成果連動型契約がどのような形をとって存在しているかの検討が中心であり，忠実義務・善管注意義務といった法的責任ルールに言及されることは少ないようである。現実世界における成果連動型契約（慣行上のものを含め）の普及，およびそれに比較して，法的責任ルールが現実に適用されることは少ないことからすれば，それは無理からぬことといえるかもしれな

参照。

16)　前掲注15)の東京証券取引所調査では，ストック・オプションや業績連動型報酬以外で，取締役に対する何らかの「インセンティブ付与に関する施策」を実施していると回答した会社が45.2%あり，その具体的な内容としては，役員の報酬や賞与について，業績や貢献度を勘案しているとの回答が多く見られた（東京証券取引所・後掲①54-55頁）。こうしたその他の施策を含めると，インセンティブ付与に関する施策を実施する会社の割合は，87.1%に達する（同53頁）。

17)　もっとも，より近時の研究では，法制度の役割を重視したものも見られる。柳川・後掲参照。

18)　たとえば，株主代表訴訟の係属件数は，全国の地裁を併せても100件台にすぎない（商事法務1969号〔2012〕57頁〔最高裁判所調べ〕）。ただし，後述するように，法的責任ルールの重要性は，現実に提訴される数だけでなく，提訴の可能性があることによる規律効果の点も含めて考える必要がある（Ⅲで後述）。

い。

　ただそうかといって，法的責任のルールに全く意味がないというわけではないと考えられる。それは，成果連動型契約は——(3)で明らかにしたような，エージェントのインセンティブを引き出すことと引き換えにリスクを負担させるという問題もあるが，その他に——次に述べるような問題点ないし限界があり，取締役と会社の関係を成果連動型契約のみで規律するのでは，関係の価値を引き出すうえで必ずしも十分ではないためである。

(5)　成果連動型契約の限界

　成果連動型契約の問題点ないし限界の第1は，成果連動型契約は，取締役の行動には条件付けられていないが，成果（【設例】でいえば，会社の利益）には条件付けられているため，成果について観察・立証できることが必要条件になる，ということである。もしも取締役が，成果（会社の利益）をごまかすことが可能であるとすれば，成果連動型契約のスキームは崩壊してしまう。たとえば，ストック・オプションを付与された取締役が，株価をつり上げるために虚偽の会計上の利益を計上する，といったことである[19]。こうした行動を抑止し，成果連動型契約の締結を可能にするには，成果をごまかした取締役に対して制裁を課す仕組みがなければならず，少なくともこの点において，法的責任ルールの必要性が認められるであろう。会社法における，計算書類等の虚偽記載による責任（429条2項），金融商品取引法の有価証券報告書等の虚偽記載による責任（金商21条・22条・24条の4等）は，それに当たる[20]。

　第2に，成果連動型報酬は，取締役が「努力する」インセンティブを引き出すこと，つまり，怠慢防止のためにはうまく働きそうであるが，取締役が会社からお金をとっていくような不正行為（横領・背任的な行為）の防止には，うまく働かない。たとえば，取締役が，時価1億円の土地を2億円で会社に売りつけるような場合（実際の効果としては，会社の資産を1億円引き出すのに等しい）を考えてみよう[21]。たとえ取締役が，成果連動型契約として，会社の利益の80%

---

19)　2000年代のアメリカにおける最大の企業スキャンダルであるエンロン事件は，まさにそのような事例であった。

20)　さらに，虚偽記載に対しては刑事責任も重要となろう（金商197条等）。

21)　実際に，そのような事例は裁判に登場し，取締役の責任が認められたことがある。最判

を報酬としてもらうという契約をしていたとしても，取締役が会社のお金を1億円引き出すことの防止には役立たない。なぜなら，会社が1億円の損失を被れば，取締役の報酬は8000万円減るが，引き出した1億円は全部取締役のものになる（差し引き2000万円残る）からである。しかし，もとよりこうした会社資産の引き出し（横領）を自由に行えるとすれば，会社に出資する者はいなくなるであろうから，そうした行為は抑止する必要があり，そのためには，法的責任ルールが重要となりうる[22]。

　第3に，報酬契約は，必ずしも，取締役に努力を促すような適切な内容に設計されない可能性がある。かえって，取締役どうしがなれあって，会社から多額のお金を引き出す手段に利用される恐れがある（お手盛りの問題）。たしかに，会社法は，この種のお手盛りを防止するため，取締役の報酬は定款または株主総会で決すべきものとしているが（361条），株主は必ずしも会社の経営に知識・関心を持っているとは限らないため（ことに上場会社では，個々の株主の持株比率が小さいことから，時間と費用をかけて経営上の判断をする誘因に乏しい），問題の根本的な解決にはつながらない可能性がある。

　また，取締役の中でも非業務執行取締役（とくに社外取締役）は，代表取締役を初めとした業務執行取締役（経営陣）の監視・監督をする役割が特に期待されるが，経営陣は自らの行動を監視されたくないため，積極的に監視しようとする社外取締役に対して不十分な報酬しか支払おうとしないかも知れない（そうした問題は，社外取締役と同様に，監査の役割を期待されている監査役や会計監査人の報酬についても起こりうるであろう）。さらに，以上とは逆の考慮要素として，社外取締役があまり多額の報酬を受けると，その会社への経済的依存度が高まってしまい，その結果，社外取締役はその地位を失うことを恐れて経営陣への監視を弱めてしまうという問題も起こりうる。

　以上に指摘した問題点ないし限界は，会社と取締役との関係を成果連動型契

　　平成12・10・20民集54巻8号2619頁の事例参照（代表取締役が，自己が経営する別会社（不動産会社）で売れ残った不動産を，時価より高い価格で会社に売りつけた事例）。当該代表取締役とともに，取引の承認決議に賛成した他の取締役（代表取締役の部下や親族）の責任も肯定された。

22)　忠実義務の重要な機能の1つには横領防止があることは，田中・後掲③で論じている。

約のみによって解決しようとすることには限界があり，忠実義務のような法的責任ルールが，適切に利用すれば，エージェンシー・コストのさらなる削減のために役立ちうることを示唆するように思われる。そこで，次に（ようやく，というべきか），忠実義務・善管注意義務の機能について見ていくことにしよう。

6　忠実義務・善管注意義務の機能

　これから説明するように，忠実義務・善管注意義務（この項では記述の簡略化のため，単に「忠実義務」という）も，**5**で述べた成果連動型契約と同様に，条件付き契約が結べないときにも会社・取締役間の価値ある関係を形成するという機能がある。ただし，両者にはその機能する場面および効果について，以下のように相違する点もある。

　第1に，前述のように，条件付き契約を結ぶことが難しい理由は，約定の困難性と観察・立証の困難性に求めることができるが（→**4**(2)参照），忠実義務が機能する場面は，条件付き契約を結べない理由が約定の困難性にある場面に限定される。なぜなら，取締役の行動が観察・立証できない場合には，裁判所は忠実義務違反の有無を判定することができないからである。これに対し，成果連動型契約の場合は，条件付き契約が，約定の困難性だけでなく観察・立証の困難性のゆえに締結できない場合にも，価値ある関係の形成のために機能することができる。この点で，忠実義務は成果連動型契約と比較して，その機能する場面が狭いといえる。しかしその半面，第2に，忠実義務・善管注意義務は，その機能しうる場面においては，成果連動型契約よりも，関係の生み出す価値を高めることができる可能性がある。それは，忠実義務は，裁判所により適切に運用されれば，成果連動型報酬のようなリスクとインセンティブのトレードオフに直面することなく，取締役の努力を引き出すことができるためである。

　以上のことを，**2**で挙げた【設例】に即して説明しよう。ただし，ここでは，次の3つの「前提条件」を置く。第1に，【設例】における「努力する」あるいは「努力しない」という選択肢は，単一の行動ではなく，状況に応じて様々に異なるものであるとする。そのため，取締役のとるべき行動を，関係の成立時に契約で具体的に特定すること（条件付き契約を結ぶこと）は契約をあまりに

複雑にするため，不可能であるとする。ただし，第2に，関係設定後に何らかの状況が生起し，それに応じて取締役がとった行動については，観察・立証が可能であるとする。第3に，裁判所は，取締役が実際にとった行動を認定することができるだけでなく，取締役のとるべき行動，すなわち，その行動をとることによって会社と取締役の関係の価値を増大させるような行動が何であるかを正しく判定できるものとする。

　以上の前提条件が満たされる場合[23)]，次のような，「忠実義務付き契約」とでもいうべき契約により，会社と取締役の価値ある関係の形成が可能になる。忠実義務付き契約は，*3*で述べた単純な契約と同様，契約内容としては，単に「会社は取締役に対し，報酬500万円を支払う」というだけである。ただし，忠実義務付き契約においては，法律（会社法）上，取締役は会社に対し「忠実に」その職務を遂行するというルールが定められている。会社と取締役は，このような忠実義務に関する法のルールを前提にして，上記のような任用契約を結ぶのである。

　このような忠実義務付き契約は，条件付き契約を結ぶことができる場合と同様，会社と取締役の間の価値ある関係の形成を可能にする。これまでと同様，樹形図を用いて説明しよう（図表4-3）。

　まず，図表4-3のフェーズ2で，取締役は「努力する」か「努力しない」かの選択に直面する。この場合，「努力する」あるいは「努力しない」とは具体的にどういう行動であるかは，状況に応じて千差万別であるが，裁判所は，具体的状況に応じ，とるべき行動（「努力する」に当たる行動）が何であるかを正しく判定できるし，実際に取締役がとった行動がそれに合致するかどうかを認定することもできる。そこで，裁判所は，取締役が「努力する」を選択した場合は，忠実義務にかなった行動をとったと判断し，逆に，「努力しない」を選択した場合は，忠実義務違反を認め，それにより会社に生じた損害の賠償を命じることになる。そうすると，もしも取締役が「努力しない」を選択した場合，

---

23)　さらに厳密にいうと，本文に述べた3つの前提条件が成り立っていることが，会社と取締役双方の共有知識になっている（前提条件が成り立っていることを互いに知っており，かつ，相手がそれを知っていることも互いに知っている）ことも必要である。

図表 4-3　会社と取締役の行動（忠実義務付き契約（確定報酬額 500 万円））

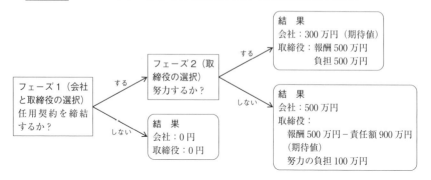

報酬 500 万円はもらえるが，90％ の確率で会社の利益は 0 円となり，そのとき取締役は忠実義務違反の責任（1000 万円）を負担する[24]。したがって，取締役の金銭的利得の期待値はマイナス 400 万円になる（そのうえ，「努力しない」場合の 100 万円分の負担も生じる）。これに対し，「努力する」を選択すれば，取締役は確実に報酬 500 万円（努力の負担をちょうど填補する報酬）をもらえる。したがって，取締役は「努力する」を選択するだろう[25]。そして，このことを前提にすれば，フェーズ 1 で会社・取締役が任用契約を締結することは，**4** で説明した条件付き契約の場合と同様である。

　このように，忠実義務付き契約は，会社と取締役との価値ある関係の形成を可能にする。しかもそれだけでなく，忠実義務付き契約が生み出す価値は，**4** で述べた条件付き契約がもたらす価値と同じであり，成果連動型契約の価値を上回っている（忠実義務付き契約の場合，取締役が「努力する」場合の会社・取締役の取り分は条件付き契約と同じである。これに対し，成果連動型契約の場合，**5** で見た

---

[24]　取締役が「努力しない」場合も，10％ の確率で会社の利益は「努力する」場合と同じ 1000 万円である。この場合，裁判所は，忠実義務違反であるが会社に損害が生じていないとして，取締役の責任を否定するであろう。

[25]　なお，取締役が「努力しない」場合，会社は，利益が 0 円のときは取締役の忠実義務違反の責任を追及し，1000 万円の賠償を得られるので，最終的な会社の利益（報酬支払後）は常に 500 万円となる。これは，取締役が「努力する」場合の最終利益 300 万円（期待値）を上回るが，本文で述べたように，取締役は「努力する」を選択するので，会社は，取締役が「努力しない」場合の利益を実際には手に入れることができない。

とおり，会社の利益の期待値はより小さくなる）。これは，忠実義務付き契約のもとでは，取締役は「努力する」（忠実義務にかなう行動をとる）ことによって確実に報酬500万を受け取れるため，成果連動型契約のように，取締役の努力を引き出すために，リスク回避的な取締役にリスクを負担させる必要がなくなるからである。

7　法的責任ルールの問題点——裁判所の能力の限界

　前項**6**では，忠実義務（および，それを背景にした単純な契約）が，理想的に機能するときは，成果連動型契約をも上回る価値をもたらすことを明らかにした。しかし，この結果が得られたのは，**6**で明示した3つの「前提条件」があったためである。現実には，忠実義務が理想的に機能するための前提条件が満たされることは必ずしも期待できない。

　3つの前提条件のうち，第2のもの——取締役がとった行動が観察・立証可能——も，特に株主が代表訴訟によって取締役の責任を追及する場合には，妥当しない場合もありえよう[26]。しかし，それ以上に，現実世界で成り立ちがたく思えるのは，前提条件の第3，すなわち，具体的な状況のもとで取締役がとるべきであった行動を裁判所が正しく判断できる，という前提である。実際には，経営の専門家でない裁判所が，取締役のとるべき行動が何かを判断することは，非常に難しいことであると考えられる。たとえば，会社が他社を買収することに事業戦略上の合理性があるかどうかとか，その場合の買収価格は適切か，といったことを，果たして裁判所はよく判断しうるであろうか。

　もしも裁判所が，取締役がとるべき行動についての判断を誤り，実際には義務にかなった行動をとった（相当な注意を払って職務を執行した）取締役について忠実義務違反の責任を認めてしまう場合，「忠実義務付き契約」は，取締役をリスクにさらすことなく適切な努力を払う誘因を与えるという本来の機能を達成することができない。かえって，取締役に対し，義務違反による損害賠償責

26）　ことに，最高裁は，会社の内部稟議書は自己使用目的の内部文書（民訴220条4号ニ）であり，文書提出命令の対象外であるとの法解釈が，代表訴訟の場面でも妥当すると判示している（最決平成12・12・14民集54巻9号2709頁）。この判例のもとでは，原告株主による証拠収集は相当な困難が予想される。

任の負担という，成果連動型契約のリスクをも上回るような大きなリスクに取
締役を晒すことになりかねない。その場合，取締役は責任リスクを避けるため，
過剰に保守的な職務執行をする——たとえば，成功すれば会社・株主に大きな
利益を与えるような事業・投資機会があったとしても，失敗したときの責任追
及を恐れてその機会を取得しない——可能性が高い（なお，→ *Column 4-1* を参
照）。それは，高いリターンを求めて株式投資をした，多くの株主の利益とは
ならない。さらに，責任リスクを恐れて，有能な人が取締役にならなくなる恐
れもある。

Column 4-1　裁判所の判断の誤りが取締役の行動に与える影響

　裁判所が判断を誤る可能性に関して，もう一つ指摘したいことがある。経営の専
門家でない裁判官は，たしかに本文で述べたとおり，実際には義務にかなう行動を
した取締役について義務違反を認めることがありうるが（以下，これを「タイプ1の
エラー」という），その反対に，実際には義務にかなう行動をしなかった（不注意・怠
慢な職務執行をした）取締役について，義務違反を認めないこともありうるだろう
（以下，これを「タイプ2のエラー」という）。裁判所が公正・中立に判断しようと考え
るなら，タイプ1・タイプ2のどちらのエラーも起こりうるのであり，特にどちら
のほうが起こりやすいといったバイアスがかかることはないはずである。
　しかし，注意すべきことは，もしも裁判所の判断が，タイプ1・タイプ2のいず
れの方向に多く誤るともいえない（その意味で，「中立的」である）とすれば，そうし
た裁判所の判断傾向を前提として取締役がとる行動は，決して中立的にはならない
ということである。むしろ取締役は，裁判所により（誤って）義務違反と判定され
る可能性をなるべく低くするように，過剰に保守的な行動をとるようになる——リ
スキーだが会社・株主の利益となりうる事業・投資機会を最初から追求しなかった
り，たとえ追求するとしても，不必要なほど事前の調査・検討に時間をかけたりす
る——と考えられる。その理由は，第1に，個人である取締役はリスク回避的であ
るため，裁判所の誤りにより本来負うべきだった法的責任を免れることの利益より
も，本来負うべきでなかった法的責任を負わされることの不利益のほうを重視する
可能性が高い（リスク回避的な個人にとっては，得られる1円よりも失う1円のほうが，価
値が高い）。第2に，保守的な行動をとることの費用を誰が負担するか，という問題
がある（Hamdani & Kraakman・後掲1689頁）。たとえば，経営判断に際しての調査・
検討にかかる費用は，取締役自身が負担する部分も確かにあるが（時間をとられ，肉
体的・精神的にも負担がかかる），その多くは，むしろ会社が負担するものである（社

内調査や弁護士等の専門家に意見を求めることの費用は，会社持ちである）。保守的な行動をとることの費用の多くを取締役が負担しなくてすむならば，取締役が過剰に保守的な行動をとるようになることは容易に理解できよう[27]。

　このように，裁判所が判断を誤る可能性がある場合には，裁判所が「中立的」な判断を心がけると，かえって取締役の行動には保守的なバイアスがかかる。逆にいうと，もしも取締役に適切な――過剰に保守的でなく，また過剰に軽率でもない――行動をとらせようと思うなら，裁判所は，同じく判断を誤るのであれば，取締役の責任を認めない方向に誤るように（その意味で，バイアスのかかった判断をするように）心がけるべきだ，ということになる。これが，取締役の経営判断に裁判所が介入することはなるべく控えるべきであるという考え方，すなわち経営判断原則の合理性を支えるロジックである。

8　法　の　戦　略

(1)　選択的な法的介入の可能性

　忠実義務のルールを適切に運用することは難しいことは，**7**で述べたとおりであるが，そのことは，法（裁判所）が法的責任ルールによる介入を一切あきらめるべきだということにはならない。法的責任を問う形の介入に問題が小さいと考えられる場合や，成果連動型契約では取締役の行動をうまく規律できない場合について，特に重点的に法が介入することによって，会社と取締役との関係が生み出す価値を，介入がない場合と比べて増加させることが可能かもしれない。

(2)　取締役のとるべき（あるいはとるべきでない）行動が明確である場合

　まず，取締役のとるべき行動――あるいは少なくとも，とるべきでない行動――について，特に経営上の知識がなくても，裁判所が判断できる場合がある。その場合には，とるべきでない行動をとった取締役の責任を認めることを裁判所はためらう必要はないであろう。取締役が，具体的な法令違反の行為を（法令違反であることを知りつつ）行った場合がそれに当たる。実際，過去において，

---

27)　これは，企業が事故によって一般人に損害を及ぼすような不法行為の場合（この場合についての分析としては，シャベル・第8章参照）と異なる点である。不法行為責任を課されるリスクがあれば，企業は事故を起こさないように注意をするであろうが，その費用は企業自身が負担するものであるから，過剰に注意を払うことには自ずから限度があろう。

取締役の責任を追及する訴訟（ことに株主代表訴訟）で取締役が敗訴した事例は，ほとんどが，具体的な法令違反が認められた事例である。[28]

(3)　利益相反の存否に着目した規制

5(4)で指摘したとおり，成果連動型契約は，取締役が1回の不正行為によって多くの利益を得るタイプの行為（典型的には，不公正な取引によって会社資産を手中に収める行為）には，うまく働かない。そこで，忠実義務のような法的責任ルールを，そのようなタイプの行為に対して重点的に適用していくことが考えられる。

　そのような考え方が徹底している法制度として，米国法がある。[29]米国では，取締役の義務を，利益相反がない状況下で取締役が注意深く職務執行をするという義務（これを注意義務〔duty of care〕という）と，利益相反のある状況（典型的には，競業や利益相反取引）において，会社の利益を犠牲にして自己の利益を追求しないという内容の義務（これを忠実義務〔duty of loyalty〕という）を区別する。そして，忠実義務は注意義務よりも厳格な義務であるという理解が，徹底している。すなわち，注意義務については，通常は経営判断原則（business judgment rule）が適用されるため，取締役が注意義務違反の責任を認められることはほとんどない。そのうえ，今日では定款で注意義務違反の責任を免除することが制定法で認められており，その結果，取締役の注意義務の責任が認められることはほとんどなくなっている。これに対し，忠実義務の場合は，裁判所の審査も厳格であり（利益相反取引についていえば，原則として，取締役の側が取引の「公正さ」を証明しない限り，義務違反とみなされる），定款による免責も認められない。日本の教科書で紹介されている，忠実義務に関する「異質説」とは，このような米国法の規律方法を日本でも採り入れようという考え方に他ならない。

　もっとも，日本では，会社法355条にいう忠実義務は，民法644条の善管注

---

28)　たとえば，最判平成18・4・10民集60巻4号1273頁（百選14，商判Ⅰ-131。株主の権利に関する利益供与〔120条〕），大阪高判平成19・1・18判時1973号135頁（食品衛生法違反）参照。

29)　米国の会社法は州により異なるが，本文で述べた特徴は，おおむねどの州にも共通する。

30)　前掲注3）最大判昭和45・6・24参照。

意義務を敷衍し，明確化したものであって，特にそれと異なる厳格な義務を課したものではないと解されている（同質説）。とはいえ，米国法ほど明確ではなくても，利益相反がある場合にはそれがない場合と比較して厳格な規制を課そうという発想は，日本法にも存在する。とりわけ，①競業や利益相反取引については，取締役会（非取締役会設置会社では株主総会）の承認が要求される（365条・356条），②承認を得ない競業によって取締役が得た利益は会社の損害と推定される（423条2項），③利益相反取引から損害が生じた場合，取締役の任務懈怠が推定される（423条3項），④自己のために会社と利益相反取引をした取締役は，任務懈怠について帰責事由がないことを理由に責任を免れることはできず（428条1項），かつ，その責任は総株主の同意（424条）がなければ免除することはできない（425条～427条の責任軽減は不適用。428条2項），といった規制が課される。

　その一方，利益相反のない通常の場面における経営判断については，取締役の裁量が広く認められるべきであり，特に不合理なものでなければ義務違反の責任を課さないという，経営判断原則の考え方が日本でも認められている（LQ 241頁［伊藤靖史］）。もっとも，従来の裁判例の中には，取締役の経営判断の内容にかなりの程度，立ち入り，不合理な判断であるとして義務違反による責任を認めたものも散見される。内部統制システムが機能していなかったとして取締役の責任を認めた大和銀行事件大阪地裁判決[31]，食品衛生法違反の食品販売（ただし，すでに販売は終了しており損害は生じていない）の事実を公表しなかったことによる責任を認めたダスキン事件大阪高裁判決[32]などは，その例といえそうである。

　近年，最高裁判所は，子会社を完全子会社化するために少数派株主から高値（株価算定機関による評価額の約5倍）で株式を買い取った経営判断について，取締役の責任が問われたアパマンショップホールディングス事件において，株式取得の方法や価格については，「取締役において，株式の評価額のほか，取得の必要性，〔会社〕の財務上の負担，株式の取得を円滑に進める必要性の程度

---

31)　大阪地判平成12・9・20判時1721号3頁（商判Ⅰ-132）。
32)　大阪高判平成18・6・9判時1979号115頁。

等をも総合考慮して決定することができ，その決定の過程，内容に著しく不合
理な点がない限り，取締役としての善管注意義務に違反するものではないと解
すべきである」と判示し，高値で株式を買い取る必要性について十分な調査，
検討をしていないとして取締役の義務違反を認めた原判決を破棄し，取締役の
責任を否定した。同判決は，ともすると経営判断に対して立ち入った介入をし
がちな裁判所の傾向に歯止めをかけ，経営上の問題については取締役の裁量を
尊重する立場を明確にした判例として，高い意義を認められるべきだと筆者は
考えている。

Ⅲ　株主代表訴訟の意義と問題点

1　株主代表訴訟の役割

　忠実義務・善管注意義務が，取締役のインセンティブを改善し，会社・取締
役関係が生み出す価値を増加させる機能を持つとしても，義務の履行を確保す
るためのメカニズムがなければ，画に描いた餅に終わる。ここではとりわけ，
取締役の責任追及を会社自身に任せておくと，同僚意識から責任追及を怠りが
ちとなることが問題になる。株主代表訴訟は，このような問題に対処するため
に，株主が会社に代わって取締役の責任を追及することを可能にする制度であ
る（847条以下）。

　もっとも，せっかくこのような制度を作っても，一般の民事訴訟と同様に，
原告の株主が訴訟の費用（特に弁護士報酬）を自分で負担しなくてはならないと
すれば，訴訟の誘因はやはり不十分となる。訴訟の費用は原告株主が一人で負
担するのに，便益（直接には，取締役から会社に支払われる賠償金）は，持分比率
に応じて他の株主と分け合わなくてはならないのであれば，どの株主も率先し

---

33)　最判平成 22・7・15 判時 2091 号 90 頁（百選 50，商判Ⅰ-129）。
34)　田中・後掲④（本判決の評釈）参照。また，内部統制システムの整備義務違反を認めた
　　原判決を破棄して取締役の責任を否定した，最判平成 21・7・9 判時 2055 号 147 頁（百選
　　52，商判Ⅰ-134）も，利益相反がない状況での経営判断（内部統制システムの整備にどの
　　程度の費用をかけるかということも，経営判断の問題には違いない）に対する法的介入に
　　は慎重であるべきであるという方向性を示しているといえるかもしれない。
35)　本節は，田中・後掲②四（第 4 節）に基づいている。

て訴訟を起こそうという動機を持たなくなる。むしろ他の株主に提訴してもらって，その成果にただ乗り（フリーライド）しようと考えるようになるだろう。その結果，取締役の会社に対する義務の履行は確保されなくなる。

　代表訴訟で勝訴した株主が，弁護士報酬を含む訴訟の費用を相当額の限度で会社に求償できるという制度（852条1項）は，上記のような費用と便益のアンバランスを是正し，フリーライドの問題を解決する仕組みとして理解することができる。またそれ以上に，この仕組みは，弁護士に対して，原告代理人として代表訴訟を提起しようというインセンティブを提供する。弁護士は，問題のありそうな会社を探し出し，次に適当な株主を見つけてきて，勝訴の場合のみ報酬を受け取るという条件で訴訟を引き受ける。首尾よく勝訴すれば，成功報酬を会社からせしめることができよう。アメリカでは，ことに上場会社の代表訴訟において，原告株主は名目上の存在にすぎず，むしろ成功報酬目当ての弁護士が主導してこの訴訟を起こすことが知られている。このこと自体を，代表訴訟の「弊害」だと決めつけてはならない。こうした事態は，上記のフリーライド問題を解決するために，代表訴訟という制度そのものが予定していることなのである。

2　代表訴訟の（潜在的な）問題点

　もっとも，代表訴訟という責任追及メカニズムにも問題がないわけではない。
　まず，原告株主やその代理人弁護士が，会社（の経営陣）ほどには会社の経営事情について情報を有していないという問題がある。その結果，実際には取締役は義務違反を犯していない場合にも，義務違反があると誤信して訴訟を提起するかもしれない。
　また，仮に取締役が義務違反を犯していたとしても，訴訟の費用に加え，取締役の責任を厳格に追及するとかえって将来の経営に萎縮効果を及ぼすことや，会社の評判低下などを考慮して，あえて提訴をしないという判断を会社が下すことが合理的な場合もありうる。ところがその場合も，株主や代理人弁護士は代表訴訟を起こすかもしれない。まず，会社の持分を持たない弁護士は，経営への萎縮効果や会社の評判低下といったことから直接不利益を被るわけではないから，提訴の判断にあたってこうした費用を考慮しない可能性が高い。他方，

原告株主は持ち株比率に応じてこのような費用を負担するはずであるが，しかし，代表訴訟の原告になる株主は，社会的正義の実現といった，必ずしも一般の株主は共有していない非経済的な関心に強く動機づけられていることが多いため，提訴の判断にあたり，上記のような経済的費用を一般の株主ほどには重視しないかも知れない。こうして，株主一般の利益とはならない代表訴訟が提起される可能性は否定しきれないことになる。

3　実証研究とその評価

　代表訴訟がとりわけ盛んなアメリカでは，その弊害面もまた早くから指摘され，代表訴訟は株主よりも専ら弁護士の利益になっているのではないか，との批判がなされていた。実証研究が盛んであり，その方法論も発達している同国においては，この種の批判を検証する研究が存在する。これによると，代表訴訟が提起されると，平均的にいって会社の株価は僅かながら下落するようである。最近は日本でも同じ研究がなされ，やはり同様の結果を得ている（West・後掲）。この事実は，批判説のいうとおり，代表訴訟が株主の利益にならないことを意味するといえるだろうか？

　必ずしもそうはいえない，というのが筆者の主張である。代表訴訟の主要な機能は，取締役の義務違反による損害を事後的に回復することよりは，むしろ代表訴訟の「脅し」を通じて，取締役の義務違反を抑止することにある。代表訴訟の存在意義がこのような事前の抑止効にあるとすれば，上記の実証研究は，その効果をほとんど測定できないだろう。これらの研究は，専ら現実に提訴がなされた会社において，提訴が会社にもたらす利益（または損失）を調べたにすぎず，訴訟の脅威によって取締役の義務違反に遭わずにすんだ（それ故，提訴もされなかった）会社が得た利益については，何も語っていないからである。しかも，事前の抑止効果の観点からは，むしろ提訴が株価を下げる（会社に損害を与える）ときでも代表訴訟が提起される方が，望ましい場合すら考えられる。ここでまた，論点を明瞭にするために，単純化した設例で考えてみよう。いま仮に，株主代表訴訟という制度が存在せず，取締役の責任を追及する訴訟は，会社だけが提訴するかどうかの判断をするものとしよう。そのような制度のもとで，まず初めに（フェーズ1で），取締役が「真面目に働く」か「不正行

図表 4-4　会社と取締役の行動（提訴の判断）

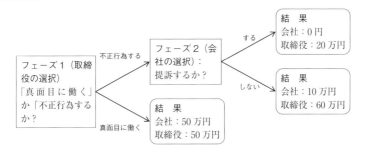

為する」かを選択する。「真面目に働く」場合，取締役と会社は，ともに50万
円の利得を得る[36]。これに対し，「不正行為する」場合は，取締役の利得は60万
円に増えるが，会社はそれ以上に損失を被るため，会社の利得は僅か10万円
になるとする（これは，「不正行為」は非効率であり，抑止すべきことを意味する）。
ただし，「不正行為」を選択した場合，会社は，取締役に対して「提訴する」
か「提訴しない」かを選択できる（「真面目に働く」場合，提訴はしない[37]）。「提訴
しない」場合は，会社・取締役の利得は前述のとおり（会社10万円，取締役60
万円）である。これに対し，「提訴する」場合，裁判所は取締役の忠実義務違
反を認め，損害賠償を命じる。それにより，取締役の利得は20万円になると
する。他方，会社は取締役から賠償を得られるものの，会社は訴訟の費用や事
件発覚に伴う評判低下により，それ以上の損害を被るとする。具体的には，利
得は0円になってしまうとしよう。以上をまとめると，図表4-4のようになる。
　この設例では，もっとも望ましい（会社と取締役の利得の合計がもっとも大き

---

36)　取締役の「利得」は，任用契約に従って会社からもらう報酬から，働くことの負担（そ
　の金銭評価）を差し引いたものであり，会社の利得は，取締役の働きに応じて得られる利
　益から報酬を差し引いたものである。ここでは，話を提訴の問題に絞るため，これまでの
　設例のように任用契約の内容を具体的に明らかにすることはせず，最終的な取締役と会社
　の利得についての想定だけを置くことにする。

37)　ここでは，取締役が「不正行為」をしたかどうかは会社は確実に知りうるし，費用をか
　ければ裁判所にも立証できると仮定する。この仮定のもとでは，真面目に働いた取締役に
　対して会社が提訴することはない。訴訟の費用がかかるだけで，会社にとって不利益なの
　は明らかだからである。

い）帰結は，取締役が「真面目に働く」場合であるが，取締役・会社双方が自らの利益のために行動すると，取締役は「不正行為をする」という結果になりそうである。これまでの設例と同様，問題を後ろから解くと，まず，フェーズ 2 においては，会社は「提訴する」よりは「提訴しない」ほうがましであるから，「提訴はしない」ことになる。すると，フェーズ 1 において，取締役は自己が不正行為をしても会社は提訴しないことを見越して，「不正行為する」ことになる。これは，訴訟の「脅し」に効き目がなく，取締役の不正行為を抑止できないことを意味する。皮肉にもこの結果は，提訴の判断が（フェーズ 2 の時点では）会社の利益のために行われているが故に，生じるのである。

　これに対して，代表訴訟が存在する場合には，不正行為が行われたときは，たとえ提訴が会社の利益にならなくても，社会正義を追求する株主，あるいは，成功報酬を目論む弁護士により，訴訟が提起される可能性がある。取締役もそのことを予期して，フェーズ 1 において「真面目に働く」という選択をすると考えられる。このように，代表訴訟は，取締役が義務違反をしたときは，たとえ会社の不利益になってでも提訴するという「信頼できる脅し」によって，株主の利益になる行動を取締役にとらせることを可能にしていると見ることもできるのである。

　もっとも，このような単純な設例によって，代表訴訟が株主の利益になっていると即断することはできないのもまた当然である。とりわけ，設例では，取締役が「真面目に働く」場合は提訴はされないものとしていた。しかし，提訴の判断を株主に任せた場合，会社内部でどのような業務執行が行われているかよく知らない株主は，取締役が真面目に働いた場合も，何らかの不正行為をしたと誤解して，提訴をしてしまうこともありうる。もしも原告株主の誤認により，客観的には何らの義務違反もしていない取締役の責任を問う訴訟が多数提起される事態になれば，事前の抑止効果を考慮してもなお，代表訴訟は株主の利益にはならないかも知れない。

　以上のように，代表訴訟の評価は簡単ではない。日本の現行法は，比較法的に見ても，代表訴訟を起こしやすい制度であるが[38]，これまで説明したような，

---

38)　代表訴訟を少数株主権とする国もあるが，日本は単独株主権である（ただし，平成 26

代表訴訟の意義と問題点を比較考量した場合，現行法が果たして望ましい（費用を上回る便益を持つ）制度であるかどうかは，容易に判断しがたい問題である。

Column 4-2　株主は代表訴訟をどう見ているか

　株主代表訴訟が望ましい制度かどうかを実証的に明らかにすることは容易でないが，株主（株式投資をする投資家）自身がこの制度をどう評価しているかは，アンケート等により調査可能である。

　東京大学社会科学研究所は，国内機関投資家に対してアンケート調査を実施し，その中で，株主代表訴訟に対して向けられるいくつかの見解（①経営を萎縮させる，②役員のなり手を少なくする，③理由のない訴訟により役員や会社に負担がかかる，④経営に緊張感をもたらし，会社・株主の利益となる）のそれぞれについて，「強くそう思う」「ややそう思う」「どちらともいえない」「あまりそう思わない」「全くそう思わない」の5段階で評価してもらう質問をした。結果は，代表訴訟に否定的な①②③の見解に同意する回答（「強くそう思う」と「ややそう思う」という回答の合計）は，20～30%程度であったのに対し，肯定的な④の見解に同意する回答は，7割を超えた（東京大学社会科学研究所・後掲）。本章において，裁判所や株主による判断の誤りの危険を強調してきた筆者としては，投資家株主は思いの外，代表訴訟を肯定的に評価しているという印象を受けるが，読者はどう見るであろうか。

Ⅳ　お わ り に

　本章は，忠実義務・善管注意義務あるいは株主代表訴訟といった法的責任ルールにはどのような意義（機能）があり，あるいはどのような問題点があるかについて論じてきた。議論のポイントは，法的責任ルールは，取締役が会社のために働くインセンティブを引き出すために有益でありうるが，それがうまく機能するためには，いくつかの前提条件が存在すること，および，取締役のイ

年会社法改正で新設された多重代表訴訟の提訴権は，少数株主権である（会社法847条の3第1項））。また，代表訴訟制度の母法である米国には，利害関係のない取締役からなる取締役会（またはその授権を受けた委員会）が，合理的な調査を経たうえで訴訟は不適当であるという決定をした場合，裁判所が代表訴訟の却下を命じるという制度が存在するが，日本にはその制度は存在せず，株主が代表訴訟を起こすことを会社は止めることはできない仕組みになっている。諸外国の制度と比較した場合の日本の代表訴訟制度の特徴や課題について，加藤・後掲参照。

ンセンティブを引き出す制度は法的責任ルール以外にも存在するから（慣行上
のものを含め，様々な態様の成果連動型契約），それらの制度との役割分担を考え
つつ，法的責任ルールを用いるべき場面を考えていくべきだ，ということであ
る。このような見地から，具体的な解釈論・立法論上の問題について直ちに結
論が下せるというわけではない。たとえば，現行法の株主代表訴訟制度が，そ
の費用を上回る便益をもたらしているかを実証的に明らかにすることは難しい。
しかし，本章で呈示した視点は，法的責任ルールをより広い視野から捉え直し，
法制度のあり方を建設的に論じるための出発点として役立つであろう。

◆練習問題◆

問1　Ⅱ**8**(3)では，利益相反のない通常の業務執行に関しては，取締役のインセン
　　ティブは（慣行上のものを含めた）成果連動型契約によって図ることが望ましく，
　　法的責任の追及には慎重であるべきであるという見解を示した。それでは，この
　　見解を徹底させ，法的責任を問うのは利益相反のある場面（アメリカ法において忠
　　実義務違反が問題になる場面）に限定し，利益相反のない場面では，一切，法的責
　　任を問わないというルールにすることについては，どう考えるか。

問2　本章で示したように，法的責任ルールにはさまざまな便益と費用が伴い，何が
　　望ましいルールなのかを決めるのはなかなか難しい。それでは，そのようなルー
　　ルの決定は，各会社に任せることにしてはどうか。たとえば，株主代表訴訟を提
　　起できるかどうか，あるいは提起できるための要件（たとえば，単独株主権でなく
　　少数株主権にするなど）については，各社が定款で定めることができるものとする
　　ことについては，どう考えるか。

◇ヒント◇

　　問1については，Ⅱ**5**(5)で述べたような問題点（特に3番目のもの）から，成果連
　動型契約だけでは取締役のインセンティブをうまく引き出すことができない場合が
　あるため，限定的ではあっても（たとえば，アパマンショップホールディングス事件最高
　裁判決にいう「著しく不合理」と認められる場合に限って）法的責任ルールが働く余地を
　残すことは意味があるのではないか，という反論があり得る。本章で紹介した大和
　銀行事件（注31）やダスキン事件（注32）等，実際に取締役の責任を肯定した裁判
　例の原文を読み，それらを自分なりに評価したうえで（これらは，法的責任ルールの
　必要性を例証するものと見るべきか，それとも，裁判所の誤った責任認定により経営が萎縮す

る恐れを裏づけるものと見るべきか？），問1の見解を支持するかどうか，各自考えて
みてほしい。

　問2は，定款自治をどこまで認めるべきかという，会社法の重要な論点である。
法的責任ルールという，取締役と株主の利害が対立する事項についてまで定款自治
を認めることに問題がないかも含めて考えてほしい（田中・後掲① 1617-1658 頁を参
照）。

[第2版への追記]
　Ⅱ**5**(**4**)で説明した成果連動型契約（ストック・オプションや業績連動型報酬等）
の最近の実施状況については，東京証券取引所・後掲② 74-78 頁を参照。それによ
ると，2018 年 7 月現在，東証上場会社のうち 33.6％ がストック・オプションを実
施し，31.7％ が業績連動型報酬制度を実施しているとされ（同・75 頁図表 96），い
ずれの実施割合も，2010 年調査の時点（前掲注 15）参照）から上昇している。ま
た，近年は，役員報酬として譲渡制限付株式を交付する制度（リストリクテッド・
ストック）を採用する上場会社も増えてきている（同・76-77 頁）。また，*Column
4-1* で触れた，経営判断原則の正当化根拠についてのより詳しい検討として，松
尾・後掲参照。

■参考文献■

梶井厚志＝松井彰彦『ミクロ経済学──戦略的アプローチ』（日本評論社，2000）

シャベル，スティーブン（田中亘＝飯田高訳）『法と経済学』（日本経済新聞出版社，
　2010）

加藤貴仁「会社法改正と企業統治」田中亘＝中林真幸『企業統治の法と経済──比
　較制度分析の視点で見るガバナンス』（有斐閣，2015）

田中亘①「取締役の社外活動に対する規制の構造(3)」法学協会雑誌 117 巻 11 号
　（2000）1594-1667 頁

田中亘②「会社法の経済分析──忠実義務と代表訴訟を素材にして」法学教室 253
　号（2001）81-86 頁

田中亘③「忠実義務に関する一考察──機能に応じた義務の設計方針」小塚荘一郎
　＝高橋美加編・落合誠一先生還暦記念『商事法への提言』（商事法務，2004）
　225-268 頁

田中亘④「判批（最判平成 22・7・15）」ジュリスト 1442 号 101-104 頁（2012）

東京証券取引所①『東証上場会社コーポレート・ガバナンス白書 2011』（2011）

東京証券取引所②『東証上場会社コーポレート・ガバナンス白書 2019』（東京証券

取引所上場部，2019)

東京大学社会科学研究所「機関投資家向けコーポレート・ガバナンスに関するアンケート調査　結果報告」(2012) http://web.iss.u-tokyo.ac.jp/gov/survey-cg.html

藤田友敬①「忠実義務の機能」法学協会雑誌 117 巻 2 号（2000）283 頁

藤田友敬②「会社法と関係する経済学の諸領域(1)」法学教室 259 号（2002）44 頁

松尾健一「米国における経営判断原則の正当化根拠をめぐる議論の状況」民商法雑誌 154 巻 3 号 395-420 頁（2018）

柳川範之『法と企業行動の経済分析』（日本経済新聞社，2006）

Hamdani, Assaf, & Reinier Kraakman, "Rewarding Outside Directors," Michigan Law Review, vol. 105: 1677-1711（2007）

Mark D. West, "Why Shareholders Sue: The Evidence from Japan." Journal of Legal Studies vol. 30, no. 2（2001）: 351-82.

第5章

会社法のための会計入門

I　はじめに

　会社法を学ぶ中で教科書などで貸借対照表（B/S: balance sheet）と損益計算書（P/L: profit and loss statement）を見たことがある人も多いだろう。これらは「計算書類」（435条2項）の中心となるものである。株式会社においてこれらの計算書類を作成する目的は，①株主・債権者などの会社外部の利害関係人に対して適切な情報開示をするとともに，②分配可能額を算定して株主に対する会社財産の社外流出（配当・自己株式取得など）の上限を画することによって株主と債権者との利害調整を図ることにある。

　本章では，株式会社における貸借対照表・損益計算書の意味と具体的なその作成方法を理解すると共に（→Ⅱ・Ⅲ），会社法会計の主目的の1つである分配可能額の算出について理解を深めていこう（→Ⅳ）。

Ⅱ　貸借対照表・損益計算書とは何か

1　貸借対照表とは何か

(1)　「純資産等式」と「貸借対照表等式」

　貸借対照表（図表5-1）とは，ある時点（たとえば事業年度末）における企業の財産状況を貨幣単位で測定し，表示したものである。会社法会計において貸借対照表は「資産」の部，「負債」の部，「純資産」の部によって構成される（会社計算73条1項）。貸借対照表の左側（借方という）に「資産」が表示され，右側（貸方という）に，「負債」と「純資産」が表示される。[1]

---

　1)　「借方」「貸方」という名称には，特別な意味はない。単に左右を示すものであると理解

「資産」には，現金・預金や，商品・土地・建物のような財貨，売掛金や貸付金のように将来現金を受け取ることができる債権や特許権などの権利などが含まれる。「資産の部」は，さらに「流動資産」「固定資産」[2]「繰延資産」[3]に分類される（会社計算74条1項）。

「負債」には，買掛金や支払手形，借入金などのように，将来現金を支払わなければならない債務が含まれる。「負債の部」は，さらに「流動負債」「固定負債」[4]に分類される（会社計算75条1項）。

「純資産」とは資産から負債を差し引いた差額である。すなわち，

　　　　資産－負債＝純資産

という数式が成り立つが，これを「純資産等式」と呼ぶことにする。この「純資産等式」を変形すると，

　　　　資産＝負債＋純資産

という数式（「貸借対照表等式」と呼ぶ）が成り立ち，これを表にしたものが「貸借対照表」ということになる。つまり，貸借対照表の借方（資産の合計）と貸方（負債と純資産の合計）とは必ず同じ金額となる（バランスする）。貸借対照表を，バランスシートと呼ぶゆえんである。

　この貸借対照表から，その会社が，どこから資金（元手）を調達し，それを現在どのような形の財産として使用しているか，を読み取ることができる。

　まず，どこから資金を調達しているかについては，貸借対照表の貸方，すな

して差し支えない。

2)　流動資産と固定資産とは，営業循環基準および1年基準によって区別される。営業循環基準とは，その企業の営業取引のサイクル——すなわち，商品を仕入れ（メーカーでは原材料を仕入れて生産を行い），それを販売し，代金を回収するというサイクル——の中にある項目は，すべて流動資産とするとするものである。それ以外の資産については，1年基準が適用される。1年基準とは，1年以内に入金がなされる（現金化される）か費用化されるものを流動資産とし，それより先に現金化されるかそもそも現金化を予定していないものを固定資産とするものである（会社計算74条3項）。

3)　Ⅲ4(1)参照。

4)　流動資産，固定資産の区分（前掲注2）参照）と同様に，営業循環基準および1年基準によって区別される（会社計算75条2項）。

図表 5-1　貸借対照表

貸借対照表
（令和○年○月○日現在）

（単位：百万円）

科　　　目	金　　額	科　　　目	金　　額
（資産の部）		（負債の部）	
流動資産	×××	流動負債	×××
現金及び預金	×××	支払手形	×××
受取手形	×××	買掛金	×××
売掛金	×××	短期借入金	×××
有価証券	×××	リース債務	×××
商品及び製品	×××	未払金	×××
仕掛品	×××	未払費用	×××
原材料及び貯蔵品	×××	未払法人税等	×××
前払費用	×××	前受金	×××
繰延税金資産	×××	預り金	×××
その他	×××	前受収益	×××
貸倒引当金	△ ×××	○○引当金	×××
固定資産	×××	その他	×××
有形固定資産	×××	固定負債	×××
建　物	×××	社　債	×××
構築物	×××	長期借入金	×××
機械装置	×××	リース債務	×××
車両運搬具	×××	○○引当金	×××
工具器具備品	×××	その他	×××
土　地	×××	負債合計	×××
リース資産	×××		
建設仮勘定	×××	（純資産の部）	
その他	×××	株主資本	
無形固定資産	×××	資本金	×××
ソフトウェア	×××	資本剰余金	×××
リース資産	×××	資本準備金	×××
のれん	×××	その他資本剰余金	×××
その他	×××	利益剰余金	×××
投資その他の資産	×××	利益準備金	×××
投資有価証券	×××	その他利益剰余金	×××
関係会社株式	×××	○○積立金	×××
長期貸付金	×××	繰越利益剰余金	×××
繰延税金資産	×××	自己株式	△ ×××
その他	×××	評価・換算差額等	×××
貸倒引当金	△ ×××	その他有価証券評価差額金	×××
繰延資産	×××	繰延ヘッジ損益	×××
社債発行費	×××	土地再評価差額金	×××
		株式引受権	×××
		新株予約権	×××
		純資産合計	×××
資産合計	×××	負債及び純資産合計	×××

〔出所〕一般社団法人日本経済団体連合会ひな型をベースに作成

わち「負債」「純資産」によって表されている。

「負債」は，債権者から調達された資金を意味する。「純資産」は，負債とは区別された調達源泉を意味するが，その中核は，株主に由来し，あるいは株主に帰属すべき部分，すなわち「株主資本」である。

他方で，このように調達された資金が現在会社においてどのように運用されているかは，貸借対照表の借方，すなわち「資産」によって表されているということになる。

(2)　「純資産」

「純資産の部」は主に**図表 5-2**に示す項目で構成されている（会社計算 76 条。図表 5-1 も参照）。

純資産の中核になるのは，株主に由来し，株主に帰属すべき部分を指す「株主資本」である。

こうした意味における「株主資本」は，株主の出資に由来する部分（いわば元本）と，そこから得られた利益を企業内に留保し，あるいは再投資している部分との，2 つの部分から構成される。前者に属するものが資本金と資本剰余金であり，後者に属するものが利益剰余金である。

図表 5-2　「純資産の部」の構成要素

株主資本	資本金		
	資本剰余金	資本準備金	
		その他資本剰余金	
	利益剰余金	利益準備金	
		その他利益剰余金	積立金
			繰越利益剰余金
	自己株式（控除〔マイナス〕項目）		
評価・換算差額等			
株式引受権			
新株予約権			

株主の出資に由来する（資本取引を源泉とする）資本金・資本剰余金と，会社

---

5)　このように「資本」「負債」はその源泉によって厳格に区別されるが，両方とも資金（元手）の調達を表していることには変わりはない。そこで，「資本」を「自己資本」，「負債」を「他人資本」などと表現することもある。

6)　会社法における「資本金」（445 条 1 項）は，「株主資本」のうち株主の出資に由来する部分の一部に相当する。「株主資本」は，会社法における「資本金」のみで構成されているわけではない点に注意が必要である。

7)　会社法上の「剰余金」（446 条）とは，それぞれ「資本剰余金」「利益剰余金」の 1 項目である「その他資本剰余金」と「その他利益剰余金」との合計額を意味する（貸借対照表上の「資本剰余金」と「利益剰余金」を合計すると会社法上の「剰余金」になるわけではない）点に注意すること。詳細は→Ⅳ(1)参照。

の事業活動に由来する（損益取引を源泉とする）利益剰余金とは，明確に区別される必要がある（後掲注14）参照）。したがって，資本金を減少して準備金・剰余金を増加させようとする場合は資本剰余金（資本準備金またはその他資本剰余金）に計上され，利益剰余金（利益準備金またはその他利益剰余金）とすることはできない（会社計算26〜29条）。

　純資産の部に属するその他の勘定のうち，自己株式については III *3*(1)，評価・換算差額等については III *5*，株式引受権については *Column 5-2*，新株予約権については III *3*(2)を参照。

Column 5-1　「純資産」と「資本」

　伝統的な会計学では，資産と負債との差額を「資本」と表現し，したがって，上記で「純資産等式」と呼んだ数式は「資本等式」と呼ばれる。

　しかし，現在の会社法の会計処理においては，図表5-2でも見たように，資産と負債との差額には「評価・換算差額等」「株式引受権」「新株予約権」といった「株主資本」以外の要素も含まれている。この点を明確にするため，会社法会計においては，資産から負債を引いた差額を「資本の部」ではなく「純資産の部」と呼んでいる。

　本章では，伝統的な会計学において「資本」と呼んできた用語を，すべて「純資産」と言い換えて説明する。これは，現在でも会計学の教科書などで用いられる用語法とは必ずしも一致しないが，会社法会計の理解を容易にするという本章の目的から，あえてこのような用語を用いることとする。

　「資本等式」を「純資産等式」と説明したり，III で見る仕訳の要素として「純資産の増加」「純資産の減少」（伝統的には「資本の増加」「資本の減少」と呼ばれる）という用語を用いたりするのはこうした理由によるものである。会計学の教科書などで発展的な学習をしようとする諸君は，以上の点に留意されたい。

2　損益計算書とは何か

　損益計算書（図表5-3）は，ある一定期間（たとえば1事業年度）の期首から期末までの損益（期間損益）を貨幣単位で測定し，表示するものである。

　損益計算書では，「収益」「費用」「利益（損失）」が表示される。「収益」とは，商品やサービスの販売などの営業活動や資金運用などの財務活動などから獲得された財産の増加分を意味する。「費用」は，収益を得るために費やされ

図表 5-3　損益計算書

損益計算書
(自令和○年○月○日　至令和○年○月○日)

(単位：百万円)

科　　目	金　　額	
売　　上　　高		×××
売　　上　　原　　価		×××
売　上　総　利　益		×××
販　売　費　及　び　一　般　管　理　費		×××
営　業　利　益		×××
営　業　外　収　益		
受　取　利　息　及　び　配　当　金	×××	
そ　　　の　　　他	×××	
営　業　外　費　用		
支　　払　　利　　息	×××	
そ　　　の　　　他	×××	×××
経　　常　　利　　益		×××
特　　別　　利　　益		
固　定　資　産　売　却　益	×××	
そ　　　の　　　他	×××	×××
特　　別　　損　　失		
固　定　資　産　売　却　損	×××	
減　　損　　損　　失	×××	
そ　　　の　　　他	×××	×××
税　引　前　当　期　純　利　益		×××
法　人　税，住　民　税　及　び　事　業　税	×××	
法　人　税　等　調　整　額	×××	×××
当　期　純　利　益		×××

〔出所〕一般社団法人日本経済団体連合会ひな型をベースに作成

た財産の減少分(価値の犠牲)を意味する。「利益(損失)」は，収益から費用を差し引いたものである(プラスであれば利益，マイナスであれば損失)。

　以上のことから，

　　　収益－費用＝利益(▲損失)

という数式が成り立つ。これを「損益計算書等式」と呼ぶ。実際の損益計算書では，「収益」「費用」について，本来の営業活動から生じるもの(売上高・売上原価・販売費及び一般管理費)，営業活動以外の原因から生じるもの(営業外収益・営業外費用)，臨時的・偶発的に発生するもの(特別利益・特別損失)など，その原因ごとに分類したうえで，損益計算書等式の考え方に従って表示してい

る（これを報告式の損益計算書と呼ぶ）。なお，損益計算書等式を変形すると，

費用＋利益（▲損失）＝収益

となる。これに従って損益計算書を記述することもでき，これを勘定式の損益計算書と呼ぶ（図表5-4）。この場合，貸借対照表と同様に，左側を借方，右側を貸方と呼び，左右の合計額は必ず等しくなる。[8] Ⅲで見るように，複式簿記の

プロセスから貸借対照表と同時にまず導かれるのは，この勘定式の損益計算書であり，これを報告式の損益計算書に書き直すことになる。

図表 5-4　勘定式の損益計算書の例

売上原価	×××	売上高	×××
販売費，一般管理費	×××	受取利息	×××
支払利息	×××		
(当期利益)	×××		
合計	×××	合計	×××

Ⅲ　貸借対照表・損益計算書の作成方法──簿記のしくみ

1　簿記とはなにか──「複式簿記」と仕訳

　企業は1会計年度中に，さまざまな取引を行う。それらの取引を貨幣額の形で表示するための計算技術が「簿記」である。

　「簿記」（bookkeeping）とは，企業の日常の活動に伴う財産・資本の増減を帳簿（会計帳簿；book）に記入することである。帳簿への記入には，「単式簿記」という方法と，「複式簿記」という方法があるが，企業会計において用いられるのは「複式簿記」の方法である。

　「複式簿記」とは，すべての取引を原因と結果の二面に分解した上で，その両面を記録（複記）していくという方法である。貸借対照表や損益計算書は，この複式簿記の結果として得られる計算書類である。

---

8)　費用が左側（借方），収益が右側（貸方）に来るのは，貸借対照表等式において資産を左側（借方），負債・純資産を右側（貸方）に置くこととしたからである。Ⅲの複式簿記の意味および貸借対照表，損益計算書の作成方法を理解した後に考えてみよう。

図表 5-5

```
（借方）              （貸方）

資産の増加            資産の減少

負債の減少            負債の増加

純資産の減少          純資産の増加

費用の発生            収益の発生
```

　複式簿記においては，ある取引を，図表 5-5 に示された 8 つの要素のいず[9)]れか同士の組み合わせとしてとらえる。

　たとえば，「銀行から 2000 万円を借り入れ，当座預金に入金された」〔取引例 1〕という取引は，「負債の増加」と「資産の増加」という要素の組み合わせとしてとらえられる。この取引によって，借入金という「負債」が 2000 万円分増加した（原因）とともに，その会社の当座預金という「資産」が 2000万円分増加した（結果），と見るのである。

　このように，取引を原因と結果の二面に分解することを「仕訳」と呼ぶ。仕訳を行った結果は，貸借対照表等式・損益計算書等式にあてはめて左右に相対比して複記する。すなわち，資産・負債・純資産の増減については，

　　　（借方）資産＝（貸方）負債＋純資産　　　（貸借対照表等式）

にあてはめ，それぞれの要素の増加をその定位置に，減少を反対位置におくこととする。すると，資産の増加は借方要素，資産の減少は貸方要素となり，負債の増加および純資産の増加は貸方要素，負債の減少および純資産の減少は借方要素となる。

　同様に，費用・収益については，

---

9)　なお，この場合の「取引」とは，資産・負債・純資産いずれかの増減あるいは収益・費用いずれかの発生があったとして金額で表示できるものに限定される。たとえば，ある会社との業務提携契約を結んだだけでは，通常の用語では取引を行ったといえるが，簿記における取引にはならない。他方で，天災等で資産が損傷した場合は，一般的には取引とは呼ばれないが，簿記上は取引（費用の発生と資産の減少）としてとらえられる。

　（借方）費用＋利益（▲損失）＝（貸方）収益　　　（損益計算書等式の変形）

から，費用の発生は借方要素，収益の発生は貸方要素として記されることになる。

　仕訳にあたっては，取引内容をわかりやすくするために，名前（「当座預金」「借入金」など）をつけて分類をするが，この分類を「勘定科目」と呼ぶ。

　たとえば前記の〔取引例1〕を該当する勘定科目に振り分けて記入すると，下記のようなT字型の勘定記入がなされる。

当座預金（資産）	借入金（負債）
（借方）20,000,000	（貸方）20,000,000

　もっとも，日々大量の取引を行う実務においては，1つ1つの取引を上のように勘定ごとに異なる場所に（たとえば勘定ごとに帳簿を作ってそれぞれに）記入していくことは，煩雑でもあるし誤記入の元ともなる。そこで実務では，それぞれの取引を分解した上で1か所にまとめて記録していく。こうした仕訳が記入される帳簿を「仕訳帳」と呼ぶ（こうすれば一冊の帳簿でよい）。一定期間（たとえば毎日，毎週，毎月）ごとに，この仕訳帳を元にして，各勘定科目ごとに集計した結果をまとめて移記することとしている（→**2**(2)参照）。すなわち，前記〔取引例1〕は，以下のように仕訳されることになる。

　　（借方）当座預金　20,000,000　　（貸方）借入金　20,000,000
　　　　　　（資産の増加）　　　　　　　　　　　（負債の増加）

　1つの取引を違う側面から見ているのだから，1つの取引の仕訳において借方と貸方とは必ず同額となる（バランスする）。これを「貸借平均の原理」といい，複式簿記のもっとも重要な特徴である。

　つまり，1つの取引は，上記の借方要素のどれかと貸方要素のどれかの組み合わせに必ず分解されることで，原因と結果の対応関係が明らかに表示されることになる（借方要素同士，あるいは貸方要素同士のみの組み合わせとなるということはありえない）。たとえば，当座預金の100万円増加という「資産の増加」の結果をもたらすいくつかの取引の原因を考えてみよう。

例①　機械設備を売却し，その代金 100 万円を当座預金への振込みで受け取った。

（借方）当座預金　1,000,000　　　（貸方）機械　1,000,000
　　　　（資産の増加）　　　　　　　　　　　　　（資産の減少）

例②　銀行借入を行い，100 万円を当座預金への振込みで受け取った。

（借方）当座預金　1,000,000　　　（貸方）借入金　1,000,000
　　　　（資産の増加）　　　　　　　　　　　　　（負債の増加）

例③　募集株式を発行し，払込金 100 万円を当座預金への振込みで受け取った（全額資本金に計上）。[10]

（借方）当座預金　1,000,000　　　（貸方）資本金　1,000,000
　　　　（資産の増加）　　　　　　　　　　　　　（純資産の増加）

例④　商品を 100 万円で売り上げ，代金を当座預金への振込みで受け取った。

（借方）当座預金　1,000,000　　　（貸方）売上　1,000,000
　　　　（資産の増加）　　　　　　　　　　　　　（収益の発生）

2　簿記による貸借対照表・損益計算書の誘導

　1 で見た「仕訳」が簿記のファーストステップである。では，ここからどのように貸借対照表・損益計算書が作られていくのか。以下でその流れをトレースしていく。まずは，下記のようなごく簡単な例をもとに，2022 年度の貸借対照表・損益計算書を作ってみよう。

【設例 I】　X 株式会社は，2022 年 2 月 1 日に，1000 万円の出資を受けて設立された。この出資は，全額現金で払い込まれ，X 社の当座預金口座に入金された。また，払い込まれた全額が資本金の額として計上された（445 条 1 項参照）。X 社は 2022 年 3 月 15 日に，銀行から 1000 万円の融資（返済期限は 2027 年 3 月 14 日）を受け，当座預金への振込みで受け取った。

　X 社の事業年度は，4 月 1 日から翌年 3 月 31 日までとされている。

　2022 年 3 月 31 日現在（2021 年度）の X 社の貸借対照表は以下の通りである。[11]

---

10)　実際は，募集株式の発行に対する払込みは，払込期日より前に行われることが通常であり（この場合は，まだ募集株式発行の効力は生じていないので，純資産の部の新株式申込証拠金という勘定に計上され，募集株式発行の効力が生ずると，そこから振り替えられて資本金が増加することになる），また，直接に会社の当座預金口座に対して振り込まれることもない（払込取扱機関である銀行の別段預金口座に振り込まれ，募集株式の発行の効力が生ずると，発行会社名義の当座預金口座に銀行内で振り替えられる）。募集株式の発行のプロセスごとに仕訳が行われるため，実際には直接にこのような仕訳がなされることはないが，いくつかの仕訳を経て，最終的にはこのような結果となる。

（資産の部）		（負債の部）	
当座預金	20,000,000	長期借入金	10,000,000
		（純資産の部）	
		資本金	10,000,000

　2022 年度において，X 社は以下のような取引を行った。

　5 月 1 日に，新株発行を行い，株式引受人から 500 万円が当座預金に入金された。全額を資本金の額として計上した。

　6 月 1 日に，商品 500 万円を掛けで仕入れた。

　7 月 1 日に，銀行から 2000 万円を借り入れ，当座預金に入金された（返済期限は 2027 年 6 月 30 日）。

　8 月 1 日に，事務所家賃 100 万円を当座預金から小切手で支払った。

　9 月 1 日に，機械を 500 万円で購入し，当座預金から小切手で代金を支払った。

　10 月 1 日に，6 月 1 日に仕入れた商品全てを 800 万円で掛けで売り上げた。

　11 月 1 日に，従業員の給料 100 万円を当座預金から振込みで支払った。

（1）　仕訳と仕訳帳への記載

まず，*1* で見たように，各取引ごとに仕訳を行い，仕訳帳[12]に記載していく。

図表 5-6　仕訳のイメージ

	（借方）		（貸方）		
5 月 1 日	当座預金	5,000,000	資本金	5,000,000	（資産の増加——純資産の増加）
6 月 1 日	仕 入	5,000,000	買掛金	5,000,000	（費用の発生——負債の増加）
7 月 1 日	当座預金	20,000,000	長期借入金	20,000,000	（資産の増加——負債の増加）
8 月 1 日	支払家賃	1,000,000	当座預金	1,000,000	（費用の発生——資産の減少）
9 月 1 日	機 械	5,000,000	当座預金	5,000,000	（資産の増加——資産の減少）
10 月 1 日	売掛金	8,000,000	売 上	8,000,000	（資産の増加——収益の発生）
11 月 1 日	給 料	1,000,000	当座預金	1,000,000	（費用の発生——資産の減少）

11）　本当は，この貸借対照表についても，設立および借入れのときの仕訳をベースに作られる。

12）　現代では，仕訳帳という帳簿を作らず，個々の取引伝票を複写してまとめて綴じておくことで仕訳帳に代替させるという方法をとる場合が多い。また，これらの個々の伝票や取引記録をすべてコンピュータに入力していくことで，自動的に貸借対照表・損益計算書が導かれるようなシステムも多くの会社で導入されている。

（2）　総勘定元帳への転記

この仕訳帳を，一定期間ごとに各勘定科目別に移記して集計する。この勘定科目別の帳簿を「総勘定元帳」と呼び，そこへの移記を「転記」という。たとえば，当座預金に関する元帳は以下の通りとなる。

図表 5-7　当座預金元帳

	（借方）	（貸方）	（残高）	（備考）
	（20,000,000）		（20,000,000）	繰越残高
5 月 1 日	5,000,000		25,000,000	新株発行
7 月 1 日	20,000,000		45,000,000	借入れ
8 月 1 日		1,000,000	44,000,000	家賃支払
9 月 1 日		5,000,000	39,000,000	機械購入
11 月 1 日		1,000,000	38,000,000	給料支払
（合計）	45,000,000	7,000,000	38,000,000	

当座預金は資産であり，したがって借方項目であるから，借方に記入される取引（たとえば借入れ）が行われた場合は当座預金残高は増加し，貸方に記入される取引（たとえば家賃支払）が行われた場合は残高が減少することになる（貸方項目である勘定科目〔たとえば負債である買掛金など〕については逆となる）。

◆例題◆図表 5-6 から，当座預金以外の勘定科目についても総勘定元帳を作成し，転記をしてみよう

（3）　試算表の作成

さらに一定期間ごとに，仕訳や総勘定元帳への転記に漏れや誤記がないかを確認するために，試算表（図表 5-8）というものを作成する。試算表とは，ある期間の末日（試算表の締め日）における各勘定の総勘定元帳の借方の合計・貸方の合計・残高を勘定科目ごとに並べて集計したものである。

たとえば，「当座預金」についていえば，図表 5-7 の当座預金元帳の借方合計（45,000,000 円）が試算表左側（借方）の「合計」欄に記載され，貸方合計（7,000,000 円）が試算表右側（貸方）の「合計」欄に記載される。差額である残高（38,000,000 円）が左側（借方）の「残高」欄に記載される（当座預金は資産であり借方項目であるから，残高は借方に記載されることになる。他方で負債〔たとえば買掛金〕は貸方項目なので，残高は貸方に記載される）。

図表 5-8　試算表（2022 年度末）

	（借方）		（勘定科目）	（貸方）		
	（残高）	（合計）		（合計）	（残高）	
（資産）	38,000,000	45,000,000	当座預金	7,000,000		
	8,000,000	8,000,000	売掛金			
	5,000,000	5,000,000	機　械			
			買掛金	5,000,000	5,000,000	（負債）
			長期借入金	30,000,000	30,000,000	
			資本金	15,000,000	15,000,000	（純資産）
	51,000,000	58,000,000	小　計	57,000,000	50,000,000	
			売　上	8,000,000	8,000,000	（収益）
（費用）	5,000,000	5,000,000	仕　入			
	1,000,000	1,000,000	支払家賃			
	1,000,000	1,000,000	給　料			
	7,000,000	7,000,000	小　計	8,000,000	8,000,000	
	58,000,000	65,000,000	集　計	65,000,000	58,000,000	

　貸借平均の原理（仕訳は 1 つの取引を借方と貸方に分解するものであるから，必ず左右バランスする）によれば，各勘定科目の借方合計を集計した数字と，貸方合計を集計した数字（それぞれ 65,000,000 円）とは必ず一致するはずである。また，各勘定科目の残高を借方・貸方それぞれについて集計した数字（それぞれ 58,000,000 円）も一致するはずである。これらが一致しない場合は，仕訳か総勘定元帳への転記に誤りがあることになる（もっとも，ある取引を一切記帳し忘れるなどすれば，集計は一致しても正しい記帳ではないことがありうる）。

（4）　試算表から貸借対照表・損益計算書への誘導

　この試算表は，その会計期間における企業活動の結果である各勘定項目の残高を示しているものであるから，ここからその会計期間に関する貸借対照表・損益計算書を導くことができる。すなわち，試算表における貸借対照表項目（資産・負債・純資産）の残高を抜き出したものが貸借対照表のベースとなり，損益計算書項目（収益・費用）の残高を抜き出したものが損益計算書のベースとなる（図表 5-8 の試算表では，資産・負債・純資産・収益・費用の区分の順に勘定科目を並べることで，貸借対照表・損益計算書の誘導をしやすくしている）。

　ところで，図表 5-8 の試算表では貸借対照表項目と損益計算書項目のそれぞれにおいて小計を置いている（上半分が貸借対照表となり，下半分が損益計算書となる）。貸借対照表項目の小計では，借方残高が貸方残高を 1,000,000 円超過

し，損益計算書項目の小計では逆に貸方残高が借方残高を 1,000,000 円超過しているのがわかるであろう。これらは，損益計算書・貸借対照表それぞれにおける利益のとらえ方を表している。

まず，損益計算書等式によれば，収益−費用＝利益であった。図表 5-8 の試算表において，収益項目（貸方項目）である売上から，費用項目（借方項目）である仕入・支払家賃・給料を差し引いた差額として借方に立つ 1,000,000 円は，損益計算書において捉えた利益を表していることになる。

一方で，貸借対照表においては，この 1,000,000 円という利益は，期首（前期末）貸借対照表から期末貸借対照表とを比較した場合の純資産の純増分[13]から資本取引によるものを差し引いたものとして捉えられている。すなわち，前年度末の貸借対照表における純資産は，

$$20{,}000{,}000（資産）−10{,}000{,}000（負債）＝10{,}000{,}000 円$$

であったところ，2022 年度末は

$$51{,}000{,}000（資産）−35{,}000{,}000（負債）＝16{,}000{,}000 円$$

となり，純資産は 6,000,000 円増加している。もっとも，このうち 5,000,000 円分（資本金勘定の増加分）は，新株発行（資本取引）によるものであって，これを利益ということはできない[14]。そこで，

$$6{,}000{,}000（純資産純増分）−5{,}000{,}000（資本取引による純資産純増分）＝1{,}000{,}000 円$$

が，貸借対照表における利益を表したものということになる。

---

13)　銀行から借金をした場合，会社の資産は増加するが，同時に負債も増加するので，そもそも純資産は増加せず，「純資産の増加分」という利益のとらえ方からはそれは利益ではないことになる。

14)　このように，純資産の増加分のうち，新株発行などのように企業の純資産を直接に変動させることを目的として行われる取引（資本取引）を，利益の獲得を目指して行う取引（損益取引）と明確に区別することは，正確な期間利益算定のためには必須のことである（企業会計原則第一・三〔資本取引・損益取引区分の原則〕参照）。新株発行をすれば会社の資産及び純資産は増加するが，それは「利益」ではない。新株発行による純資産の増加は株主の出資を源泉とする（資本取引による）ものであって，「利益」とは呼ばないのである。

　利益は残余財産として株主に帰属する純資産を構成する一要素であり，純資産の部のその他利益剰余金としてこの1,000,000円が計上されることになる（会社計算29条1項2号）。これによって，2022年度末の貸借対照表において借方と貸方がバランスする。

　以上に述べた試算表と貸借対照表・損益計算書の関係を図示したものが図表5-9である。

図表 5-9　残高試算表と貸借対照表・損益計算書

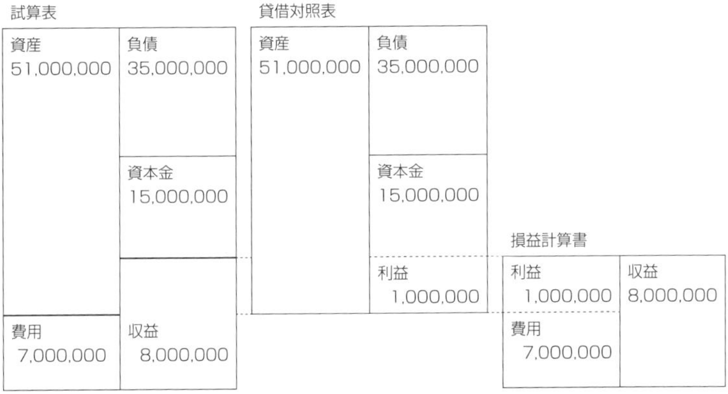

　貸借対照表が，ある時点におけるストックの財産状態を表示しており，純資産の増分を利益と捉えているのに対し，損益計算書は利益を期中の営業活動（フロー）の結果として捉え，その内訳を説明しているのである。

　ここまでの理解を前提に，会計上の扱いについて注意が必要な項目についての会計処理を見てみよう。これらについての理解は，Ⅳで見る分配可能額の計算においても重要である。

3　自己株式・新株予約権の会計処理──純資産の会計

(1)　自己株式

> 【設例Ⅱ】　A株式会社は，自己株式を1500万円で取得した。代金は当座預金から振込みで支払った。

この取引を素直に仕訳すれば，以下のようになる。

　　　（借方）自己株式　15,000,000　　　　（貸方）当座預金　15,000,000
　　　　　（　　？　　）　　　　　　　　　　　　　　（資産の減少）

　問題は，借方に計上した自己株式勘定をどのように理解するかである。この取引を，自己株式という「資産」を取得する取引であると見るのであれば，借方に立った自己株式勘定は，資産勘定となり，上記仕訳は，「資産の増加―資産の減少」という組み合わせとして認識されることになろう。貸借対照表上では，資産の部に「自己株式」という資産勘定が立つことになる。実際，かつてはこのような考え方の下で，自己株式を資産項目として理解していた時代もあった。

　しかし，特に会社法を学んでいる諸君にとってはむしろ自然なことであろうが，自己株式の取得とは株主に対する分配（純資産の払戻し）の一形態と見るのが実態に即している。そうだとすると，上記の仕訳は「純資産の減少―資産の減少」という組み合わせとして認識するべきことになる。そこで，現在の会計処理では，自己株式の取得は，「純資産の減少」として，純資産の部における控除項目（マイナス項目）として計上されることになる。

　自己株式の取得は，剰余金の配当と同様，純資産を減少させる取引であるが，会計処理においてはその取得と同時に「その他資本剰余金」「その他利益剰余金」を直接に減少させるという処理はしていない。自己株式は，いわゆる金庫株として消却せずに保有し続けることができ，また，これを処分（売却）することもできる。そこで，自己株式は消却されるまでは，純資産の部の「株主資本」の中の独立の項目においてマイナスの数字として計上されている（図表5-1，図表5-2参照）。

　取得した自己株式が消却（178条）されてはじめて，たとえば以下のような仕訳[15]が行われ，貸借対照表上のその他資本剰余金・その他利益剰余金（純資産の一部であり貸方項目）が減少されるとともに自己株式の数字（マイナス分）が減少することになる。

15）　まずはその他資本剰余金から減額され（会社計算24条3項），それでは足りない場合にその他利益剰余金（繰越利益剰余金）が減額されることになる。

　（借方）その他資本剰余金　10,000,000　　　（貸方）自己株式　15,000,000
　　　　　その他利益剰余金　　5,000,000

　以上から，会社法上の分配可能額を算定するにあたっては，貸借対照表上の
「その他資本剰余金」「その他利益剰余金」の合計からすでに分配済みの「自己
株式」相当分（その消却まではその他資本剰余金，その他利益剰余金は減少されてい
ないから）を控除する処理をしなければならないことがわかる（→Ⅳ(2)参照）。
　また，上記【設例Ⅱ】で取得した自己株式を2000万円で処分し，代金が当座
預金に振り込まれた場合，以下のような仕訳がなされる。

　（借方）当座預金　20,000,000　　　（貸方）自己株式　　　　　15,000,000
　　　　　　　　　　　　　　　　　　　　　　　自己株式処分差益　5,000,000

　自己株式の処分は，経済的には新株発行と同様の資本取引としての意味を有
しているから，その対価の一部である自己株式処分差益は純資産項目に算入さ
れるが，資本金や資本準備金ではなく（新株発行の場合の445条と対比），「その
他資本剰余金」として計上される（会社計算14条2項1号）。このことは，自己
株式処分差益は，分配可能額に含まれるということを意味している（ただし，
期中に行われた自己株式の取得による自己株式処分差益は，決算手続を経ない限りは分
配可能額に計上されない。→Ⅳ(2)参照）。

(2)　新株予約権

【設例Ⅲ】　A株式会社は，行使価額を1000円とする新株予約権を，1個につき
500円で1万個発行した。対価の払込みは当座預金に対して振り込まれた。

　この取引の仕訳は，以下のようになる。

　（借方）当座預金　5,000,000　　　（貸方）新株予約権　5,000,000
　　　　　（資産の増加）　　　　　　　　（　　？　　）

　ここでも，新株予約権勘定をどのように理解するべきかが問題となる。新株
予約権は，会社から見れば新株予約権者に対して株式を交付すべき義務を意味
しているため，この発行を「負債の増加」と捉える考え方もありうる（かつて

はそのように処理していた）。しかし，新株予約権が行使されても会社は株式を発行するだけで会社財産が流出するわけではないから，負債というより資本取引の一部と見ることが妥当である。そこで，現在は「純資産の増加」と捉える会計処理をしている。もっとも，行使されるまでは新株は発行されないので，新株予約権の発行の時に直接に株主資本を増加させる扱いはせず，純資産の部の内部で株主資本とは区別された「新株予約権」という項目を立ててそこに計上される（図表 5-1，図表 5-2 参照）。

　【設例Ⅲ】の新株予約権全てが行使された（行使価額の払込みは当座預金に振り込まれた）ときは，以下のような仕訳がなされる。

　　（借方）当座預金　　10,000,000　　　（貸方）資本金　15,000,000
　　　　　　新株予約権　　5,000,000

　なお，【設例Ⅲ】の新株予約権が行使期間中に行使されなかった場合は，以下のような仕訳がなされる。新株予約権戻入益は，損益計算書上は特別利益に計上され，貸借対照表上はその他利益剰余金となる。

　　（借方）新株予約権　5,000,000　　　（貸方）新株予約権戻入益　5,000,000

Column 5-2　株式報酬の会計処理と「株式引受権」勘定

　令和元年会社法改正によって，一定期間に対する役員報酬として，払込を要することなく役員に株式を交付すること（いわゆる無償構成による株式報酬）が認められることになった（会社法 202 条の 2・361 条 1 項）。

　株式報酬は，事前交付型と事後交付型に分けられる。たとえば，3 月 31 日を期末日とする X 株式会社において，2022 年 4 月 1 日に，同日から 5 年間の在任を条件とする役員報酬として 1 万株を無償で交付する契約を役員と締結する場合を考える。事前交付型では，2022 年 4 月 1 日に役員に株式が交付されるが，契約によって，当該株式は 2027 年 3 月 31 日までは第三者への譲渡が禁止され，また，同日までに役員が退任した場合は退任した日に当該株式を会社が無償で取得することとされる。一方，事後交付型では，2027 年 3 月 31 日まで役員が在任するという条件が成就して初めて，同日に役員に株式が交付される。

　株式報酬では，株式報酬に関する契約締結日における当該株式の価格をベースに，報酬費用として計上される金額が決まる。上記の例では，2022 年 4 月 1 日時点で

の本件株式の価格が1株6,000円であったとすると，5年間の役員報酬の費用総額は，6,000円×10,000株＝60,000,000円となるが，役員報酬は役員が期間中に提供した職務執行等の役務の対価であるから，これを期間中の各年度に割り振って計上していくことになる。したがって，2022～2026年度の各年度末において，各年度に提供された役務の対価として報酬費用がそれぞれ12,000,000円（60,000,000円÷5年）ずつ計上されることになる。

　問題は，この報酬費用の相手勘定である。

　事前交付型の場合，各年度末にその年度にかかる役員からの役務提供の評価額（報酬費用の計上額）に相当する資本金または資本準備金の額が増加する（会社計算42条の2第1項～3項）。上記の例で，仮に全額を資本金として計上するとすれば，各年度末に以下のような仕訳がなされ，資本金が年度末ごとに増加していく。

　　　（借方）報酬費用　12,000,000　　　（貸方）資本金　12,000,000

　2026年度末には5年間の総計で60,000,000円分資本金が増加することになる（60,000,000円相当の株式が発行された2022年4月1日時点では，まだ役務が提供されていないため，資本金は一切増加しない）。

　一方，事後交付型の場合，2027年3月31日まで役員が在任するという条件が満たされるまでは株式は発行されないから，各年度末に，その年度に計上した報酬費用相当額の資本金を増加させていくことは適切ではない。会社は条件が成就すれば株式を役員に交付するという義務を負うが，会社財産が流出するわけではないので負債として計上することもふさわしくない。実質的には，（新株予約権と同様に）資本取引と見るべきであるから，令和2年会社計算規則改正によって，純資産の部に「株式引受権」という新たな勘定科目が導入され（会社計算76条1号ハ），各年度末に以下のような仕訳がなされることとなった（会社計算54条の2第1項）。

　　　（借方）報酬費用　12,000,000　　　（貸方）株式引受権　12,000,000

　条件が成就して株式が実際に発行された2026年度末には，以下の仕訳がなされて，株式引受権はゼロとなり，資本金（または資本準備金）が増加することとなる（会社計算54条の2第2項，42条の3第1項～3項）。

　　　（借方）株式引受権　60,000,000　　　（貸方）資本金　60,000,000

4　発生主義会計と費用収益対応の原則

　ある期間の経営成績を算定するためには，その期間にいかなる収益と費用とが属するかを判断しなければならない。わが国の会計においては，実際に現金

収入・現金支出があったときにこれらを認識する（これを現金主義会計という）のではなく，経営の成果に関する重要な事実が発生した時点をもってこれを認識することとしている。これを「発生主義会計」と呼ぶ。たとえば，掛売り販売をしている場合は，代金の回収時ではなく，商品の引渡し時に売上があったと認識するのである。

さらに，発生主義会計の下で期間損益を正確に判定するためには，ある期に属する収益を実現するために使われた費用がいくらであるかを正確に決定しなければならない。これを「費用収益対応の原則」という。[16]

以下のような会計処理が，これらの考え方のあらわれである。

(1)　繰 延 資 産

たとえば，新技術の開発のために，今期において 1000 万円を当座預金から支出し，その役務の提供もすべて受けたとしよう。これを普通に仕訳すれば，以下のようになるはずである。

（借方）開発費　10,000,000　　（貸方）当座預金　10,000,000

開発費は収益を得るために費やされた価値の犠牲であるといえるから，そうするとこの仕訳は「費用の発生－資産の減少」と理解される。しかし，この支出によって生み出された新技術は，今期だけでなく今後数年にわたってその企業の収益を生むことを考えると，この 1000 万円を今期に一括して費用計上するのではなく，今後それが効果を有する数年（開発費は 5 年以内）に分割して費用計上していくことが，費用収益対応の原則からは望ましい。そこで，これを便宜上「資産の増加－資産の減少」と理解して，貸借対照表の資産の部に記載し，翌期以後，たとえば以下のような仕訳を行って毎期少しずつ費用計上（「償却」）していくことが認められている。

---

16)　すなわち，ある期中における支出があっても，それが当期の収益と関連性・因果関係が認められない支出であれば，当期の費用として認識するべきではないことになる（逆に，ある期中において実際の支出がなくても，過去あるいは将来の支出のうち，当期の収益と関連性・因果関係の認められる部分があれば，その部分は当期の費用として認識しなければならない）。

（借方）開発費償却　2,000,000　　　（貸方）開発費　2,000,000
　　　　（費用の発生）　　　　　　　　　　　　（資産の減少）

　こうした資産を「繰延資産」と呼ぶ。上記で挙げた開発費のほかに，創立
費・開業費・株式交付費・社債発行費が，繰延資産として計上される（図表5-
1参照）。

　繰延資産は，その他の資産とは異なって，法律上の権利でもなく，換金価値
のあるものでもない。債権者保護の観点からは担保的価値を有さないため，分
配可能額の算定にあたっては，これに相当する金額を控除する必要がある（→
Ⅳ(2)参照）。

（2）引当金

　将来，発生が確実に見込まれ，その金額も合理的に見積もることができる費
用のうち，当期またはそれ以前の事象に起因しているものについては，これを
実際に発生したときに一括で費用計上するのではなく，具体的に支出がなされ
ていない当期においても少しずつ費用として計上していくことが費用収益対応
の原則からは望ましい。

　そこで，そのような費用については，引当金としてあらかじめ計上しておい
た上で，毎期費用計上していくこととしている。

　たとえば，今期発生した売掛金などの債権のうち，将来発生する可能性のあ
る貸倒損失について，今期の時点で見積もって売掛金勘定の控除項目（マイナ
ス項目）として計上しておく貸倒引当金や，将来その会社の従業員が退職した
際に支払うべき退職金の一部はその従業員の今期の労働の対価であることから，
それに相当する部分を今期の時点で負債の部において計上しておく退職給付引
当金などが，その例である（図表5-1参照）。

（3）減価償却費

　会社が事務用のコンピュータを購入したり，メーカーが製造設備を購入した
りする取引を考えてみよう。これらの機械や設備は，会社が事業を行うために
必要なものであり，会社の利益の源泉となっている。しかし，コンピュータを
現金100万円で購入する取引においては，現金という資産が減少する代わりに，
会社の手元にはコンピュータという価値のある財が残る。したがって，コンピ

ュータの購入時に「費用」の発生が計上されることはなく，たとえば以下の通り，（固定）資産の増加と（流動）資産の減少の仕訳がなされる。

　　　（借方）機械　1,000,000　　　（貸方）現金　1,000,000

　しかし，いかなる機械でも，何年も利用し続ければ時の経過によって価値は減少していき，やがて使えなくなって価値がなくなる。上記のコンピュータの例で，それが使えなくなり，そのコンピュータを廃棄する（＝財産が減少する）時点で仕訳を行うとすると，以下のようにその時点で一度に「費用」を計上することになる。

　　　（借方）機械除却損　1,000,000　　　（貸方）機械　1,000,000
　　　　　　（費用の発生）　　　　　　　　　　　　　　（資産の減少）

　しかし，このような扱いは不合理である。まず，コンピュータの価値は，廃棄したときに一度に減少するものではなく，中古化や陳腐化などによって時間とともに少しずつ減少していくものである。したがって，ある期末時点でのそのコンピュータの価値を正確に把握するためには，決算期ごとに価値の減少額を「費用」として見積もり，資産の簿価を減少させていく必要がある。また，このコンピュータは，「費用」を計上した期（廃棄した期）のみに利用されたものではない。コンピュータが購入されてから廃棄されるまでの複数期にわたって利用され，それぞれの期の収益の発生に寄与してきたはずである。そうすると，費用収益対応の原則からは，このコンピュータが購入されてから廃棄されるまでのそれぞれの期に，費用を配分して計上するべきということになる。

　このように，資産を毎期ごとに少しずつ費用化していく作業を「減価償却」という。減価償却は，その資産の原価（「取得価額」という）をその使用可能な期間（「耐用年数」という）に適切に配分することであるといえる。

　各年度の減価償却額は，本来は実際の価値の減少額と等しくなるように算出するのが望ましい。しかし，現実には中古化・陳腐化による機能的な価値の減少額を正確に把握することは不可能である。そこで，会計実務においては，法人税法の定める一定の数式[17]に従って償却することとしている（法人税法上の処理が会社法会計における「一般に公正妥当と認められる企業会計の慣行」〔431条・614条〕

として認められている）。

　たとえば上記のコンピュータの例において，ある期の減価償却が 250,000 円とすると，その分をその期の費用として計上すべきこととなる。[18]

　なお，減価償却費は，各期の費用として計上されるが，実際に会社から財産が流出されるという形で支払われているものではなく，それに相当する財産は社内に留保されたままである。そこで，会社の現金収支を計算するキャッシュフロー計算においては，この減価償却費はキャッシュフローの加算要素となる。

5 時 価 評 価

　資産として市場価格のある有価証券（上場株式など）を保有している場合，当該有価証券をいかに評価するかが問題となる。これについては，その有価証券の保有目的に照らして，評価方法が異なる。

　第 1 に，その会社が資金運用の一環として，売買差益を得る目的で有価証券を保有している場合，この有価証券（売買目的有価証券）はいつでも市場で現金化することができる。すなわち，その会社にとってこの有価証券は市場における時価と等しい価値を有していると考えられる。そこで，これらの有価証券は，時価をもって貸借対照表上に計上することとされている。この場合，取得原価

---

17)　耐用年数内の各期の償却額を同額とする「定額法」という方法と，前期末の資産の簿価（未償却残高）に一定率を乗じて当期の償却額を求める「定率法」という方法とがある。

18)　減価償却の記帳（仕訳）には 2 つの方法がある。

　　「直接法」では，減価償却額を直接に当該資産の勘定から控除する（この場合，減価償却の累計額が貸借対照表外の脚注に注記される）。

　　　　（借方）減価償却費　250,000　　　（貸方）機械　250,000
　　　　　　　（費用の発生）　　　　　　　　　　（資産の減少）

　　他方，「間接法」では，減価償却額を減価償却累計額という勘定に加算して貸方に表示していく。この場合，当該資産（機械）の帳簿価額は取得価額（この例では 100 万円）のまま維持されることになる（この場合，減価償却累計額勘定は貸借対照表において「資産の部」の当該資産勘定のすぐ下に，控除項目〔マイナス項目〕として記載されることになる）。

　　　　（借方）減価償却費　250,000　　　（貸方）減価償却累計額　250,000
　　　　　　　（費用の発生）　　　　　　　　　　（資産の減少）

（取得時の価格）が100万円とされている当該有価証券について，時価が150万円となっていれば，

（借方）有価証券　500,000　　　（貸方）有価証券運用益　500,000
　　　　（資産の増加）　　　　　　　　　　（収益の発生）

という仕訳がなされる。逆に，時価が50万円となっていれば

（借方）有価証券運用損　500,000　　　（貸方）有価証券　500,000
　　　　（費用の発生）　　　　　　　　　　　　（資産の減少）

という仕訳がなされる。この有価証券運用損益は，損益計算書上の費用・収益として計上されることになり，当期の利益（損失）に算入されることになる（貸借対照表上は，利益の一部として，その他利益剰余金に組み込まれる）。

　第2に，たとえば子会社株式・関連会社株式（勘定科目は「投資有価証券」）については，それが上場株式であって市場価格があるとしても，会社の事業目的上，これを自由に処分するわけにはいかず，仮に評価益が生じていてもそれが現金化されることはない。そこで，これらの有価証券については時価評価されることはなく，取得原価で貸借対照表上に計上され続けることとなる。ただし，これらの株式の市場価格が著しく下落し，回復する見込みがない場合は，強制的に時価まで評価減をすることが求められる。

　第3に，子会社や関連会社というほどの持株比率ではないが，たとえば事業上の関係を深める目的でのいわゆる「持ち合い株式」として保有している上場株式（勘定科目は「投資有価証券」）については，これを売買目的での保有に変更すればいつでも市場で現金化できるため，やはり時価評価をすることが正確な会社の資産状況の把握につながるといえる。他方で，実際にはこれらの株式が市場で売却されることは稀であるから，実際に売却がなされるまでは，たとえ時価評価に伴う評価益が生じていてもこれを損益計算書上の「利益」とするのは妥当ではない。そこで，これらの有価証券については，時価評価による評価差額を，貸借対照表の純資産の部の「その他利益剰余金」ではなく，「株主資本」とは区別された「評価・換算差額等」（図表5-1，図表5-2参照）の一項目である「その他有価証券評価差額金」として直接に計上する（純資産直入）と

いう扱いをすることとしている（利益としては計上されない）。すなわち，取得原価が 100 万円の有価証券について，時価が 150 万円となっていれば，

（借方）投資有価証券　500,000　　　（貸方）株式評価差額　500,000
　　　　（資産の増加）　　　　　　　　　　　　（純資産の増加）

という仕訳がなされることになる。なお，翌期首には，有価証券の価格は取得原価に戻された上，翌期末に再び時価評価が行われる（洗替え方式）。

　この「評価・換算差額等」は，純資産項目であるが，プラスが生じていても（時価が取得原価より上がっていても），Ⅳで見るように，会社法上の剰余金には含まれず，分配可能額にも算入されない。他方で，マイナスになっている場合は，分配可能額から控除される。貸借対照表上は適切な情報開示の観点から有価証券の時価評価を行いつつ，債権者保護の観点から分配可能額の算定からはこれを除くという保守的な取扱いがなされているのである。

Ⅳ 「分配可能額」の計算

　ここまでの会計に関する理解を前提に，会社法会計の重要な役割のうちの 1 つである，株主と債権者との利害調整，すなわち配当や自己株式取得などの分配についての規制を見てみよう。

　会社法における分配規制は大変複雑である。分配の効力発生日における「剰余金」をまず求め（446 条），そこからいくつかの調整を行って「分配可能額」が算定される（461 条 2

図表 5-10

（資産の部）		（負債の部）	
流動資産・固定資産・投資その他の資産	198	負債	100
		（純資産の部）	
		株主資本	
		資本金	70
		資本剰余金	10
		資本準備金	6
		その他資本剰余金	4
		利益剰余金	17
繰延資産	2	利益準備金	5
		その他利益剰余金	12
		自己株式	△7
		評価・換算差額等	7
		株式引受権	1
		新株予約権	2
資産合計	200	負債・純資産合計	200

項）。会社は，この分配可能額の範囲内で配当などの分配を行うことができる（461条1項）。

本章では，最終事業年度末日（決算日）の貸借対照表が**図表5-10**のような会社を前提に考えてみる。

(1)　剰　余　金

会社法446条によれば，剰余金の額は，

---

① 最終事業年度の末日における（a＋b）－（c＋d＋e）（1号）

    a　資産の額

    b　自己株式の帳簿価額の合計額

    c　負債の額

    d　資本金及び準備金の額の合計額

    e　法務省令で定める各勘定科目に計上した額の合計額

＋

---

② 下記の合計額　（2号〜4号）

    f　最終事業年度の末日後に自己株式の処分をした場合における当該自己株式の対価の額から当該自己株式の帳簿価額を控除して得た額

    g　最終事業年度の末日後に資本金の額の減少をした場合における当該減少額（資本準備金とした額を除く）

    h　最終事業年度の末日後に準備金の額の減少をした場合における当該減少額（資本金とした額を除く）

－

---

③ 下記の合計額　（5号〜7号）

    i　最終事業年度の末日後に消却した自己株式の帳簿価額

    j　最終事業年度の末日後に剰余金の配当をした場合における配当額

    k　法務省令で定める各勘定科目に計上した額の合計額

で求められる。

まず，①は，結局は最終事業年度末日の貸借対照表における「その他利益剰

余金＋その他資本剰余金」を意味する。以下で考え方をトレースしていこう。

①において、ｅの法務省令で定める額は、会社計算規則149条によれば、

$$e＝(a＋b)－(c＋d＋その他資本剰余金＋その他利益剰余金)$$

とされる（図表5-10において計算すると、$(200＋7)－|100＋(70＋6＋5)＋4＋12|＝10$
となる）。

　上記のｅを①の $(a＋b)－(c＋d＋e)$ に代入すると結局、①は「その他利
益剰余金＋その他資本剰余金」（図表5-10においては16）ということになる。
このことは、剰余金算定時には自己株式が控除されず資産に準じて扱われてい
ることを意味する。しかし(2)で見るように、分配可能額の計算においては再び
自己株式は控除されることになる。

　次に、これに加算される（剰余金を増加させる）②の部分は、決算日後に増加
した剰余金を意味する。

　まず、②ｆは、決算日後に自己株式を処分した場合の自己株式処分差益であ
る。これが剰余金に組み込まれることは前述した（→Ⅲ3(1)参照。ただし、(2)で
見るように、自己株式処分差益は剰余金には組み込まれても、決算を経ない限り、分配
可能額からは控除される）。②ｇおよびｈは、決算日後に資本金・準備金を減少し、
その他資本剰余金・その他利益剰余金に組み入れた分を意味する。

　最後に、ここから控除される（剰余金を減少させる）③の部分は、決算日後に
減少した剰余金である。

　③ｉは、決算日後に自己株式を消却した（178条）場合である。この場合、そ
の他資本剰余金・その他利益剰余金が減少することについては、前述した（→
Ⅲ3(1)参照）。③ｊは、決算日後に剰余金の配当をした場合である。決算日後の
ある時点での剰余金を算定する際には、決算日からその時点までにすでに配当
ずみの金額は剰余金から減少させなければならない[19]。③ｋは会社計算規則150
条に規定があり、たとえば決算日後に剰余金を減少させて資本金・準備金に組
み入れた分がこれにあたる。

---

19) 会社法の下では、配当は年度内に何回でも行うことができるので、このような計算をす
　　る必要が出てくる。

(2)　分配可能額

　会社法461条1項によれば，配当などにより株主に対して交付する金銭等の帳簿価額の総額は，その行為が効力を生ずる日の分配可能額を超えてはならない[20]。分配可能額は，同条2項により，

① 剰余金の額（1号）

＋

② 臨時計算書類の承認を受けた場合の調整 　　a　期初から臨時決算日までの純利益（2号イ。純損失の場合は控除〔5号〕） 　　b　期初から臨時決算日までに処分した自己株式の対価（2号ロ）

－

③ 自己株式の帳簿価額（3号）

－

④ 最終事業年度末日後に処分した自己株式の対価（4号）

－

⑤ 法務省令で定める額（6号）

で求められる。ベースになるのは，会社法446条で求められる①剰余金の額であり，そこに下記のとおり加減算が行われる。

　②は，会社法441条に基づいて，期中に臨時計算書類を作り，必要な監査・承認手続を踏んだ（臨時決算）場合に，その期間損益を分配可能額に反映させ

---

[20]　なお，剰余金の配当をするときは，準備金の合計額が資本金の額の1/4に達するまでは，配当により減少する剰余金の額の1/10を資本準備金または利益準備金に積み立てなければならない（445条4項，会社計算22条）。このぶんを考慮すると，実際に配当できる金額は，分配可能額の10/11に相当する金額ということになる。

るものである。

　③④は自己株式についての調整である。たとえば，**図表5-10**において，最終の事業年度末日の自己株式の帳簿価額は7である。以下，いくつかの場合に分けて，この調整を見ていこう。

　まず，(i)自己株式について最終の事業年度末日以後何も変動がない場合は，自己株式の帳簿価額は7のままであり，これがそのまま③により控除される。(1)で見たとおり，剰余金から自己株式は控除されていないが，これにより分配可能額から自己株式（すでに分配済みの分）は控除されることになる。

　(ii)最終の事業年度末日後，さらに自己株式を対価2で取得していた場合，自己株式の帳簿価額は7+2＝9となっている。すると，この9が③により分配可能額から控除されることになる（ここで控除される「自己株式の帳簿価額」は最終の事業年度末日の帳簿価額ではなく，分配可能額算定時の帳簿価額であることに注意）。(i)の場合より，分配可能額はさらに2減少することになる。すでに分配済みの自己株式相当分がすべて分配可能額から控除されるということである。

　(iii)最終の事業年度末日後，自己株式をすべて消却していた場合，自己株式の帳簿価額は0となっているため，③により分配可能額から控除される金額も0である。もっとも，(1)の③iで見たとおり，消却した自己株式の帳簿価額に相当する7は剰余金から控除されることになるので，結局，分配可能額は(i)の場合と変わらないことになる。

　(iv)自己株式の帳簿価額合計7のうち，帳簿価額で3に相当する部分について，最終の事業年度末日後に5という対価で処分していたと考えてみよう。Ⅲ**3**(1)で見たように，この場合，以下のような仕訳がなされる。

　　（借方）当座預金　　　5　　　（貸方）自己株式　　　　　　　3
　　　　　　　　　　　　　　　　　　　　　自己株式処分差益　　　2

　この結果，分配可能額算定時の自己株式の帳簿価額は，最終の事業年度末日の帳簿価額7から処分した帳簿価額3を引いて4となっている。すると，③によりまず4が分配可能額から控除される。さらに，④では処分した自己株式の対価である5が分配可能額から控除される。すなわち，③④によって，合計9が分配可能額から控除されることになる。

　一方，この決算日後の自己株式処分差益である2が，剰余金に加算されることは前述した（(1)の②a参照）。

　すると，結局は，2-(4+5)＝-7ということになり，分配可能額の計算において，トータルでは(i)と同じく，7が最終の事業年度末日の貸借対照表における「その他利益剰余金＋その他資本剰余金」から控除されることになる。

　以上から，取得した「自己株式」は，その後どのような処理をするにせよすべて最終的には分配可能額から控除されることになるということがわかる。

　なお，②bにより，期中の自己株式の処分差益は，臨時決算手続を経れば，分配可能額に算入される。また，この自己株式処分差益は，今年度末の決算手続を経れば，貸借対照表上のその他資本剰余金に組み込まれ，来年度は分配可能額に算入される。自己株式処分差益は，剰余金に含まれるが，臨時決算か年度ごとの決算か，いずれかの決算手続を経て初めて分配可能額に反映され，社外流出することが可能になるというのが，会社法のルールといえる。

　最後に，分配可能額から控除されるべき⑤法務省令で定める額には，たとえば以下のものが含まれる（会社計算158条。これら以外の控除項目もある）。

---

a　のれん等調整額（1号）

b　純資産直入されたその他有価証券評価差額金などの借方残高（マイナス分）（2号・3号）

c　連結配当規制適用会社における調整額（4号）

　のれん等調整額（a）には，原則として，「のれん」の1/2に相当する金額と繰延資産に相当する金額が含まれる。

　「のれん」とは，他の会社を買収する際に，その対価として支払った金額が受け入れた純資産の額を上回った部分を意味する。[21]こののれんについては，資産として計上した上で，年々償却して費用計上していくこととされているが，債権者にとっての担保財源とはなりにくいものであるために，その1/2は分配可能額から控除する扱いとしている。

　「繰延資産」は，Ⅲ*4*(1)で見たとおり，費用収益対応の原則から毎期の費用

---

21)　組織再編に伴う会計は実務上は重要であるが，紙幅の関係から本書では割愛する。

計上を可能にするために会計上擬制された資産であって，実態としては換金価値を有さない。そこで，債権者保護の観点から，分配可能額からは控除されることとなる（図表5-10では2が控除される）。

　純資産直入されたその他有価証券評価差額金（b）は，Ⅲ**5**で見たとおり，時価評価されたその他有価証券について算出される勘定項目（貸方項目）である。これは，株主資本とは独立した評価・換算差額等において計上されており，(1)で見たように，剰余金には含まれていない。すなわち，仮に時価＞取得原価であっても，その差額は分配可能額には含まれないのである。もっとも，その他有価証券評価差額金の借方残高がある場合（時価＜取得原価の場合）については，これを分配可能額から控除するのが，債権者保護の観点からは望ましい。そこで，借方残高に立つその他有価証券評価差額金（マイナス分）については，分配可能額から控除するという保守的な扱いをしているのである。

　連結配当規制適用会社における調整額（c）は，連結計算書類（444条）を作成している会社について，単体での剰余金が連結での剰余金よりも多い場合は連結での剰余金を基準に分配可能額を算出することを認めるための調整額である。なお，連結での剰余金が単体での剰余金よりも多い場合に単体での剰余金を増やすことはできない。

■参考文献■
桜井久勝『財務会計講義（第21版）』（中央経済社，2020）

第6章

募集株式の発行等と株主の利益

I 新株発行の基本的なメカニズム

　本章は，募集株式の発行等が株主の経済的な利益にどのように影響を与えるのかについて数値例をもとに検討し，それを基礎に有利発行規制の理解を深めることを目的とする。また，有利発行が行われた場合に関係した取締役などの責任追及がなされることがある。この場合に，「誰に」損害が生じたのかが問題となることから，この点についても最後に扱う。

　なお，募集株式の発行等には新株発行と会社が保有している自己株式の処分の両方が含まれるが，いずれであっても本章で述べることは全く同じように当てはまる。そのため，以下では，両者を合わせて単に新株発行という。

1 株式の発行と株主の利益

　A株式会社が，新しいプロジェクトを行う資金を調達するために，新株を発行するものとする。発行価格（募集事項の払込金額〔199条1項2号〕）によって，既存株主と新株主の利益がどのように変化するのかを考えてみよう。

> **【設例 I 】**　A社は，毎期10のキャッシュフローを生み出す事業だけを行っている。この事業の割引率は0.1とする。A社は10株を発行している。なお，単純化のために，債権者はおらず，既存のプロジェクトと新規プロジェクトの価値は独立であると仮定する。このようなA社の企業価値は10/0.1＝100で，1株当たりの企業価値は10となる（→第2章参照）。
>
> 　さて，A社が30の資金を投入すると，毎期5のキャッシュフローを追加的に生み出す新規プロジェクトを行おうとしている（割引率はこれまでのプロジェクトと同じ0.1とする）。資金は全て新株発行で調達するとしよう。

　このプロジェクトを実行すると，A社の企業価値は150になる。なお，こ

のプロジェクトは NPV（net present value）が 5/0.1 − 30 = 20 であり，正の NPV を持つ有益なものである。以下では，このプロジェクトのための資金調達を新株発行（第三者割当てまたは公募〔株主割当てではない，すなわち，既存株主が引き受けられるとは限らない方法〕で行われるものとする）によって行うことを前提に，発行価格を変えて，既存株主と新株主の利害状況がどのように変化するのかをみていく。

(1)　発行前の「株価」10 で発行

まず，発行前の価格である 1 株 10 で発行する場合を考えよう。発行することになる株式数は 30/10 = 3（株）である。発行後の企業価値は 150 であるため，発行後の 1 株の価値は，150/13 = 11.53 となる。

新旧株主の利得をみると，既存株主は発行前に 1 株の価値が 10 であったのが 11.53 になり，新株主は 11.53 のものを 10 で手に入れられることになる。

(2)　より低い価格（1 株 5）で発行する場合

次に，発行前の市場価格より低い 1 株 5 で発行する場合を考えよう。発行後の企業価値は，150 であり，(1) と同じである。しかし，発行価格が変わるので，発行する株式の数も 30/5 = 6（株）と変化する。そして，発行後の 1 株の価値は 150/16 = 9.375 となる。

新旧株主の利得をみると，既存株主にとって発行前は 1 株の価値が 10 であったのが，発行後には 9.375 になる。すなわち，プロジェクト自体は有益であるにもかかわらず，発行前と比べて損をする。他方で，新株主は 9.375 のものを 5 で手に入れることができ，(1) に比べて利得が大きくなっていることが分かる。

(3)　より高い価格（1 株 13）で発行する場合

最後に，もっと高い 1 株 13 という（非現実的な）価格で発行する場合を考えてみよう。発行後の企業価値は 150 であるが，発行数は 30/13 = 2.31（株）となる。このため，発行後の 1 株の価値は 150/12.31 = 12.185 となる。

新旧株主の利得に目を移すと，既存株主は 1 株 10 から 12.185 となり，利益を得ることになる。他方で，新株主は，1 株 12.185 の価値のものに 13 を払うことになるが，当然，このような価格の支払に応じるわけがない（発行後に市場で買えばよい）。

2　新株発行の価格と新旧株主間の利益移転

(1)　新株発行の価格が変わると何が変わるのか？

*1*でみたところから，次の2つのことが分かる。第1に，プロジェクトが同じである限り，新株の発行価格は企業価値そのものには影響しない。第2に，いくらで発行するのかは既存株主と新株主の利害状況に影響する。価格によっては，既存株主から新株主に利益移転が生じる。以下では，このことをより詳細にみていく。

(2)　利益移転のない価格での発行

利益移転が生じる可能性があると，投資家はその可能性の分だけ株式を割り引いて評価するため，Ⅱ*1*のとおり，一定程度の対処が必要になる。現行の法ルールと望ましい法ルールのあり方を理解するために，利益移転が生じない価格で発行する場合を考えてみる。[1]

この新株発行では，n株を価格pで発行するものとする。このプロジェクトを行うには30の資金を調達するので，np＝30〔式1〕となる必要がある。新株を発行してこのプロジェクトを実施すると，A社の企業価値は150になる。利益移転が生じない価格で発行することから，発行価格pと発行後の株価は等しい（新株主はpを支払ってpの価値の株式を得る）。そして，発行後の株価×発行後の株式数は150になるので，p(10＋n)＝150〔式2〕が成立する。〔式1〕と〔式2〕を解いて，p＝12とn＝2.5（株）が得られる。

このときの新旧株主の利得をみてみよう。既存株主は持株の価値が1株10から12になる。これに対して，新株主は1株12のものを12支払うことで手に入れるため損も得もしていない。これより高い価格で発行しようとする場合，新株主は損をするので買わない。これより低い価格で発行する場合，既存株主の取り分が減り，その分新株主が得をする。

(3)　プロジェクトによる利益の分配

この新株発行は有益なプロジェクトを行うためのものであった。新旧株主の

---

1)　計算方法については，倉澤資成＝広田真人「時価発行増資におけるプライス・メカニズム〔上〕〔下〕」商事法務1323号3頁，1324号19頁（いずれも1993），および藤田・後掲①を参照。

利得は，ここから得られる利益の分配という性格を持っている。(2)でみた 12
という価格は，プロジェクトの価値を反映した時価である。この価格で発行す
る場合は，既存株主が新規プロジェクトによる利益を全て得られる（10 → 12）。
なお，株主割当てを行う場合，払込金額に関係なく同じ状態が達成される。

　他方，プロジェクトの価値を反映した時価より低い価格でも，既存株主が発
行前に比べてより悪い状態に置かれるとは限らない。*1* で色々な価格による発
行の影響をみたところ，1 株 5 で発行した *1*(2)では，既存株主は発行前より
悪い状態に置かれる。しかし，1 株 10 で発行した *1*(1)では，1 株の価値は 10
から 11.53 となり，プロジェクトの価値を反映した時価である 1 株 12 の場合
ほどは利益を得られないが，発行前よりは良い状態になっている。この場合，
既存株主全体（(11.53 − 10) × 10 = 15.3）と新株主全体（(11.53 − 10) × 3 = 4.59）でみ
ると，持株数（10 株：3 株）に応じてプロジェクトの価値を分け合うことにな
る（シナジーの分配に関する Ⅲ *2*(5)も参照。ただし，新株発行と公開買付等の別の取引
が一連のものとして行われる場合，発行前の市場価格にこのような意味はない。
→ *Column 6-1*）。

　より一般的には，調達金額が 30 であることを前提とすると，発行後の 1 株
の価値 = 150/(10 + n) > 10 を満たす，発行数（n）が 5 未満，発行価格が 6 よ
り大きいという条件であれば，既存株主は発行前より良い状態に置かれる。す
なわち，6 と 12 の間の価格で発行するのであれば，プロジェクトの生み出す
利益を既存株主と新株主で分け合うことになる。

(4)　「時価」の意味と新旧株主間の利益移転について

　以上を前提に，株式の発行価格に関してよく登場する「時価」の意味と新旧
株主間の利益移転の関係についてみてみよう。有利発行に関する議論では，
「募集株式の発行等を時価で行えば既存株主は害されない」旨の説明がなされ
ることもある。これは，「時価」であれば有利発行に該当しないという一般的
な説明の前提とされている。そこで，「時価」の意義と，なぜ株主が害されな
いのかを考える必要がある。

　まず，プロジェクトの価値を反映した「時価」で発行すれば，第三者割当て
や公募による新株発行であっても（株主割当てではなくても）既存株主から新株
主に利益移転が生じないという意味なら，正しい。上記の数値例でいえば，1

株 12 の価格で発行する場合，利益移転は生じなかった（（2）参照）。このように「時価」が新旧株主間の利益移転が生じない価格として機能するには，次の前提が満たされる必要がある。第1に，既に述べたとおり，プロジェクトの価値が反映されている点が最も重要である。第2に，プロジェクトに関して，経営陣，投資家間に情報の非対称がないことである。

　他方で，これらが満たされていない「時価」であれば，何らかの利益移転が生じる。たとえば，プロジェクトと資金調達の実施を公表する前の株価がこれに当たる。上記の例では，1株 10 で発行するケースである（*1*(1)）。この場合，既存株主が常に「害されていない」といって良いのかどうかは自明ではない。

(5) 市場価格がない場合

　市場価格がない会社の場合も，理論的には発行価格によって利益移転が生じうる点は同じである。ただ，市場価格がない場合は，上の数値例の株式価値を表す数字が分からないとでもいうべき状態である（もちろん，企業価値も簡単には分からない）。そのため，いつの「時価」を使うのかといった問題以前に，そもそも，どのようにして（発行前であれプロジェクトの価値を反映したものであれ）株式価値を知るのかという問題が生じる（→ II *1*(3)(4)）。

Column 6-1　新株発行の前後に公開買付けなどが行われる場合

　本章の記述は，新株発行が単独で行われる場合を想定している。しかし，新株発行は公開買付けのように他の取引と組み合わせて行われることもある[2]。この場合，発行前であれ，プロジェクトの価値を反映したものであれ，「時価」は意味を持たなくなるという厄介なことが生じる。

　数値例はかなり複雑になるため，ここでは直観的な説明を行う[3]。たとえば，公開買付けを行った後に買付者に第三者割当てを行うとする。この場合，買収によって生じるシナジーなどの利益は，買付者，応募株主と残存株主の三者で分け合うことになる（応募株主と残存株主が全部〔公開買付けにおいて按分処理が行われる場合〕または

---

2)　公開買付けと第三者割当てが組み合わせて行われる場合の概要については，松中学「公開買付けに付随する取引——公開買付けに付随する第三者割当て」田中亘＝森・濱田松本法律事務所編『日本の公開買付け——制度と実証』（有斐閣，2016）337 頁参照。

3)　数値例を含めた詳細は，松中学「公開買付前後の第三者割当てをめぐる法的問題の検討」田中＝森・濱田松本法律事務所編・前掲注 2）113 頁参照。

一部重複することもある）。そして，その分配は公開買付価格と第三者割当ての発行価格の両方を通じて行われる。すなわち，公開買付価格が高ければ買付者（新株主）の利得が減って応募株主の利得が増え，第三者割当ての発行価格が高ければ買付者の利得が減って残存株主の利得が増える。

　こうした構造から，第三者割当ての発行価格をプロジェクトの価値を反映した（買収実行前の）時価であれ発行前の時価あれ，何らかの市場価格と比べるだけでは，利益移転が生じているかはっきりしない（買収による企業価値の上昇の程度と公開買付価格によっては，発行前の時価で第三者割当てを行うと買付者の利得がマイナスになるケースすらある）。もちろん，発行前の時価であれば，既存株主（残存株主）と新株主（買付者）でシナジーを持株数に応じて分配することになるという関係もここでは成り立たない[4]。

　第三者割当てが他の取引に付随して行われる場合の特殊な例が，トップ・アップ・オプションといわれる使い方である。たとえば，買収者が 100% 子会社化のために公開買付けを行ったところ，議決権の 88% を取得できたとする。あと 2% 取得できれば，総会決議の要らない締出しの手法を使うことができる（たとえば，179条1項参照）。そこで，この 2% を第三者割当てにより補う（このようなスキームを新株発行の合意や新株予約権の発行により準備する[5]）のが，トップ・アップ・オプションである。この例では，従前の発行済株式総数の 20%（2% ではなく）に相当する株式を発行する必要がある[6]。

　通常の締出しのスキームを前提にすると，上記の第三者割当後に，特別支配株主の株式売渡請求などにより，公開買付けに応募しなかった株主は公開買付価格と同額で短期間の内に締め出されることになる。そのため，トップ・アップ・オプションのための新株発行がいくらでなされても締め出される少数株主の利得には影響がない。すなわち，少数株主の利得を決めるのはその後の締出しの価格（＝公開買付価格）だけであり，いくらで発行すれば利益移転が生じないかという問題自体が意味を持たない（発行価格が1円であっても，締出しの価格が変わらなければ利得は変わらない）。上記の迅速に締め出されるという条件が成り立たなければ話は別であるが，そのつもりがない買収者がトップ・アップ・オプションを使う理由もない。

　それでは，トップ・アップ・オプションとして発行する場合，何も問題がないかというとそうでもない。最初の公開買付価格を引き下げる余地が生じるからである。たとえば，80%，88%，90% の株主がギリギリ応募する公開買付価格を考えると，

---

4)　松中・前掲注3）131-132 頁。

5)　トップ・アップ・オプションの仕組みなどについては，石綿学ほか「トップ・アップ・オプションの法的枠組みと我が国への導入可能性（上）（下）」金融・商事判例 1481 号 2 頁，1482 号 2 頁（いずれも 2016）参照。

6)　$88 + x = (100 + x) \times 0.9$ を満たす x% の株式を発行する必要がある。

次第に高くなるはずだというのは想像しやすいだろう。おそらく，直線的に増えるのではなく，急激に高くなっていく。そうすると，買付数を僅か数パーセント引き下げるだけでも公開買付価格を大きく下げて買付者は節約できる（対象会社の株主はその分損をする）。この問題に対してどこまで法的な対処が必要か自体も難しい問題であるが，対処が必要だとしても，もはや新株発行規制だけでは難しい。公開買付けを含む取引全体が公正なものとなるように仕組みが必要になる[7]。

II　有利発行規制との関係──基本的な理解

以上を踏まえて，有利発行に関する法ルールの意義と機能をみていこう。

1　利益移転の一定程度の防止

(1)　利益移転をある程度防ぐ必要があるのはなぜか？

資金調達には経営判断の側面があるため，取締役会の裁量が必要といえる。しかし，新株発行に際して新旧株主間の利益移転を防止しないと，そもそも株式を取得するインセンティブが損なわれてしまう。

もし，自分が株式を買った後に，新株発行によって大きな利益移転が生じる可能性があるのならば，投資家はそのことを織り込み，株式を割り引いて評価する（極端な場合には，購入しないかもしれない）。資金調達をする側（当初の株主や経営者）が，優良なプロジェクトを持っていて，資金の出し手を害するつもりがないとしても，「将来，新株発行によって一定以上の利益移転が生じることはない」というコミットメントをするのは容易ではない。そのため，十分な資金が集まらない，あるいは，同じ資金を集めるにもより多くの数の株式を発行せざるをえないことなり，資金を調達する側にとっても利益にならない。

そこで，株式の発行に伴う利益移転の規制が必要になる。会社法による株式の払込金額の規制についても，このような観点から（ある程度は）説明できる。

(2)　公開会社の基本的な規律

会社法は，公開会社については，原則として取締役会限りで募集株式の発行等を行えるものとする（201条1項・199条1項・2項）一方で，「特に有利な金

---

7)　不公正発行規制などによる対処はある程度は行いうる。松中・前掲注3) 147-148頁。

「額」による場合には，払込金額を含む募集事項の決定には株主総会の特別決議が必要であるとする（201条1項・199条2項・3項・309条2項5号）。そして，特別決議のない有利発行は法令違反として差止めが可能であり（210条1号），これを担保するために，会社に通知または公告を求める（201条3項~5項）。[8]

　公開会社には，機動的な資金調達を行う必要のあるタイプの会社が含まれる。そこで，新株発行による新旧株主間の利益移転が小さい場合にだけ取締役会に任せることで，既存株主にとって自分のあずかり知らぬ間に利益移転が生じる範囲を法的に狭めている。そして，大きな利益移転を伴う場合でも，それを既存株主が承認するのであれば，新株発行を行えるものとしている。以上のようにして，資金調達が行いやすくしているのだと説明できる。

(3)　非上場の公開会社について

　会社法上の公開会社であっても，株式に市場価格がない会社も存在する。このタイプの会社でも上記の権限分配は変わらず，利益移転をある程度抑止するという有利発行規制の根本的な機能も変わらない。もっとも，市場価格がなければ，株式価値を示す数値がないことになる（→I 2(5)）。そのため，「時価」をめぐる様々な問題以前に，誰かがどうにかして株式価値と発行価格を決める必要がある。

　株式価値を判断する主体としては，株主総会，取締役会，裁判所が候補になりうる。新株発行については，公開会社である以上，取締役会が第一次的にその役割を担うことになる。最判平成27年2月19日民集69巻1号51頁（アートネイチャー事件，百選23，商判I-60）[9]は，取締役会によって「客観的な資料に基

---

8)　なお，以上の会社法の規制に加えて，上場会社が第三者割当てを行う場合は，証券取引所の自主規制も存在する。有利発行との関係では，適時開示の内容として，算定の根拠とその内容（東京証券取引所有価証券上場規程402条1号a，同施行規則402条の2第2項2号a）に加えて，東証が求めた場合（有利発行に該当しそうな価格であるにもかかわらず株主総会決議を経ていない場合）には，払込金額が割当てを受ける者にとって著しく有利ではないと判断したことの適法性について，監査役，監査等委員会または監査委員会の意見が求められる（同施行規則402条の2第2項2号b）。これは，株主が有利発行かどうかを判断しやすくするためのものである。この規制については，武井一浩ほか「第三者割当の有利発行適法性意見制度と実務対応」別冊商事法務編集部編『上場会社の新しいコーポレート・ガバナンス』別冊商事法務344号（2010）103頁参照。なお，大規模な第三者割当てについては，会社法と上場規則が別途規制を置いている（→Column 6-7参照）。

づく一応合理的な算定方法によって発行価額が決定されていたといえる場合」
には，特別の事情がない限り，有利発行ではないとする。特に利益相反との関
係でこの判決には批判も強いが（→Ⅳ**2**），市場価格がない場合には，取締役会
による株式価値と発行価格の決定プロセスの合理性を審査すること自体は自然
である。換言すると，誰も分からない株式価値を取締役会に決めさせるとして，
それが合理的に行われることを担保するのが有利発行規制の実際の機能という
ことになる。

　アートネイチャー事件では，問題の発行価格は有利発行ではないとされた。
発行価格は，新株発行の 4 ヶ月前に行われた自己株式処分に先立って公認会計
士が行った算定によるものであった。この算定は，自己株式処分前の計算書類
などの資料を参照した上で，無配に転落する前の配当額を使った，配当還元法
による算定であった（→算定方法については第 2 章Ⅱ**2**）。そのため，新株発行（と
自己株式処分）により調達した資金で行うプロジェクトの価値を反映したもの
ではなく，上の例でいう発行前の「時価」（を大ざっぱに算定したもの）に近い。
必ずしも明確ではないが，同判決は，少なくともこの事案では，発行前の株式
価値による場合は有利発行ではないとの暗黙の前提に立っているとも考えられ
る。このように，現実には非上場会社の場合は，（発行前の）株式価値の算定自
体が重要な問題になり，どの時点の価格であれば許容できる利益移転に収まっ
ているかという視点は後退する。[10]

（4）　非公開会社の規律

　非公開会社については，原則として募集事項の決定には株主総会の特別決議
が必要となる（199 条 2 項・309 条 2 項 5 号）。これは，機動的な資金調達のニー
ズは低い一方で，株主の持株比率の維持が重要になることが主な理由である。
　もっとも，一般的には，払込金額を総会決議で決めるのは，非公開会社の株

---

9)　この事件は現在の会社法でいえば非公開会社の事例であった。非公開会社の規律は(4)
　　参照。
10)　もちろん，理論的には非上場会社でも，プロジェクトの価値を反映した価格かどうかは
　　問題になりうる。同判決の枠組みでは，たとえば，DCF を使う場合に恣意的なフリー・
　　キャッシュフローの設定を行ったなどとして問題にする余地はある（ただし，一般的には
　　プロジェクトの価値を反映する前の価値を算定することが多い）。

式には市場価格が存在しえないため，公正な価格を決定するのが難しいという問題を解決する意味があるとも説明されている[11]。非上場の公開会社では取締役会に株式価値の判断を委ねているのに対して，非公開会社では株主総会がそれを決めるのだといえる。そのため，有利発行規制は一定ラインを超える利益移転が生じる場合は株主総会で判断するという権限分配のルールではなく，いずれにせよ株主総会が決めるものの，取締役に特に説明させる（199条3項）ことで注意喚起を行い，より慎重に判断させるルールとして機能することになる。

2　新株発行の態様と払込金額の規制

*1*では，新株発行を株主割当て以外の方法（公募や第三者割当て）によって行う場合について述べた。これに対して，会社法は，株主割当てについては異なる規制を置いている。まず，公開会社では，募集事項の決定は取締役会の権限とされ（202条3項3号），払込金額による例外を定めていない。換言すると，払込金額にかかわらず，取締役会が決定できる。非公開会社については，原則として株主総会が募集事項を決定するが（同項4号），株主割当てによる募集株式の発行等については，定款の定めによって，取締役（会）に包括的に（期間や条件の限定なく）権限を与えることができる（同項1号・2号）。

このように，いずれのタイプの会社についても払込金額を基準とするルールを採用していない点では共通している。これは，株主割当てであれば払込金額がいくらであっても，新旧株主間の利益移転が生じないことから説明できる（非公開会社については，株主割当てであれば既存株主が従前の持株比率を維持しうる点も重要である）。株主割当てでは，既存株主は持株比率に応じて割当てを受ける権利を有する（202条2項）ため，払込金額が低い場合であっても，現在の株式の価値が低くなる一方で，新しく低い価格で割当てを受けた株式による利得を得られるからである。結局，既存株主の中だけで，持株比率に応じてプロジェクトから上がる利益（あるいは損失）を分け合っているのである。

---

11)　江頭741頁参照。

Ⅲ　有利発行規制と市場価格

　有利発行に関して特に問題となってきたのは，上場会社による新株発行が有利発行に該当するかどうかを判断する際に，市場価格をどのように用いるのかという点である。そこで，以下では，まず，「時価」を基準とすることの意味と注意点を検討し，次に，市場価格が高騰している場合についてみていくこととする。なお，Ⅲでは上場会社を念頭に置き，公開会社に関する規制のみを扱う。

1　「時価」を基準とすることの意義と問題点

(1)　「時価」はなぜ問題になってきたか

　すでにみたとおり，会社法では，基本的には新株発行の権限を取締役会に与え，一定のレベルを超える利益移転が生じる新株発行については禁止するのではなく，株主総会に決めさせている（→Ⅱ*1*(2)）。そして，判例では，上場会社による新株発行が有利発行に該当するかどうかを判断する際は，「時価」を基準として，株式の消化可能性などを考慮して多少のディスカウントをすることが認められてきた。[12]

　利益移転が生じない価格による発行であれば，経済的な不利益を受けることのない既存株主に判断させる必要はない。すでにみたとおり，プロジェクトの価値を正しく反映した市場価格という意味の「時価」による発行であれば，一切の利益移転はないといえる（→Ⅰ*2*(2)，(3)）。しかし，他の時点の市場価格を「時価」として基準にしたところで，その保証はない。かつての議論では，このような「時価」の意義が明確に意識されていない面があったといえる。[13]

　他方で，利益移転がわずかでも生じるなら，常に株主総会に決めさせる方が

---

[12]　最判昭和 50・4・8 民集 29 巻 4 号 350 頁（商判 I-53）。この事件では，平成 17 年改正前商法 280 条ノ 11 第 1 項（会社法 212 条 1 項 1 号）の通謀引受人の責任が争われ，直接には「著しく不公正なる発行価額」に該当するか否かの判断基準が示された。しかし，「特に有利な金額」に関しても同様のことが当てはまると考えられ，有利発行の判例としても扱われている。たとえば，LQ 328 頁［松井秀征］。

[13]　時価の意味については，藤田・後掲①99 頁参照。また，プロジェクトと資金調達の公表後に市場価格が下落した場合について，田中・後掲①186-189 頁参照。

既存株主の利益に適うとも限らない。これまでに有利発行規制との関係で高騰した「時価」の扱いが問題になってきた場面の多くでは，高騰前の「時価」を用いても既存株主からの利益移転がないといえるかどうかだけではなく，むしろ，利益移転が生じることは前提として，どこまで取締役会のみに決定権限を与え，どこから株主総会に決めさせるかという権限分配をめぐる線引きが問題となってきたのである。そのため，場面ごとに，利益移転の程度のみならず，発行会社（既存株主）と新株主の交渉力といった，他の観点も踏まえて既存株主の利益になるルールを模索する必要がある（後記 *2* では場面ごとに検討する）。

(2)　一定期間の時価の平均をとることについて

　プロジェクトの価値を正しく反映した市場価格かどうかの判断は難しく，「時価」の意味を明らかにしても，便法として決定直前の市場価格を用いることは仕方がない面もある。とはいえ，前述の最高裁判決を含め，従来，取締役会決議前の一定期間の株価の平均を基準とするのを認めてきた点には問題も残る。[14]

　近時では，投資法人による投資口の発行に関して，後述する改正後の日証協の指針にも言及した上で，直近の市場価格ではなく一定期間の平均を採用するには合理的な理由が必要であるとして，決定前3か月平均を用いることを否定した裁判例がある。[15] その一方，比較的近時でも，取引量が少ないなどの理由を挙げて，決議前1か月，[16] 3か月平均[17]からディスカウントすることを認める裁判

14)　最判昭和 50・4・8・前掲注 12）では，取締役会決議の日の前日の終値，1 週間前の終値の平均，1 か月前の終値の平均の 3 つの平均から 10％ ディスカウントした価格を公正としている。

15)　東京地決平成 22・5・10 金判 1343 号 21 頁。異議審（東京地決平成 22・5・11 金判 1343 号 35 頁）もこれを肯定して仮処分を認めた。その中で，「投資法人とその資産運用会社の親会社との間に利益相反関係が存在する状況下において，直近の市場価格によらずにこれを大きく下回る金額で新投資口を発行するには，その合理性を裏付ける十分な理由が必要」であるとした点は注目に値する（→Ⅳ*2*）。

16)　札幌地決平成 20・11・11 金判 1307 号 44 頁。ただし，この事件では，発行決議の直近日が従業員持株会による買付日に当たり，株価が上昇すると考えられたことに加え，いわゆるリーマンショックの影響で株価が大きく変動していた時期だったことも理由とされている。すぐ後でみるとおり，だからといって，平均を使ってそれを「均す」のが適切かは別の問題である。

17)　仙台地決平成 19・6・1 金判 1270 号 63 頁。

例もある。

　後者のような扱いが容認されてきた背景には，日本証券業協会の自主規制である「第三者割当増資の取扱いに関する指針」（平成22年4月1日[18]）が，一定期間の平均を基準とするのを認めてきたことがある。現在の同指針では，原則として発行決議の直前の日の株価に0.9を乗じた価格以上とすることを求めつつ，「直近日又は直前日までの価額又は売買高の状況等を勘案し」（同指針1 (1)），最長で決議の日から6か月前からの平均を用いることもできるとする。そして，直前の価格を用いない場合には，合理的な理由の開示を求めている（同指針2）。なお，かつての規制では，特段の理由なく最長6か月間の平均を用いることができた。[19]

　この背後には，一時点の市場価格は企業価値と無関係の事情の影響も受けて常に変動するという考慮があるものと考えられる。実際，流動性の制約があるなど，市場は完璧ではない。しかし，発行を決定する前の株価を使って時価を「均す」のが適切かは別問題である。特に，明らかに新たなプロジェクトの価値を反映していない，取締役会決議の相当期間前の株価まで含めることを正当化できるわけではない。

　また，多くの事件では，高騰した市場価格の排除も問題になっているが，有利発行の基準となる「時価」を判断する際に，高騰した市場価格を排除すべきではない（高騰した市場価格を有利発行の判断の基準と考えるべき）場面では，高騰前の期間との平均をとって，価格を「薄める」ことには特に問題がある。平均をとる期間にどの程度高騰前の期間が含まれるのかによって異なるが，高騰後の価格を排除してはならないとするルールの効果を弱めることを認めてしまい，採用しているルールと計算方法が整合的ではないからである。[20]

---

18)　https://www.jsda.or.jp/about/kisoku/files/c0301.pdf なお，この指針は，直接には日証協加盟の証券会社に対して，第三者割当を行う発行会社に一定の基準によることを要請すべき旨を定めるものである。

19)　平成15年改正によって，原則として直近または直前の日の株価が基準とされた。それ以前は決議の日から最長6か月間の任意の期間の平均が基準とされていた。

20)　後記**2**(1)の数値例を用いてこのことを確認しよう。高騰前の1か月平均は60とし，100に高騰したものとする。高騰から2週間で新株発行を決議したものとし，高騰後2週間の平均は100とする。また，高騰後の株価を排除してはならないという解釈が採用され

(3) ブックビルディング――別の形の「時価」?

　現在，公募増資の際に行われているブックビルディング方式では，公募増資を行う旨が公表された後に，投資家に対する需要調査を踏まえて価格を決定する。この場合，取締役会は募集事項の決定に際して，払込金額またはその算定方法の代わりに，「公正な価額による払込みを実現するために適当な払込金額の決定の方法」としてブックビルディング方式による旨を定め，公示を行う（201条2項～4項。なお5項）。そして，金商法上の開示と証券取引所で求められる適時開示を行った上で，ブックビルディングを踏まえて発行価格を決める。具体的には，当該株式の時価，流動性，上場している市場，会社の事業内容，財政状態，経営成績をはじめとする事情を踏まえて仮条件を定め，それを基に投資家の需要を調査し，具体的な価格を決定する[21]。

　投資家は回答した内容に拘束されるわけではなく，実際に引き受けるとも限らないが，適切に行われれば，需要状況の調査を通じてプロジェクトの価値を反映した価格情報が手に入ることになる。利益の上がるプロジェクトを行うのであれば，発行前の市場価格を基準にするよりも，既存株主に有利になりうる（ダメなプロジェクトであればその価値も反映してしまうが，それは有利発行規制で対処する問題ではない）。

　このような意味で，ブックビルディング方式は，新しいプロジェクトの価値を反映した（かつ，消化可能性なども踏まえた）価格を探る公正な手法であり，利益移転のおそれが小さい方法といえる[22]。ただし，ブックビルディングによって発行価格が自動的に決まるわけではなく，それを踏まえて取締役会が最終的

　る場面とする（**2**(2)など）。この場合に，高騰後の株価のみを用いると100となるのに対して，高騰前の期間を含めて発行決議時から1か月遡ると，80円となってしまう。株式評価の場面でも同様に採用したルールと実際の算定が整合的ではないものとなる可能性があり，そうした算定は裁判所の合理的な裁量を逸脱するものといえる。松中学「株式の評価と手続」神作裕之ほか編『会社裁判にかかる理論の到達点』（商事法務，2014）506頁，512-526頁。

21）　日本証券業協会「有価証券の引受け等に関する規則」25条，同「『有価証券の引受け等に関する規則』に関する細則」14条1項1号ロ・2号参照。

22）　新株発行ではないこともあり，判断枠組みに注意する必要があるが，大王製紙の新株予約権付社債の発行をめぐる東京高判令和元年7月17日判時2454号64頁と原判決の東京地判平成30年9月20日判時2454号78頁参照。

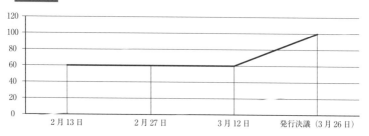

にどのように発行価格を決めてもよいことにはならない。たとえば，ブックビルディングで判明した消化可能性が十分に見込まれる価格から，大幅に引き下げた価格を設定してもよいとはいえないだろう。そのため，ブックビルディング自体は通常は疑う必要はないとしても，特に利益相反がある場合は，それを踏まえた発行価格の決定プロセスの審査が重要となる（→Ⅳ2）。

2　高騰した市場価格の排除

(1)　はじめに

上場会社の有利発行をめぐる裁判例では，高騰した市場価格を有利発行の判断基準から排除してよいかどうかが問題となることが多かった。以下では，高騰の要因を4つに分けて，それぞれ高騰した市場価格を排除すべきかをみていく。

> 【設例Ⅱ】　新株発行を行うB社は，毎期600（3月12日の時点の評価）のキャッシュフローを生み出すプロジェクトのみを行っている。このプロジェクトの割引率は0.1とする。また，B社は100株を発行している。B社の発行前の1株当たりの価値は600/0.1/100 = 60となる。
> 　次に，B社の株価は図表6-1のグラフのように推移したものとしよう。3月26日の発行決議の時点では，株価は100であった。B社の株価は，1か月以上安定して60の近辺で動いていたが（2月13日～3月12日の部分），発行決議前2週間で100まで高騰した。高騰する前の直近日（3月12日）の株価，および同日から1か月前の平均は60である。なお，議論を単純化するため，この期間に市場全体の大きな変動はないものとする。

(2)　会社の生み出すキャッシュフローに対する評価の変化

(a)　キャッシュフロー向上の見込みのみによる株価上昇　　最初に，この会社の製品に対する需要の増加などの要因で会社の生み出すキャッシュフローが増加すると見込まれて株式を取得する投資家が増加し，それによって株価が上昇している場合を考えてみる。従来（上昇前）は毎期 600 のキャッシュフローを生み出していたが，これが毎期 1000 に上昇すると見込まれたものとしよう[23]。

この場合に，高騰した市場価格（100）を排除するとどうなるか。B 社が 3000 の資金を調達して，これまでと同様のプロジェクトを行い（割引率は同じ 0.1），追加的に毎期 300 のキャッシュフローを生み出すものとしよう。

キャッシュフローの向上が実現すると，発行後の企業価値は，1000/0.1 + 300/0.1 = 13000 となる。高騰前の市場価格を排除して，1 株 60 で発行すると，発行数は 50 株となる。合計 150 株発行しているので，1 株当たりの価値は 86.67 となる。割当先は 86.67 のものを 60 で手に入れることができる。この差は既存株主からの利益移転によるものである。

(b)　買収などの目的のための株式の大量取得による株価上昇　　会社の生み出すキャッシュフローに対する評価の上昇というシナリオで，現実に問題になる可能性が高いのは，支配権争いが絡む場合である[24]。ある者（X）が，自分が買収して経営の改善や遊休資産の売却などを行えば，1 株当たり 120 まで価値を向上させられると思って株式を買い進めているとしよう。その影響を受けて，株価は 100 まで高騰したのだとする。

このような場面で，B 社経営者は友好的な株主に第三者割当てを行おうとし

---

23)　実際には毎期 1000 のキャッシュフローを生み出すと見込んで買っている人がいて，そこまで高い収益は生み出せないと思って売っている人がいるのであれば，株価はもう少し低くなる。あるいは，100 の株価が実現している場合には，割引率に対する予想は皆が同じものを共有しているとして，1000 を中心に様々なキャッシュフローの予想を持った投資家がいることになる。

24)　仮に純粋に会社の製品などへの需要の増加などの事情で株価が上昇しているだけであれば，経営陣はその上昇した価格を無視するインセンティブを持つわけではない。そうみえる場合に，高騰した市場価格を排除しようとするケースがあるとすれば，市場の評価が誤っていると信じているケースや，自らが資金調達をして実施しようとしているプロジェクトに対する思い入れなどの形になりにくい利益相反が存在するケースが考えられよう。

ている。高騰した市場価格の排除を認めるとどうなるだろうか。ここでは，調達する資金の額が先にあるのではなく，X の持株数を希釈化するために発行する株式数が先に決まり，それに応じた資金を結果的に調達することとする。B 社の発行済株式総数の半分の 50 を発行することで，X の持株比率を 2/3 に希釈化することを想定しよう。

また，次の追加的な仮定をおく。まず，新株発行がなされると現経営陣がこれまでと同様のプロジェクトを継続し，規模を拡張できるものとする。このため，調達した 3000 は，このプロジェクトの拡張に投下され，従来と同様のリスク（割引率）で同様の収益をあげられるものとする[25]。このような条件の下では，発行後の 1 株当たりの価値は，（600/0.1 ＋ 300/0.1）/150 ＝ 60 となる。

さて，このような第三者割当てを認めるべきだろうか？　支配権争いへの影響（X の持株比率の希釈化）という問題は不公正発行として扱われるため，一応別としても，次の問題がある。

まず，X による高い企業価値の実現を阻害してしまう。また，敵対的な株式の取得が起きた場合に，既存株主と利益相反がある現経営陣（敵対的買収では，現経営陣は自らの地位がかかっている）による企業価値の評価を，買収者・市場による評価に優先させることになる。こうした理由から，取締役会が以上のような価格で第三者割当てを行う権限は認められない。比較的近時の裁判例のうち，東京地決平成 16・6・1 判時 1873 号 159 頁（宮入バルブ事件。百選 22，商判 I - 58）はこれと整合的な判断である[26]。

ところで，X の立場の者が B 社の株式に高い価値を見出す源泉はどこにあ

---

25)　実際には，今と同じ収益率の投資機会がそれほどたくさん残っているとは考えにくい。むしろ，調達する金額が増えれば，低い収益率の投資を行うことになりそうである。この場合，発行後の 1 株当たりの企業価値は下落する。たとえば，調達した 3000 を投入して，毎期 200 のキャッシュフローしか生まない事業に投資する（割引率は同じと仮定）と，発行後の 1 株当たりの企業価値は，（600/0.1 ＋ 200/0.1）/150 ＝ 53.33 となる。割当先に受け入れてもらうため，経営者は発行前の時価（60）をさらにディスカウントするインセンティブが生じる。

26)　ただし，同決定で，株価の高騰が一時的かどうかを考慮し，一時的であれば排除してもよいかのように論じている点は問題がある。敵対的な株式の取得に直面した経営者が早いタイミングで（まだ高騰が長く続いていない段階で）新株発行を行うインセンティブを与えるからである。田中・後掲② 53 頁。

るのだろうか。まず，B 社の企業価値の向上を見込んでいる可能性が考えられる。たとえば，X の経営によって，B 社のキャッシュフローを 2 倍の 1200 に向上させられると考えているかもしれない（他の条件は一定とする）。この場合，他の既存株主も同じように持株数に応じて利益を享受できる。また，売却した株主も部分的に利益を享受することになる。

　他にも，X は B 社を買収することで，B 社の株主として持株数に応じて得られる利益以外の利益（私的利益）の獲得を見込んでいることもありうる。たとえば，B 社の企業価値は従来のままだが，X の子会社との間の提携によって，この子会社側に利益が生じると考えているかもしれない。既存株主を害する違法なものでなければ，このような利益を基に高い価格で株式を取得すること自体に問題はない（→ *Column 6-4* 参照）。

Column 6-2 買収者が自信過剰になっている場合は？

　自信過剰な買収者が出てきて，内部情報を持った経営者の正確な評価にもとづくプロジェクトの実施が妨げられる可能性も想定できなくはない。たとえば，夢見がちな買収者が，上述の B 社の経営権を握ったら 1 株当たり 120 の株式価値を実現する見込みを抱いているとしよう。しかし，これは実際には実現不可能だとする。他方で，経営者の想定するプロジェクトは 1000 の資金調達で毎期 200 のキャッシュフローを生み出すものとする。割引率は 0.1 とする（これは 1000 の NPV を持つ良いプロジェクトである）。

　この場合に，高騰した 100 の価格でしか発行してはならないとすると，（この買収者以外に）引受け手は現われない。そこで，自信過剰な買収者が株式の大量取得を行っている場合，より一般的には，買収者が仮にキャッシュフローや違法ではない私的利益の獲得にもとづいて高い価格をつけている場合であっても，その評価が間違っているときは，高騰した市場価格を排除するのを認めるべきだという主張が出てくるかもしれない。実際に，裁判でも，高騰した価格が合理性を欠いていると主張されることはある。

　しかし，このような主張にはいくつかの超えるべきハードルがある。第 1 に，買収者はあえて自信過剰になるインセンティブはない（損をするのは自分である）。もちろん，買収者が会社である場合にその意思決定を行っている経営者と買収者の株主の間のエージェンシー問題（経営者が自分の利益のために色々な分野に進出しようとして M&A を行うなど）は存在しうる。しかし，これは対象会社に対する新株発行の規制で規律する問題ではない。

155

　また，本文でも触れたが，支配権争いが生じている場合は特に，対象会社の経営者による「買収者が提示するような高い価値は実現できない」という評価自体が歪んでいる可能性に留意する必要もある。そして，このコラムの例のように，買収者の登場が新しいプロジェクトを実施するタイミングとうまく一致することは考えにくい。そのため，支配権争いの場で現経営陣から上のような主張がなされたからといって，そのとおりとは限らない（疑わしいことも多い）点には注意が必要である。

Column 6-3　宮入バルブ事件

　（以下の記述は，引用した報道の他は，宮入バルブや買収者についての有価証券報告書，大量保有報告書，および適時開示資料にもとづく）

　2004年6月に宮入バルブによる新株発行の差止仮処分が出され，市場内での株式取得による敵対的買収が実現した。買収者は，同年6月の定時総会と11月の臨時総会において宮入バルブの経営陣を交代させた。そして，2005年5月には買収者グループの中心であったバナーズが連結親会社になった。しかし，2007年2月にはバナーズは持株の多くを手放して筆頭株主から外れ，翌月には連結親会社からも外れた。なお，しばらくの間，買収者の関係者と思われる会社の役員が宮入バルブの役員にも残っていた。また，宮入バルブの株主構成は流動的であったが，買収者の関係者（と思われる者）による大量の株式保有はその後解消された。

　バナーズは，宮入バルブの株式を大量に保有していたのと同時期に，春日電機や中国工業などの株式を買い集めていた。当時バナーズの経営の中心となっていた人物が水素エネルギーの開発を狙っていたことから，これを推進するために，関連する会社の株式を大量に買い集めていたともいわれる（「中国工業『株』に揺れる」日本経済新聞2007年2月24日朝刊35面，「加速するM&A第1部5県の最前線⑤活況マネー，リスクも増大」日本経済新聞2007年4月28日朝刊23面参照）。しかし，それは実現しないまま，2007年になって保有していた株式や自らの株式の価格が下落したことで，宮入バルブを含む多くの会社の株式を処分した。また，バナーズが連結親会社であった時期には，宮入バルブ自身も春日電機株を保有しており，バナーズと同時期に処分して，3億7900万円の損失を計上するに至った（春日電機については，VM83頁参照）。さらに，宮入バルブはバナーズの株式も大量に保有していたため，その株価下落の影響も受けることとなった。

　このような経緯からすると，単に事業上のリスクをとって失敗したというよりも，自信過剰な買収者による敵対的買収が実現した結果，対象会社（および買収者自身）に損失が生じたケースといえるかもしれない。そうすると，買収の時点の買収者による宮入バルブ株式の評価も，同社が生み出すキャッシュフローや買収者との間に生じるシナジーについての自信過剰な予測にもとづいたもので，高すぎる価格で株式を取得していたのかもしれない。

　仮にそうだとすると高騰した市場価格の排除を認めて，防衛のための第三者割当
てを有利発行に該当しないと判断するべきだったのだろうか。必ずしもそうはいえ
ない。上記の事情は差止仮処分が出された 2004 年ではなく，今だからこそ分かる
ことである。*Column 6-2* で述べたとおり，高い価格が自信過剰な買収者の合理性
を欠いた評価によるものだという主張を認めるのは慎重でなければならない。

　他方，別のシナリオも考えられる。買収者のバナーズは元々，埼玉繊維工業株式
会社という会社であったが，1996 年に松佳に商号を変え，2001 年から 2003 年にか
けて別のアパレル企業の創業者と関連企業が大株主になって社長を送り込み，2004
年に商号をバナーズに変更した（現在のバナーズの株主構成は大きく変わっている）。こ
うした変化の後，バナーズは「投資会社」になったとも評された（上場している業績
不振の会社を買収して，従来の本業よりも投資の器として利用することの問題も含めて，「市
場と規律（下）業績不振，突然『衣替え』」日経金融新聞 2007 年 1 月 17 日 1 面）。宮入バル
ブの株式を大量に取得したのも，その後である。また，上記のとおり，宮入バルブ
に春日電機とバナーズの株式を大量に保有させていた。こうした事情からは，最終
的に何を目指していたのかはさておき，複数の会社の株式取得のために何らかの私
的利益の獲得が企図・実行されていた可能性もある。仮にそうだとしたら，下記
(3)と評価する余地があったのかもしれない。しかし，宮入バルブ事件の裁判時点
では，もちろんこうした事情は分からない（今でも公表資料からは分からないことがあ
る）のであり，この程度の推測で高騰した価格の排除を認めるのは妥当ではない。

(3)　仕手筋などによる買占めによって高騰している場合

　次は，X が B 社の生み出すキャッシュフローの上昇を見込んでいるのではな
く，一定程度の持株比率を獲得して現経営陣に対する嫌がらせなどを行う
（たとえば，株主提案権の行使）ことで，高値買取りを目論んで高い価格で株式を
取得しているとしよう（以下では，利益供与規制〔120 条〕はさておく）。

　ここでは，単純化のために，X が発行済株式総数の 4 分の 1 に相当する 25
株を取得すると，B 社経営者が会社の資金で全ての株式を買い取るものとし，
その際の価格が 1 株当たり 120 であるとする[27]。また，X もこのことを知ってい
る（他の株主は知らない）ものとする。X が B 社の生み出すキャッシュフローは

---

27)　これは非現実的な仮定にみえるかもしれないが，説明を単純化するためのものにすぎな
い。より現実的な状況を想定しても，X が「ある程度まとまった株式を保有すれば，会社
（やその子会社など）が一定の高値で買い取ってくれる」と信じていれば以下の説明は基
本的に当てはまる。

従来と同じであると考えていても，この高値買取りが行われると予測できるなら，X にとっては，B 社株は 120 の価値を持つことになる。

　X の取得と引き続いて行われる高値買取りは（X 以外の）既存株主にどのような影響を及ぼすだろうか。最も単純化したケースを考えると，高値買取りにより，会社から資金が流出するため，B 社の企業価値は 3000 に下落し（600/0.1 − 120 × 25 ＝ 3000），株式の価値は 1 株当たり 40 に下落する（X の保有する 25 株を取得するので，1 株当たりの価値は 3000/75 ＝ 40 となる）[28]。

　ここでは，X が得られる利益は他の既存株主からの利益移転によるものである。X は，このような利益移転にすぎない高値買取りを予定することで，株式に高い価値を見出している。もし，高騰した価格で発行しなければならないとすると，X のように他の株主からの利益移転を基礎に株式により高い価値を見出す者しか，その価格で新株を引き受けられないことになる。これでは，高い価値を持つプロジェクトも実施することが難しくなる。このため，高騰した市場価格の排除を認める必要が出てくる。

Column 6-4　株式利益と私的利益

　株式を保有することで得られる利益には，配当やキャピタルゲインという株主であれば誰でも持株数に比例して得られる利益（株式利益）と，株式を保有することから生じるものの，特定の者しか得られない利益（私的利益）がある[29]。本文で説明した高値買取りによる X の利益は，後者に属する。

　それでは，ある者が，私的利益を得られると考えてある株式を高く評価して買い集め，それによって株価が高騰している場合は常にその価格を排除すべきか，というとそう単純ではない。私的利益には，高値買取りのように単なる利益移転によるものだけではなく，たとえば，X が B 社を買収することによって得られる利益ではあるが，X 側にのみ生じるシナジーもある（→(2)(b)）。また，現実には，X という大株主が現われることで他の株主にも利益になる（たとえば，分散した株主よりも経営陣を積極的に監督する）一方で，X（や X の他の子会社・関連会社）との関係で投

---

28)　単純化のため，資金の流出により，実行中のプロジェクトに悪影響が生じるなどの間接的な影響は省略している。違法な私的利益の引出しによる深刻な被害の実例としては，最判平成 18・4・10 民集 60 巻 4 号 1273 頁（百選 14，商判 I-131）の事案参照。

29)　Sanford J. Grossman & Oliver D. Hart, *One Share-One Vote and the Market for Corporate Control*, 20 J. Fin. Econ. 175, 177 (1988).

資機会が制限されるといった点で不利益も同時に生じることも考えられる。

　Ｘがゆ社の株式に他の投資家よりも高い価値を見出し（それによって株価が高騰している），その基礎に私的利益を得られる見込みが含まれているときは，Ｘの株式取得が社会的に望ましいか否かによって（株式利益と私的利益の合計が従来よりも高くなるかどうかで評価する），有利発行の判断の基礎から高騰した価格を排除するかを含む新株発行の可否を決めることも考えられなくはない。たとえば，(2)(b)でＸ側に生じるシナジーが高い価値をつける源泉になっている場合は望ましいといえるが，(3)のようにもっぱらＸ以外のＢ社株主からの利益移転（泥棒や詐欺と同じで何も生み出さず，長期的には株式への投資のインセンティブを損ねる）による私的利益の獲得が企図され，その分株式利益が低下する場合は，望ましいとはいい難い。

　もっとも，社会的に望ましいかどうかという基準は現実的な運用可能性が低い上に，有利発行の規制はどのような程度・態様の私的利益の獲得が認められるかを判断するルールではない。そのため，さしあたりは，Ｘが，違法な私的利益の獲得を基礎に高い価格をつけているのか否かを基準とするべきだろう（詳細は，松中・後掲参照）。そうすると，(2)(b)は問題なく，(3)は違法な利益供与（120条）に該当するので，後者の場合のみ高騰した価格を排除できることになる。

---

(4)　「投機」──詐欺的な株価のつり上げ，転売期待による高騰

　高騰した価格をそのまま使うべきかが問題となりうる全く別のケースとして，①相場操縦などの会社の生み出すキャッシュフローと乖離した株価への誘導が行われている場合，②会社の生み出すキャッシュフローと乖離した転売期待により株価が高騰している場合の２つを考える。

　②は，いわゆるバブルの状態である。バブルはしばしば非合理的な行動の帰結のように捉えられるが，投資家が，合理的な行動として，会社の生み出すキャッシュフローと乖離した価格で株式を取引することもありうる[30]。たとえば，ある会社の株式はキャッシュフローからするとせいぜい１株100の価値しかないが，150で取得してくれる人がいるという期待（転売期待）が成立すれば，この株式を120で取得するのは合理的である。

---

30)　このようなことが生じるメカニズムの説明としては，浅子和美ほか「株価とバブル」西村清彦＝三輪芳朗編『日本の地価・株価──価格形成のメカニズム』（東京大学出版会，1990）57頁が分かりやすい。

　これらは，いずれも会社の生み出すキャッシュフローから乖離した価格が付されている点では(3)と同じだが，そのメカニズムは異なる。まず，①のように，人為的な操作によってこのような価格が形成されている場合は，そうした行為がなければ誰もつけない高い価格になっている市場価格を参照する理由はない。

　次に，②のように，客観的な価値とは乖離した転売期待によって株価が形成されている場合はどうだろうか。(3)と異なり，他の株主からの利益移転による私的利益の獲得にもとづいて高い価値を見出しているわけではない。ただ，「誰かが150で買ってくれる」という期待を一定数の者が抱いているという状況である。これは，アプリオリに高騰した価格の排除を認める理由になるわけではない。もっとも，転売を予定しない者に発行することが難しくなる点で，取締役会の資金調達の裁量を不必要に狭めてしまうとはいいうる。そのため，理論的にはこうした場合に高騰した価格の排除を認める余地はある。

　ただし，現実には，会社の生み出すキャッシュフローから乖離した転売期待が生じているのか，生み出すキャッシュフローに対する評価が変化したのか区別のつかない場面も多くある。そのため，①のような行為が立証（疎明）された場合はともかく，客観的な企業価値から乖離した転売期待が生じているという②のような主張は容易には認めるべきではない。

(5)　割当先との提携などによるシナジーの反映

　最後に，以上とは別の考慮が必要になる場面として，割当先が発行会社の提携先や救済先である場合を考えてみよう（→第1章Ⅱ **2～5** も参照）。単に一定の資金が集まればあるプロジェクトを実行できるのではなく，この相手でなければならない状況である。ここでは，提携や救済の情報が流れてから株価が高騰したものとする。また，この割当先と提携して2000の資金を調達したら，追加的に毎期600のキャッシュフローを生み出すプロジェクト（割引率は0.1のままとする）を実施できるとしよう。この提携が実現しなければ，企業価値は6000のままである。

(a)　利害状況の分析

ここで，もし高騰した価格で発行しなければならないと，どうなるだろうか。高騰した時価，すなわち1株100で発行する場合，2000/100＝20株を発行することになる。発行後のB社の1株当たりの企業価

値は，（600/0.1＋600/0.1）/120＝100 となる。

　この価格では，既存株主が全てのシナジーを持っていくため，割当先にとっては特に利益はない（損もない）。割当先が他に提携などの候補を有していれば，実現しない可能性が高い。

　次に，高騰前の株価によって発行した場合をみてみよう。高騰前の株価，すなわち 1 株 60 であれば，2000/60＝33.33 株を発行することになる。発行後のB 社の 1 株当たりの企業価値は，（600/0.1＋600/0.1）/133.33＝90 となる。

　この場合，新旧株主ともに 1 株当たり 30 の利益を得られる。既存株主全体でみると発行前の 6000 から 9000 に価値が増え，新株主は全体で 3000 のものを 2000 で手に入れている。このように，株式数に応じた提携による利益の分配を行うものといえる。すなわち，プロジェクトによって生じる 4000 の利益を既存株主（株式数 100）に 3000，新株主（株式数 33.33）に 1000 分配している（発行前の時価にこのような意味がなくなる場面につき，*Column 6-1* 参照）。

　このシナリオでは，株式の発行価格をいくらにするのかによって，シナジーをどのように分配するかが変わってくる。そして，どのような価格であれば有利発行に当たるのかという問題の背後には，シナジー分配の決定権限がそもそも株主総会と取締役会のいずれにあるのかという問題がある。なお，ここでは売手側のシナジー分配を問題にしているが，買手側についても同様の問題は生じる（→ *Column 6-5* 参照）。

　（b）　シナジー分配をめぐる 2 つの考え方　　1 つの考え方は，シナジー分配をめぐる権限は基本的に取締役会に与えるというものである。このような考え方は，高騰した市場価格の排除を認めることと親和的である。高騰前の市場価格によって有利発行かどうかを判断するルールは，発行する株式数に比例してシナジーを分配する（新株主も既存株主も 1 株当たりでみると同額のシナジーを得られる）ことを下限として，これより既存株主に有利である限り，株主総会の承認は不要とするものである。ただし，後述のとおり，株主総会の承認を求めず，取締役会に権限を認めるからといって，その権限を無制約に用いる，すなわち，取締役会が高騰前の市場価格を下回らない限り好きな価格で第三者割当てを行うことが認められるとは限らない（→ *Column 6-6* 参照）。

　他方で，シナジー分配は株主総会の権限であると考えて，高騰した市場価格

を排除することを認めない考え方も成り立つ。高騰した市場価格の排除を認めないルールは，既存株主がシナジーの全てを独占するという，既存株主にとって最も有利な分配から逸脱する場合は常に株主総会の承認を求めるものである。

　このように，どこから有利発行に該当するのかは，シナジーの分配において株主総会の承認が必要となる基準をどこに設定するのかという線引きの問題といえる。そして，そうである以上，いずれが望ましいのか，唯一の答えがあるわけではない。以下，もう少し詳しくみてみよう。

　(c)　2つの考え方の比較検討　まず，最初の考え方についてみてみよう。たしかに，高騰した価格で発行した場合の方が，既存株主の取り分は大きくなる。しかし，高騰前の価格で発行した場合も，既存株主はこの新株発行をしない場合よりは良い状態になっている。そして，この利益は，問題の割当先との提携によって初めて得られるものである。そうだとすると，高騰した価格の排除を認めず，このような提携を実現させにくくする法ルールを採用すべきかどうか疑わしくなる。

　また，シナジー分配は交渉で決まるため，利益相反がある場合は格別，そうでなければ取締役会の判断を尊重する方が既存株主の利益にも適うといいうる。すなわち，取締役会の方が株主よりも企業価値や取引についての情報を持っているであろうから，取締役会に権限を与える方が既存株主にとっても利益になる可能性が高い。とりわけ，B 社が苦境に陥っていて，割当先が救済や再建に協力することで価値が回復する場合は，より一層取締役会限りで新株発行を行う必要性が高まりそうである。[31] (2)では高騰した市場価格の排除を認めない立

---

31)　東京高判昭和 48・7・27 判時 715 号 100 頁（ソニー・アイワ事件。百選 97，商判 I-54）はそのようなケースといえよう。本件は，平成 17 年改正前商法 280 条ノ 11 第 1 項にもとづいて，著しく不公正な価額で新株を引き受けた引受人の責任を追及したものである。株主総会の特別決議を経るべき基準と損害賠償責任の追及の基準は必ずしも同一である必然性はないが，従来，特に有利な金額（会社法 199 条 3 項）と著しく不公正な払込金額（212 条 1 項 1 号）は同様のものとして理解されてきたので，本稿もその理解に一応従っている（前掲注 12）参照）。
　本判決は，業績が低迷していた Z 社の株価が，有力企業との提携や買収の噂を受けて発行決議の約半年前から高騰していたところ，高騰した価格を排除し，高騰前の価格で支援先の Y 社に新株を発行したことについて，「異常な投機」による高騰としてこれを肯定した。本判決は，市場の評価が合理的ではないものと判断しているようにもみえる。しか

場でも，このような状況で高騰した場合には排除を認める余地があるのは，以上の考慮によるものといえる[32]。

　今みている提携・救済等のケースも，(2)と同じように B 社の生み出すキャッシュフローに対する評価にもとづいて株価が高騰しているではないかと思うかもしれない。しかし，(2)(a)では一定の資金を集めれば会社が（単独で）プロジェクトを実施できたのに対して，今回のケースではこの割当先に割り当てないと高い価値を実現できない点で異なる[33]。相手が限られている点が重要なのである。

　他方で，割当先へのシナジー分配には株主総会の承認を求める考え方にも一定の合理性はある。まず，高騰前の価格で発行することが有利発行に該当すると解して，株主総会決議を要求しても，その価格で発行することが禁止されるわけではない。また，シナジーの分配は交渉力によって変わる点からすると，むしろ，株式数に応じた利益の分配が行われれば既存株主の利益は害されていないと常にいえるわけではないことになる。新株を発行する会社の外部機会（ここでは，この割当先以外の潜在的な提携などの相手。*Column 6-6* も参照）によっては，既存株主により有利な条件が得られる余地が十分にあるかもしれない。それにもかかわらず，取締役会が十分な努力をしない可能性もある。特に，シナジーの分配を自社の株主に有利に運ぶべく，他の提携先や買収先を探さないまま，提携先に利益を与えることは肯定し難い[34]。

　この点を強く懸念するのであれば，このケースでも高騰した価格の排除を否

し，より詳細な議論を展開する原判決（東京地判昭和 47・4・27 判時 679 号 70 頁）は，「……特定の相手方との間の企業提携の方法として新株の発行がなされる場合には，一般の投資を求める場合と異り，新株の発行を成功させるために，引受先との間で予め引受価額を含む発行の条件について協議しその承諾を得なければならず，この点で，いわば相対の取引に類する面をもつといえるが，この場合，相手方は……自らの資本参加による提携が株価の高騰をもたらすとしても，これを加算した価額による引受は肯んじないであろう……」と取引の性格に言及しており，本文の内容とおおむね整合的である。

32)　藤田・後掲② 78-79 頁参照。

33)　このような状況については，田中・後掲① 151 頁注 15 参照。他方，(2)(b)では，むしろ，経営陣の企図する第三者割当てを認めると，既存株主は高騰した価格に反映されている高いキャッシュフローに与ることができなくなる。

34)　LQ 329-330 頁［松井秀征］参照。

定し，シナジーの一部でも新株主に与える新株発行は全て株主総会の特別決議
によらせるのも1つの対処となる。すなわち，新株発行におけるシナジー分配
に関して，（責任追及などを通じて行う）取締役の義務の設定による規律づけでは
足りず，株主総会の判断権を留保する必要があると理解しているものといえる。
なお，Column 6-5 の手法により株式を対価とする公開買付けなどを行う場合，
買手側のシナジー分配の権限は原則として株主総会にあり，規模が小さい場合
は取締役会で判断できる規律となっている。

　反対に，このケースで高騰した価格の排除を認める議論は，既存株主にとっ
て不利益な分配の実現（より利益になる分配が実現しない）という問題はさほど
深刻ではないと認識しているか，有利発行規制以外の手段（たとえば，取締役の
責任追及）によって対処すべきであると考えていることになる。

Column 6-5　株式を対価とする公開買付け

　わが国の法律上，公開買付けの対価として株式を用いることも可能であるが，プ
レミアムを加えると有利発行になる可能性および現物出資規制が課されることなど
から，利用が進んでいなかった（さらに，課税上の問題も重要になる）。以下では，有
利発行との関係を説明する。

　A社（買収前の企業価値は1000，10株を発行）が，T社（買収前の企業価値は1000，10
株を発行）の全株式について，T社株式1株当たりA社株式1.1株で公開買付けを
行う例を考えよう。買収公表前の株価は両社とも100であった。また，買収によっ
て，両社の価値の合計は2200になるとする。

　買収後は，A社とその完全子会社のT社の価値の合計は2200，A社の発行済株
式総数は21株であり，1株当たりの価値は104.76となる。買手側の旧A社株主に
とっては，買収前の1株当たりの価値は100であったところ，買収後は104.76に
なる（持株数は変わらない）。旧T社株主にとっては，買収前は1株当たりの価値は
100であったのが，買収後は（新A社株式）1株あたりの価値は104.76，持株数は
1.1倍となる（買収前の旧T社1株あたり115.23の価値）。これは，A社が1株90.9の
価格で11株の株式をT社株主に発行し（1000/11＝90.9），発行後の価値が2200とな
る事業を行っているのと同じである（1株104.76の価値のA社株式を，A社既存株主は
10株，新株主〔T社株主〕は11株を保有することになる）。そのため，有利発行に該当す
る可能性がある。

　そこで，平成23年の産活法改正により有利発行規制，検査役調査と不足額填補
責任の適用を排除する会社法の特例が設けられた。同法の廃止後は産業競争力強化

法（産強法）に引き継がれ，平成 30 年改正では，支配権取得・買増しのために行う，公開買付け以外の株式譲渡にも拡大された[35]。この特例により，認定事業者（A 社）[36]が，株式を対価として他の会社（T 社）の株式を譲渡により取得する（公開買付けも含む）場合，原則として株主総会の特別決議による承認が必要になる（産強法 32 条 2 項，会社法 199 条 2 項・309 条 2 項 5 号）。その一方，会社法の簡易組織再編の規定を準用し，A 社が対価として交付する株式数×1 株当たり純資産額≦純資産額の 5 分の 1 となる場合には，一定数の株主が反対を通知したなどの場合を除き，A 社の株主総会決議を不要としている（産強法 32 条 1 項・3 項〔会社法 796 条 2 項・3 項を準用〕）。これは有利発行かどうかに関係なく，201 条 3 項の説明義務も課されない[37]。

　また，令和元年会社法改正では，会社（A 社）が他の会社（T 社）を子会社とするために，A 社株式を対価として（T 社株主から）T 社株式を譲り受ける株式交付制度が創設された。組織再編の一つとされているため，募集株式の発行等の規律は適用されない一方，株主総会の特別決議が必要になり（816 条の 3 第 1 項，309 条 2 項 12 号），簡易手続（816 条の 4）が設定されているのは産強法の特例と同様である。株式交付も株対価公開買付けに使うことができる[38]。ただし，株式交付は他の株式会社（T 社）を子会社とする場合のみ使うことができ（2 条 32 号の 2 参照），支配権取得後の買増しや，T 社が外国会社の場合には使えない[39]。

　以上の組織再編として構築された制度を使う場合，原則として，買収者の株主から対象会社の株主へのシナジー分配（プレミアムの源泉）を決めるのは株主総会である。他方，発行する株式数が少ない，すなわち，買収者側株主に与える価値の総額が小さい場合には承認を不要とするものである。

---

35)　同改正については，越知晋平「産業競争力強化法における会社法特例の改正の解説」商事法務 2173 号（2018）4 頁参照。

36)　この特例の適用には，一定の要件を満たす事業再編計画または特別事業再編計画について主務大臣の認定を受ける必要がある（産強法 30 条 1 項の「認定事業者」の定義および 24 条 1 項・26 条 1 項参照）。また，どのような株式譲渡でもよいのではなく，既に対象会社の実質的な支配権を取得しているか，支配権取得のため（産強法 32 条 1 項の「関係事業者又は外国関係法人としようとする場合」）に行う場合に限られる。

37)　越知・前掲注 35）16 頁注 25。

38)　具体的な手法などについては，黒田裕「株式交付を用いた株対価公開買付け」別冊商事法務編集部編『令和元年改正会社法②──立案担当者・研究者による解説と実務対応（別冊商事法務 454 号）』（商事法務，2020）274 頁参照。

39)　他の点も併せて，産強法の特例との使い分けについては，野澤大和「株式交付制度の創設」別冊商事法務編集部編・前掲注 38）204 頁参照。

Ⅳ　有利発行規制についてのまとめ

　Ⅲまでの有利発行規制の検討について，以下でまとめを示す。**1**は主にⅢ**2**でみた高騰した市場価格の扱いについてまとめ，**2**は全体に通底する利益相反がある場面への対処について有利発行規制の捉え方を示す。

1　高騰した市場価格の扱い

　プロジェクトの価値が反映された時価で株式が発行される限り，既存株主から新株主への利益移転は生じない。その場合は，新株発行の態様を問わず，有利発行規制にかからしめることもない。他方で，どの程度の利益移転を許容するのかは，権限分配に対する考え方によって変化する。そのため，利益移転を生じさせる価格による発行だからといって，常に有利発行規制に服するかどうかは議論の余地が生じる。この基本的なポイントを踏まえて，Ⅲ**2**で検討したケースについて振り返る。

　まず，Ⅲ**2**(2)(a)では，高騰した価格が，プロジェクト（新規ではなく現在のものであるが）の価値を反映した価格であった。そして，これより低い価格による発行を取締役会に認めることが既存株主にとって利益になる事情はない。また，Ⅲ**2**(2)(b)は，そもそも取締役会に高騰前の価格による新株発行を行うことを認めると，既存株主が得られる可能性のある利益を損ねるケースといえる。

　これに対して，高騰した価格の排除が認められるⅢ**2**(3)では，高騰前の価格で発行したとしても，そもそも利益移転が生じない。また，Ⅲ**2**(4)でも，①相場操縦などが行われている場合と②で高騰した価格の排除が認められる場合は，利益移転は生じていないといえる。

　他方，シナジー分配をめぐるⅢ**2**(5)は，どのような場合に株主総会に承認の権限を与えるべきかが問題となる難しいケースといえる。ここでは，既存株主にとっても利益を生み出す取引の実現可能性とシナジー分配に歪みが生じる可能性のトレードオフを考える必要があった。高騰前の価格で取締役会が新株発行を行う権限を認める解釈は，利益移転は生じるものの，提携などのシナジーを生む取引自体を成立しやすくするものといえる。他方で，高騰した価格の

排除を否定する解釈は，取引の成立にはマイナスの影響があるものの，既存株主を害するシナジー分配は生じにくい法ルールを志向するものである。

2　利益相反への対処

利益相反がある場合には，一般的に，利益相反がない場面ほど取締役会の判断を尊重できない。このことは有利発行規制を考える上でも関係がある[40]。上でみた高騰した価格の排除も含め，利益相反がある場合には取締役会の判断をそのままでは尊重できないことから，株主総会に判断権を付与する，裁判所がより厳格に合理性を審査するといった対処が必要になる[41]。後者は，判断内容自体の合理性を審査することもありうるが，利益相反を排除した意思決定となっているかというプロセスを審査する方がやりやすいと考えられる。

まず，高騰した市場価格の排除を考えてみる。買収者（らしき者）が市場で買い集めたことにより高騰しているとする。仕手筋などが買占めを行っている場合には高騰した価格を排除すべきであるが（→Ⅲ2(3)），買収によるキャッシュフローの向上を見込んでいる場合（→Ⅲ2(2)(b)）でも，防衛する側は既存株主を搾取するような買収者であると主張する可能性は十分にある。また，防衛する側は，買収者の経営計画が非現実的だといった主張もするだろう（自信過剰な買収者のケース→Column 6-2）。いずれの場合も，差止め（仮処分）が争われる際に，取締役会の判断を簡単に信用して高騰した価格の排除を認めるべきではなく，理論的に排除が正当化される場面といえるかを審査する必要がある。その際，取締役会がどのように利益相反を排除して意思決定をしていたかに注目するのは有用であろう。他方，そうした場面では株主総会に判断を委ねる（有利発行規制を適用する）のも1つのあり方ともいえる。

シナジーの分配を予期して高騰した場合も，支配権争いほど明確とは限らな

---

40)　利益相反により区別すべきことと，現行法の問題については全般的に久保田・後掲参照。
41)　組織再編行為をはじめ他の形態による買収の規制と整合的なものとなるようにする必要もある。有利発行規制の問題ではないが，第三者割当てによる友好的買収のあるべき規制の検討として，白井正和『友好的買収の場面における取締役に対する規律』（商事法務，2013）464-476頁参照。利益相反のあるM&Aについては，経済産業省「公正なM&Aの在り方に関する指針――企業価値の向上と株主利益の確保に向けて」（2019年6月28日）〔https://www.meti.go.jp/shingikai/economy/fair_ma/pdf/20190628_shishin.pdf〕参照。

いが，割当先との関係や事情によっては利益相反の懸念は生じる。Ⅲ2(5)(c)
で比較した2つの考え方のうち株主総会の判断権を広く留保するものは，利益
相反がある場合には馴染みやすい。ただ，有利発行規制は利益相反の有無とは
関係なく適用されるものとなっているため，利益相反がなければ取締役会にシ
ナジー分配の判断を委ね，利益相反があれば株主総会が判断するという構造に
はなっていない。現在の有利発行規制の理解としては，取締役会が，利益相反
がないか十分に排除した状態で，適切に交渉をした結果として一定のシナジー
分配を実現する発行価格とした場合，高騰した市場価格を下回っても有利発行
ではないと解することも考えられよう。

　市場価格を参照できる場合には，利益相反がある状況でも少なくとも発行前
の市場価格が一応の歯止めになる。これに対して，市場価格がない公開会社の
株式の発行では，取締役会が発行前のものを含めて株式の価値を判断すること
になるため，利益相反を考慮した審査をしないと歯止めが全くなく，底が抜け
た状態になってしまう。

　Ⅱ1(3)でみたとおり，アートネイチャー事件最高裁判決は，「客観的資料に
もとづく一応合理的な算定方法」（傍点筆者）という基準を示した。しかし，取
締役に対する新株発行の事案であったにもかかわらず，広く裁量を認めるかの
ような判示であることが強く批判されている。[42]同判決は，利益相反を考慮しな
い趣旨なのか，この事案では利益相反を考慮しなくてもよいという趣旨なのか
は定かではないが，上の観点からは当然の批判といえる。少なくとも利益相反
によって発行価格の設定が歪められた可能性がある場合（同判決はそうした事情
には触れていない）には，広い裁量を認めるべきではなく，資料の客観性と算定
方法の合理性をより厳格に審査すべきだといえる。

　上場会社がブックビルディングにもとづいて発行価格を決める場合でも，利

---

42)　たとえば，津野田一馬「判批」法学協会雑誌134巻2号（2017）302頁，322-325頁。
同判決は「非上場会社」による新株発行についての判断基準という書きぶりであり，判決
文からは非上場の公開会社も含まれる（久保田安彦「アートネイチャー株主代表訴訟事件
最高裁判決の検討」商事法務2071号〔2015〕15頁，24頁参照）。これに対して，津野
田・前掲329頁は，市場価格による規律も株主総会の判断を通じた規律も働かない非上場
の公開会社については，アートネイチャー事件最高裁判決の射程を及ぼすべきではないと
主張する。

益相反がある状況では発行価格の決定プロセスに注意する必要がある。ブックビルディング自体が歪められることは考えにくいとしても，取締役会が発行価格を決める際にブックビルディングの結果を不適切に用いる，あるいは合理的ではない事情を持ち出してより低い発行価格を設定するといったプロセスの問題がないかどうかを審査する必要がある[43]。

　一定の場合に取締役会から株主総会に判断権を移す有利発行規制は，利益相反がある場合にこそ機能すべきものともいえる。そのように考えると，上でみた利益相反がある場合を無視・軽視してしまうと本末転倒になる。他方，利益相反がない場合にまで，裁判所が取締役会の判断を事後的に強く疑っても過剰規制になる。解釈論によって全てに対処するのは難しい面もあるが[44]，利益相反の有無によって，厳しい審査を行うべき場面とそうでない場面を区別することは現行法上も可能な限り行うべきである[45]。

Column 6-6　　より望ましい条件を得るための交渉と取締役の義務

　　前述のソニー・アイワ事件（注31）参照）では，経営難に陥った会社を救済する一環として，発行済株式総数（1200万株）と同数の第三者割当てがなされた。そのため，厳密には過半数には至らないものの，割当先は事実上の支配株主となる。すでにみたように，特にこのような企業再建の場面では，株式数に応じたシナジーの分配を実現する第三者割当ては既存株主にとっても利益になりそうではある。しかし，実は他にもスポンサー候補がいたにもかかわらず，条件の比較検討を十分にしないままに割当先を選んでいた，あるいは同じスポンサーであっても，取締役らが粘り強く交渉をしていれば，既存株主にとってより良い条件（たとえば，より高い価格での割当て）が実現できたという事情があれば，素直に肯定できるだろうか[46]。

---

43)　前掲注22）で挙げた2つの裁判例は，いずれもブックビルディングを経た取締役会の判断を審査する必要があるとの認識は薄い（控訴審判決はブックビルディングの「具体的な結果などは明らかになっていない」としつつ，その合理性には触れているが，問題は取締役会の判断である）。松中学「大王製紙新株予約権付社債の発行をめぐる損害賠償請求事件の検討（上）」商事法務2192号（2019）10頁，13-14頁参照。

44)　上述のとおり利益相反によって適用の有無を分けていないし，そもそも支配株主に対する新株発行のような場面には株主総会決議を経させる規律は機能しづらい。

45)　久保田・後掲127-128頁は，取締役の責任追及という事後的な規律づけが過小であることから，有利発行規制という事前規制を置いて利益相反に対処するところにこの規制の存在意義を見出している。

169

　米国デラウェア州の判例法では, 会社の支配権が移転する局面で, 取締役が株主にとって最も良い条件（必ずしも価格だけをみるわけではない）で買収を実現できるように努力する義務を負うという法理が発達してきた。このような義務は, 代表的な事件である Revlon, Inc. v. MacAndrews & Forbes Holdings, Inc., 506 A.2d 173 (Del. 1986) の名前をとって Revlon 義務といわれている。[47] Revlon 義務が課されるとすると, 既存株主にとって「それなりに」良い条件にみえる買収であっても, 上の例のように取締役が最も良い買収条件を引き出すための努力を怠って, 買収公表前の価格から一定のディスカウントを行った価格で漫然と第三者割当てを行った場合には, 義務違反となる。[48]

　ただし, このような義務が日本法上も確立していると評価することは難しいし, 課すべきなのかについても議論が一致しているわけではない。もっとも, 比較的規制の弱い第三者割当てを中心に友好的な買収に対する視線が厳しくなっていることを考えると, 利益の分配はフリーハンドとはいかないだろう。

　なお, 仮に Revlon 義務を課すべきだとしても, 有利発行規制を通じて課すのは難しい。有利発行規制は, あくまで既存株主にとって不利益となる可能性のある価格であれば, 株主総会に判断権を与える規制だからである。同様に注意が必要なのは, 有利発行の解釈と取締役が買収に際して負う義務とは一応別だという点である。たとえば, 高騰した市場価格の排除を認める, すなわち, 株式数に応じたシナジーの分配が保証される限り株主総会には判断する権限はないと理解しても, その上で, 取締役は分配されるシナジーを含む買収条件を最も良いものにする義務があると解することも十分に可能である。

Column 6-7　支配権が移転する第三者割当てと株主総会決議

　支配権が移転するような大規模な第三者割当ては, 特に近年になって問題とされてきた。すでに 2009 年には, 証券取引所が自主規制で対応を図っている。第 1 に, 希薄化率（第三者割当てにかかる株式の議決権数 / 発行前の総議決権数〔東京証券取引所有価証券上場規程施行規則 435 条の 2〕）が 300% を超える第三者割当てを行った場合は, 原則として上場廃止になる（東京証券取引所有価証券上場規程 601 条 1 項 17 号, 同施行規

---

46)　新株発行の事案ではないが, 救済される側が有利な条件を引き出すべく交渉していた例として, 東京地決平成 24・2・20 金判 1387 号 32 頁。

47)　買収時のこのような義務は, 同事件より前の Smith v. Van Gorkom, 488 A. 2d 858 (Del. 1985) から形成されてきた。この点を含め Revlon 義務については, 白井・前掲注41）236-345 頁, 354-361 頁参照。

48)　第三者割当てに関する問題提起として, 田中・後掲①147-149 頁参照。

則 601 条 13 項 6 号）。第 2 に，希薄化率が 25% を超える第三者割当てについては，「経営者から一定程度独立した者」による必要性・相当性についての意見の入手か，株主総会の承認などによる株主の意思確認が必要となる（東京証券取引所有価証券上場規程 432 条）。

　平成 26 年会社法改正により，引受人（子会社の保有分も含む）が発行後の議決権総数の 2 分の 1 を超える株式を引き受ける第三者割当ての特則が定められた。まず，払込期日の初日の 2 週間前までに，引受人の氏名や引受数などの通知・公告（または有価証券届出書を通じた開示）が必要となる（206 条の 2 第 1 項〜3 項）。そして，公示から 2 週間の間に総株主の議決権の 10 分の 1 以上の反対がある場合には，その第三者割当てには総会決議（役員の選任と同様の普通決議）が必要になる（同条 4 項・5 項）。

V　払込金額と「損害」

　最後に，新株発行が不当に低い価格で行われた場合に，誰にどのような損害が生じるのかをみておこう。これは，株主がそのような新株発行に対してアクションを起こす際の手段との関係で問題になる。特に，事後的に関わった取締役の責任を追及する場面で問題となってきた[49]。

　まず，会社に損害が生じると考えるのかどうかによって，代表訴訟の利用の可否が変わる。他方，429 条との関係では，会社に損害が生じる（株主にとっては間接損害）と捉えるよりも，株主に直接損害が生じると捉えた方が役員等の責任を追及しやすい[50]。後者の問題は，特に閉鎖会社において重要になる。

1　損害をめぐる 2 つの考え方

　不当に低い価格で新株発行が行われた場合，実体としては最終的に損失を被

---

49)　210 条は株主に損害（不利益）が生じることを前提としている一方で，360 条は株主ではなく会社に損害が生じることを前提としている。株主総会決議のない有利発行による 210 条にもとづく差止め（仮処分）の場面では，株主に損害が生じることは当然視され，特に問題となってこなかった。他方，仮に 360 条にもとづく差止めであれば，組織再編行為と同様に（田中亘「各種差止請求権の性質，要件および効果」神作ほか編・前掲注 20) 2 頁，24-25 頁参照）会社に損害が生じるのかという問題が生じる。

50)　この点については，LQ 260-261 頁［伊藤靖史］。

るのはその低い価格で株式を引き受けたわけではない既存株主である。しかし，法的な意味での損害については2つの考え方が示されてきた。

(1)　会社に損害が生じるという考え方

この考え方では，不当に低い価格による新株発行によって会社に損害が生じ，その結果，既存株主の株式の価値も下落していると理解する。すなわち，本来であれば，もっと高い金額が払い込まれるべきであったと捉え，（公正な払込金額－実際の払込金額）×発行株式数だけ会社に損害が生じると理解する。

(2)　株主に直接損害が生じる（会社に損害は生じない）という考え方

これに対して，会社には損害が生じず，既存株主に直接損害が生じるのだと考える立場がある。この考え方では，あるプロジェクトに必要な資金は一定であり，不当に低い払込金額で発行した場合は，本来発行すべきであった数より多くの株式を新株主に渡し，既存株主の利益がその分希釈化されていると捉える。換言すると，同じプロジェクトを行うために，同じ額の資金を調達するのだから，企業価値自体は同じだが，新株主の受け取る株式数が多いため，分配だけが異なることになる。

2　2つの考え方による違い

I *1* のA社の新株発行の数値例を用いて，2つの考え方の差異を確認する。

(1)　会社に損害が生じると考える場合

この考え方では，払い込まれるべき金額が払い込まれていない分，会社の財産はありうべき状態より少ない状態になっている（＝損害が生じている）と捉える。12が払い込まれるべき金額だったとすると，差額の1株当たり 12 － 5 ＝ 7 に発行数6をかけた42の損害が会社に生じていることになる。

このような考え方に対しては，次の問題点が指摘されている。[51] 第1に，調達予定の資金より多い金額を会社に払い込ませることになる。資金調達のために新株発行を行うのであれば，必要以上の資金調達を行うのがあるべき状態だと考えるのは無理がある。第2に，取締役に上記の差額相当分の責任を負わせた場合に，有利発行を受けた株主にも利得が生じる。

---

51)　後掲注52)で掲げた文献参照。

(2)　株主に直接損害が生じると考える場合

　この考え方では，あくまでも調達するべき金額は一定で，それをより高い払込金額×より少ない数の株式数で調達すべきであったと理解する[52]。上記の例で，12 が払い込まれるべき金額だったとすると，12 で 2.5 株を発行して 30 を調達すべきであったと考える。会社に入るのは結局 30 なので，会社には損害は生じていない。そして，発行後の 1 株の価値は 12 になるはずなので，会社ではなく（有利発行を受けていない）株主には，この新株発行後の 1 株当たりの価値である 9.375 との差額（2.625）の損害が生じる（1 株当たり）。責任を負うべき者は既存株主（10 株）に総額で 26.25 の賠償をしなければならない。

　この考え方については，次の批判もある[53]。そもそも，調達する金額が先に決まっているとは限らないという疑問が示されている。特に，紛争になる新株発行の場合は発行数が先に決まることも多いだろう。また，会社に損害が生じていないとして代表訴訟を認めないことになるのであれば，多数の株主が分散している（したがって，1 株当たりの損害は小さい可能性が高い）上場会社におけるエンフォースが不十分なものとなる可能性がある。

3　いずれと考えるべきなのか？

　いずれと考えるべきなのか，確定的な答えがあるわけではない。しかし，注意が必要なのは，必ずしも経済的な実体として株主と会社のいずれに損害が生じたのかが決定的なわけではないという点である。あくまで法的な意味での「損害」が問題となっているのであり，これは規範的な概念である。そして，場面にかかわらず，常に直接損害か間接損害のいずれかと統一的に理解する必要があるわけでもない。

　法的な意味での損害は，（ア）問題の違法な新株発行が行われず，適法な行為がとられていた場合の（ありうべき）状態と，（イ）その新株発行が行われた後の状態の差（（ア）−（イ））である。そして，（ア）の状態は，取締役（会）が

52)　杉田貴洋「新株の有利発行と既存株主の経済的利益の保護」法律学研究（慶應義塾大学）26 号（1995）51 頁，52-54 頁，吉本・後掲 337-340 頁。

53)　福島洋尚「新株の有利発行と取締役の責任——会社支配争奪の局面を中心に」南山法学 22 巻 1 号（1998）1 頁，33-34 頁。また，田中・後掲① 174-175 頁，181 頁も参照。

どのような義務を有しているか，すなわち，取締役（会）は何をすべき・すべきではなかったのかによって決まる。

そうすると，一定額の資金を調達するのが優先で，同じ金額を調達するために，より高い金額・少ない株式数で発行すべきだったといえる場面では，**2**(2)の考え方が当てはまる。他方で，一定の株式数を発行するのが優先で，同じ株式数をより高い金額で発行すべきだったといえる場合は，**2**(1)が整合的である。

もっとも，いずれかに必ずしもうまく当てはまらないこともある。たとえば，支配権維持のための新株発行であれば，取締役はそもそもそのような新株発行はするべきではない，という義務を負う。より少ない株式数で発行すべきだったわけでも，より高い価格で発行すべきだったわけでもない。資金調達が目的であっても，常に一定の決まった金額の調達が目指されているとは限らない（一定範囲でできる限り多くということもありうる）。このように，どちらかはっきり分かるとは限らないことから，いずれと捉えるのか，および代表訴訟・直接請求のどちらを行うのかを選択できるようにすべきであると主張されている。[54]

◆練習問題◆

　(1)　株主割当てによる場合は，払込金額にかかわらず，既存株主に損害が生じないという点（→Ⅱ**2**）を，上記の数値例の中で第三者割当てや公募では既存株主から新株主への利益移転が生じるとされていた，1株を5の価格で発行する場合（→Ⅰ**1**(2)のケース）で確認してみよう。

　(2)　Ⅲ**2**(5)では正のシナジーが発生する場合を考えたが，負のシナジーが発生する場合，発行価格によって損失はどのように分担されることになるだろうか。Ⅲ**2**(5)で追加的に生じるキャッシュフローが，600ではなく100だとして考えてみよう。また，発行価格をプロジェクトの価値を反映する前（発行前）の価格と反映した後の価格とした場合のそれぞれについて，割当先が引き受けるインセンティブを持つか（→Ⅰ**1**(3)）考えてみよう。

■参考文献■

久保田安彦「公開会社の有利発行規制の再検討」久保大作ほか編『(吉本健一先生古稀記念) 企業金融・資本市場の法規制』(商事法務, 2020) 121 頁

田中亘①「募集株式の有利発行と取締役の責任 —— 会社の損害か株主の損害か」新堂幸司＝山下友信『会社法と商事法務』(商事法務, 2008) 143 頁

田中亘②「上場会社における募集株式の有利発行」百選 48 頁

藤田友敬①「株式会社の企業金融(1)」法学教室 264 号 (2002) 95 頁

藤田友敬②「株式会社の企業金融(2)」法学教室 265 号 (2002) 72 頁

松中学「市場価格が高騰している場合の有利発行の判断基準」商事法務 1911 号 (2010) 27 頁

吉本健一『新株発行のメカニズムと法規制』(中央経済社, 2007)

第**7**章

オプションと会社法

I　はじめに —— オプションとは何か

1　本章の構成

　本章のテーマは，オプションと会社法の関わりについてである。まず，オプションという金融商品が何かについて，簡単に説明する。そのうえで，Ⅱにおいて，新株予約権がオプション（コール・オプション）の一種であることを明らかにするとともに，新株予約権の有利発行性の判断という会社法上の重要問題について，オプションの評価理論をどのように活用できるかを説明する。Ⅲでは，新株予約権の一種である新株予約権付社債（特に，転換社債型）の評価の問題について論じる。最後にⅣでは，株式も実はオプションであることを明らかにしたうえで，株式をそのように捉えることによって，よりよく理解できる法律問題の例として，デット・エクイティ・スワップ（DES）に関する論点を取り上げる。

2　オプションとは何か

　オプションとは，一定の期日あるいは期間中に，一定の価額で，ある資産（それを原資産という）を購入または売却する権利をいう。原資産を購入するオプションをコール・オプションといい，売却するオプションをプット・オプションという。また，ある一定の日にのみ，権利を行使できるタイプのオプションをヨーロッパ型といい，ある期間中，いつでも行使できるタイプのオプションをアメリカ型という。

　オプションは，いろいろな場面で，さまざまな資産を原資産として取引されている。たとえば，ある事業会社（A 会社とする）が外国企業との間で，原油の輸入取引を行い，代金 100 万ドルを 6 か月後に支払う内容の契約を結んだと

しよう。この場合，もしも6か月後に為替レートが円安・ドル高に振れると，A会社は，100万ドルを調達するためには多額の日本円が必要になってしまう。このようなリスクから身を守る（金融実務の用語で，ヘッジする）方法の1つとしては，A会社が，取引銀行（B銀行。外国為替取扱銀行である必要あり）との間で，「A会社は，6か月後に，一定の価額（たとえば，1ドルにつき80円）で，B銀行から100万ドルを購入できる」という内容の権利（コール・オプション）を取得することが考えられる（こうした権利を取得する代わりに，A会社はB銀行に手数料を払うことになる）。この場合，A会社がオプションの買い手（権利者），B銀行がオプションの売り手（義務者）である。もしも6か月後に，為替レートが1ドル80円よりも円安（たとえば，1ドル85円）になれば，A会社は，オプションを行使し，B銀行から1ドル80円でドルを購入することができる。逆に，市場の為替レートが1ドル80円よりも円高（たとえば，1ドル75円）になった場合は，A会社はオプションを放棄して，市場の為替レートでB銀行あるいは他の銀行からドルを購入すればよい。このように，権利者に権利を行使するかどうかの選択権があるため，「オプション」というのである。

　以上の例は，原資産を通貨とするオプション（通貨オプション）であるが，原資産を株式とするオプションももちろん存在する。ネット証券を含む多くの証券会社は，上場会社の株式を原資産とするオプション（株式オプション，通称「かぶオプ」）を投資家に販売している[1]。また，TOPIXなど，市場の相場動向を表す指標を（仮想的な）原資産とするオプションも，金融商品市場で活発に取引されている[2]。

---

1)　株式オプション（かぶオプ）については，東京証券取引所が，個人投資家向けにわかりやすい解説をウェブサイト上で提供している（https://www.jpx.co.jp/learning/derivatives/individual-options/index.html）。

2)　TOPIX（東京証券取引所市場第一部上場株式の株価平均）のような金融指標は，資産ではないから，本来，これを「購入」したり「売却」することはできないはずであるが，あたかもそれを購入または売却したと仮想して，権利行使日においてオプションの売り手と買い手それぞれの利益・損失を計算し，その差額分を金銭でやりとりする（差金決済）するのである。日本では，こうした金融指標オプションのほうが，個別株式のオプションよりも先行して発展してきた。

Ⅱ　オプションとしての新株予約権

1　意　義

　新株予約権とは，権利者が，あらかじめ定められた期間（権利行使期間。236
条1項4号）に，あらかじめ定められた価額（権利行使価額。同項2号）を株式会
社に払い込むことによって，会社から株式の交付を受けることができる権利の
ことである（2条21号参照）。

　したがって，新株予約権は，株式を原資産とするコール・オプションに他な
らない。ただ，新株予約権が，証券会社が販売する株式オプション（かぶオプ）
と異なるのは，オプションの売り手が原資産である株式の発行会社であるとい
うことである。新株予約権が行使された場合，発行会社は新株を発行し，ある
いは自己株式を処分することによって権利行使に応じる。その結果，市場で流
通する株式の数は増えることになる。これに対し，株式オプションを販売した
証券会社は，オプションの行使に際して引き渡すべき株式は市場で調達する。
その結果，市場で流通する株式の数は，権利行使の前後で変わりがない。

　株式会社は，さまざまな目的で新株予約権を発行するが，最も一般的な発行
目的は，役員や使用人に対するインセンティブ報酬として利用することである
（ストック・オプション）。たとえば，会社が取締役に対し，権利行使期間を1年
後から2年後までの1年間とし，権利行使価額として1株当たり500円を会社
に払い込むことにより，1個につき100株の交付を会社から受けられるという
内容の新株予約権を1000個発行したとしよう。この場合，たとえば，権利行
使期間中に株式の時価（株価）が750円に上昇すれば，取締役は新株予約権を
全部行使することによって，（750−500）×100×1000＝2500万（円）の利益を
得ることができる。取締役としては，株価が上昇すればするほど，利益を挙げ
られるため，会社の業績を向上させて株価を高めようとする動機（インセンテ
ィブ）が与えられるわけである。

　以上のようなインセンティブ報酬目的の他に，新株予約権は，業務提携ある
いは買収の手段として用いられることもある。たとえば，2002年に西友がウ
ォルマートに対して発行した新株予約権は，ウォルマートが2007年までに段
階的にこれを行使することによって，ウォルマートの西友に対する持株比率を

66.7 パーセントまで引き上げることができる内容になっていた（日本経済新聞・後掲①）。実際にも，ウォルマートは新株予約権を行使し，西友を子会社化した（日本経済新聞・後掲②）。

2　新株予約権の評価の重要性──有利発行の問題との関係で

　新株予約権に関する会社法の重要な問題の１つは，新株予約権の価値をどのように評価するかである。新株予約権者は，権利行使期間の株価が権利行使価額を上回るときは，権利を行使し，時価よりも安価に株式を取得できるが，これは，既存の株主にとってみれば，時価よりも低い価格で株式が発行されることにより，自己の保有株式の価値が希釈化するリスクを負っているということである。したがって，株式会社が新株予約権を発行する際に，当該新株予約権の価値に見合うだけの払込金額（募集新株予約権１個と引換えに引受人が会社に払い込むべき金額のこと。238 条１項３号）の払込みを受けなければ，既存株主の利益は害されることになる。

　そこで，会社法は，公開会社（２条５号）は取締役会の決議によって新株予約権を発行することができることを原則としつつ（240 条１項），新株予約権の引受人に「特に有利」な払込金額で新株予約権を発行する場合には，株主総会の特別決議を得なければならないものとして，既存株主の利益保護を図っている（有利発行規制。240 条１項・238 条３項・309 条２項６号[3)]）。そして，どういう場合に払込金額が「特に有利」であるかを判断するために，オプション評価の理論が活躍することになるのである。ただ，その点を説明する前に，この問題についてのかつての（オプション評価理論に基づかない）解釈論とその問題点を見ておこう。

---

3)　これに対し，公開会社でない株式会社においては，既存株主に持株比率の維持の利益があることを考慮し，払込金額に関わらず株主総会の特別決議を必要としている（238 条２項・309 条２項６号）。以下，本章では，発行会社は公開会社であることを前提とする。

3　有利発行性の判断——かつての解釈論と新しい解釈論

(1)　有利発行性についてのかつての解釈論

新株予約権の発行がどのような場合に有利発行となるかについて，かつての学説においては，オプション評価の理論が十分に理解されていなかったことから，既存株主の利益保護の観点からは不適切な解釈論が展開されていた。具体的には，「新株予約権の払込金額と権利行使価額の合計額（いずれの金額も，株式1株当たりに換算する）が，権利行使時点における予測株価と比べて著しく低額であるときは，『特に有利』な払込金額による発行と評価される」という解釈である[4]。

この解釈は，新株予約権の有利発行性の問題を，募集株式の有利発行（201条1項・199条3項）からの素朴なアナロジーによって考えようとするものといえる。募集株式の発行の場合，引受人の会社に対する払込みは，株式発行時の1回だけ行われる（208条1項）。そこで，当該払込金額と発行時の株価とを比較し，前者が後者と比べて特に低額であれば，有利発行であると評価される[5]。これに対し，新株予約権の場合，会社への払込みは，新株予約権の対価の払込み（246条1項）と権利行使時における権利行使価額の払込み（281条1項）の2回に分けて行われる。そこで，この2回の払込金額を合計し，それと，株式発行の時点である権利行使時における株価（の予測）とを比べて，有利発行性を判定しようというわけである。

(2)　かつての解釈論の問題点

こうしたかつての解釈論に対しては，権利行使時点の株価を予測することなど果たしてできるだろうか，という疑問が生じるだろう。たしかに，将来の株価予測が困難であることは，かつての解釈論の難点の1つであるが，実は，もっと本質的な問題点があるのである（藤田・後掲①21頁）。それは，たとえ将来の株価予測がある程度は可能であったとしても，この解釈論に従って有利発行性を判断すると，既存株主の利益を構造的に害することになる，ということで

---

[4]　新株予約権の発行が一般的に自由化された平成13年商法改正の立法担当官は，このような解釈をとっていたようである（藤田・後掲①26頁注28で引用されている，山崎潮民事局長の国会答弁参照）。

[5]　たとえば，東京地決平成16・6・1判時1873号159頁（百選22，商判Ⅰ-58）参照。

ある。そのことを，次の【設例 I】に基づいて解説しよう。

> 【設例 I】　行使により 1 個当たり 1 株の株式の交付が受けられる新株予約権が
> ある。その権利行使期間は，現在から 1 年後の日（以下，これを「権利行使日」と
> いう）であり，1 個当たりの権利行使価額は 150 円であるとする。一方，権利行
> 使日（1 年後）の株価は，50％ ずつの確率で，200 円または 100 円になると予
> 測されているとする。この新株予約権をいくらで発行すれば，有利発行にならな
> いといえるであろうか。

　権利行使日の予測株価（その期待値すなわち平均）は，50％×200＋50％×100
＝150（円）である。そうすると，新株予約権の払込金額と権利行使価額（150
円）の合計額と，予測株価（150 円）とを比較する上記の解釈論によれば，この
新株予約権を払込金額 0 円で発行しても，有利発行にはならないことになりそ
うである。しかし，この新株予約権の権利者は，50％ の確率で（株価が 200 円
のときに）権利を行使し，1 株当たり 50 円の利益を得ることができる一方，残
り 50％ の確率で（株価が 100 円のときに）権利を行使せず，そのときは利益も
損失も生じない。したがって，この新株予約権は，（利益を得ることはあっても損
失を被ることはないため）明らかに経済的価値を持つものであり，それを無償で
発行しても何の規制も受けないというのでは，既存株主の利益を害するであろ
う。

(3)　新しい解釈論──オプション評価理論を用いた新株予約権の価値評価

　かつての解釈論には(2)のような問題があることが認識されるにつれ，学説
上は，新株予約権の有利発行性は，別の方法によって判断しなければならない
という見解が有力化してきた。それは，「新株予約権の発行時における公正な
価値を，何らの方法で評価し，その評価額と，取締役会が決定した新株予約権
の払込金額とを比較して，後者が前者を大きく下回るときは，『特に有利』な
払込金額による発行と評価する」という方法である。

　このような新しい解釈論は，今日の裁判例の採用するところとなっている。
たとえば，東京地決平成 18・6・30[6] は次のように判示する。

---

6)　判タ 1220 号 110 頁（サンテレホン事件，百選 28，商判 I -64）。

会社法238条3項2号にいう「特に有利な金額」による募集新株予約権の発行とは，公正な払込金額よりも特に低い価額による発行をいうところ，募集新株予約権の公正な払込金額とは，現在の株価，行使価額，行使期間，金利，株価変動率等の要素をもとにオプション評価理論に基づき算出された募集新株予約権の発行時点における価額（以下「公正なオプション価額」という。）をいうと解されるから，公正なオプション価額と取締役会において決定された払込金額とを比較し，取締役会において決定された払込金額が公正なオプション価額を大きく下回るときは，原則として，募集新株予約権の有利発行に該当すると解すべきである。

　同趣旨の判示は，その後の裁判例でも繰り返されており[7]，新しい解釈論は，裁判実務に定着したと評価することができる。

(4)　新株予約権の公正な価値をどのように評価するか

　それでは，新株予約権の発行時点における公正な価値（前掲東京地決平成18・6・30にいう，「公正なオプション価額」）は，どのようにして評価すればよいのであろうか。

　ここで，本書第2章（DCF法による株式価値の評価）を読んだ読者は，「将来の期待利得（キャッシュフロー）を適切な割引率（安全利子率にリスクプレミアムを加えたもの）で割り引いて現在価値を求める」というDCF法によって，新株予約権の価値も評価することができるのではないか，と考えるかもしれない。たとえば，(2)の【設例I】の新株予約権は，権利行使日に，50%の確率で50円，残り50%の確率で0円の利得が得られる。したがって，この新株予約権が1年後にもたらす利得の期待値（期待利得）は，50%×50＝25（円）である。そこで，期待利得25円を適切な割引率で割り引けば，新株予約権の発行時点における現在価値を求めることができるように思われる。

　しかし，DCF法によって新株予約権を評価しようとする場合，「権利行使時の株価は何%の確率で何円になるのか」といった株価予測をしなければならない。それは簡単ではないだろう。また，新株予約権の現在価値を求めるには，そのリスクに応じた適切な割引率を決める必要があるが，これも簡単な作業で

---

[7]　札幌地決平成18・12・13金判1259号14頁（オープンループ事件）参照。新株予約権付社債に付された新株予約権の有利発行に関する事例であるが，東京地決平成19・11・12金判1281号52頁〔商判I -173〕，名古屋地決平成20・11・19金判1309号20頁も参照。

はない。

　実は，新株予約権を含むオプションについては，ある巧妙な手法により，DCF 法に伴う上記のような困難をスキップして，その価値を評価することができることが知られている。これは，1970 年代以降に経済学のファイナンス理論の分野で一大発展を遂げた，オプション評価理論の成果の１つである。前述の東京地決平成 18・6・30 を初め，近時の裁判例は，オプション評価理論に基づいて新株予約権の公正な価値を評価し，有利発行性を判断しているのである。こうしたオプション評価理論を正確に理解するには，大学レベルの数学的知識を必要とする。そこで，厳密な説明は専門書に譲り（ハル・後掲 11-13 章，McDonald・後掲 11-15 章），以下では，最も標準的なオプション評価理論である二項モデル（binomial model）について，その基礎にある考え方をごく簡単に説明することにする（法律家向けのオプション評価理論の入門として，藤田・後掲③も参照）。

　なお，新株予約権がコール・オプションであることから，以下の説明も，もっぱらコール・オプションを念頭に置いて行うことにする。プット・オプションについては，コール・オプションの価値が分かれば，プット＝コール・パリティという公式に従いその価値を求めることができるが，興味のある人は専門書に当たってほしい（ハル・後掲 9.4 節，McDonald・後掲 12.1 節）。

4　オプション評価の基礎理論——二項モデルの基本的な考え方

（1）　設　　例

> 【設例Ⅱ】　ある株式を原資産とするコール・オプションの現在の価値を考えてみよう。このコール・オプションは，現在から１年後の日に，権利行使価額 150 円で，１個につき１株の株式を購入できるものとする（つまり，このオプションは，特定の１日を権利行使日とするヨーロッパ型オプションである）。また，株式の現在の株価は 120 円であり，権利行使日である１年後には，200 円または 100 円になるとする。また，期限を１年として借入れをする場合の金利は，年率 5% であるとする。[8] なお，権利行使日までに，この株式について配当は支払われないとする。[9]

---

8)　オプション評価理論では、本来、利率は連続複利（高校の数学Ⅲの範囲）を用いるが，

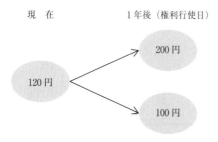

図表 7-1　株価の二項分岐

現　在　　　　　　　　1 年後（権利行使日）

120 円　　　200 円

　　　　　　100 円

【設例 II】で想定されている株価の動きを図示すると，図表 7-1 のようになる。このように，二項モデルでは，株価が「上昇」か「下降」かの 2 とおりに変化すると想定する[10]。なお，ここで読者は，株価が 200 円または 100 円になるという想定はどこから出てきたのか，という疑問を持つかもしれない。こうした将来株価の想定は，もちろんでたらめに行ってよいものではなく，現在の株価（120 円），および，この株式の収益率のボラティリティ（**5**(2)で後述）の予測に基づいて，一定の理論に従って導出するのである。そのことは，**5**(2)で簡単に触れる。今はさしあたり，将来株価の想定についてはそのまま受け入れた上で，読み進めてほしい。

(2)　コール・オプションから得られる利得

【設例 II】のコール・オプションの評価をするにあたり，まず，現在においてこのオプションを 1 個（1 株分），購入した場合，1 年後の利得がどうなるかを確認しよう。1 年後の株価が 200 円のときは，権利者はオプションを行使し，株価と行使価額の差額 50 円を得る。他方，株価が 100 円のときは，オプションは行使されず，利得は 0 円である。したがって，コール・オプションを購入した場合の 1 年後の利得は，図表 7-2 のようになる。

　　　本設例では、わかりやすさを優先し、利率は 1 年単位の複利とする。たとえば，100 円を年利 5％ で 1 年間借りた場合に返済すべき元利金は，$100 \times (1+0.05) = 105$（円），2 年間借りた場合のそれは，$100 \times (1+0.05)^2 = 110.25$（円）となる。

9)　もしも配当が支払われる場合，(3)で後述する等価ポートフォリオの作り方が若干複雑になる（株式には配当が払われるが，オプションには払われないため）。しかし，考え方の基本は変わりがない。

10)　株価が 1 年で 2 通りにしか変化しないという想定は，いかにも非現実的である。実務で実際に使われる二項モデルは，権利行使時までの期間を多数の部分期間に細分化するものである（**5**(3)で後述）。ただ，ここでは，基本的なものの考え方を説明するため，もっとも単純なモデルを使うことにする。

図表7-2 コール・オプション1株分を購入した場合の1年後の利得

株　価	100 円	200 円
コール・オプションからの利得	0 円	50 円

(3)　等価ポートフォリオから得られる利得

　ここで，オプションの評価のうえで要となる，巧妙な手法が登場する。それは，「コール・オプションを購入した場合の利得とちょうど同じだけの利得が得られるような，原資産（株式）と借入れの組み合わせ（等価ポートフォリオ[11]）」を考えることである。具体的には，それは，「オプションの原資産である株式を2分の1株だけ購入する。ただし，購入資金のうち47.62円は，借入れにより調達する（借入れの返済期限は1年，利率は5%）」というものである[12]。

図表7-3 等価ポートフォリオ（株式 1/2 株購入，購入資金中 47.62 円は借入れにより調達）を保有した場合の 1 年後の利得

株　価	100 円	200 円
株式 1/2 株保有からの利得	50 円	100 円
借入金の返済	50 円	50 円
差し引き利得	0 円	50 円

　この等価ポートフォリオは，コール・オプションを1株分購入したときとちょうど同じだけの利得を1年後にもたらすことを確認しよう。まず，1年後の株価が100円の場合，株式1/2株の保有による利得は50円である。他方，借入れについては元利金を返済しなければならない。その返済額は，47.62×1.05＝50（円）である。それゆえ，差引きの利得は0円になる。これに対し，1年後の株価が200円の場合は，株式1/2株保有による利得は100円であり，借入れの元利金返済額50円を差し引いた利得は50円である（図表7-3参照）。以上の（差し引き）利得は，図表7-2で示したコール・オプションからの利得とち

---

11)　金融資産の組み合わせのことをポートフォリオという。ここでのポートフォリオは，コール・オプションを保有した場合とちょうど同じだけの利得が得られることから，等価ポートフォリオ（equivalent portfolio）というわけである。

12)　現実には，もちろん，1株未満の数の株式を購入することはできない。本文でいっていることの実際上の意味は，「コール・オプション100個分の価値は，『株式50株を購入する。ただし購入資金のうち4,762円を借入れによりまかなう』という内容のポートフォリオの価値と等しい」ということであり，それをオプション1個分の価値に引き直せば，本文のようにいえる，ということである。

ょうど同じになっている。

(4)　オプション価値の評価

このように，コール・オプションの保有と等価ポートフォリオの保有は，1年後にちょうど同じだけの利得をもたらす以上，現在における両資産の保有コスト（それを保有するのに要する自己資金）もまた，ちょうど同じになっているはずである。等価ポートフォリオを保有するためには，現在の株価 120 円の株式を 1/2 株購入する必要があり，その購入額は 60 円であるが，購入額のうち 47.62 円は借入れでまかなうから，結局，購入に必要な自己資金は 60 − 47.62 ＝ 12.38（円）となる。そうであるとすれば，コール・オプションの保有コスト──すなわち，コール・オプションの現在の価値──もまた，12.38 円でなければならない。もしも金融市場において，12.38 円よりも低い価額でコール・オプションが売られているとすれば，それは，コール・オプションの価値が原資産である株式と比べて割安に評価されているということであるから，投資家は，コール・オプションを買い，逆に株式を売ることによって，利益を得ることができる。このような投資家の行動は，コール・オプションの需要を増大させることにより，その価格を理論値である 12.38 円に押し上げるであろう。逆に，金融市場でコール・オプションが 12.38 円よりも高い価格で売られている場合は，投資家は，コール・オプションを売り，株式を買うという行動に出ることとなり，それがコール・オプションの供給を増大させ，その価格を理論値である 12.38 円まで押し下げるであろう。

このようにして，【設例Ⅱ】のもとでは，コール・オプションの公正な価値は 12.38 円と評価されることになる。

オプション評価の基本的な考え方は，以上に説明したとおりである。次項では，オプション評価に関して知っておいたほうがよいと思われるさまざまな事項についてコメントしよう。

5　オプション評価理論についての追加的説明

(1)　権利行使時の株価の期待値（あるいは期待収益率）はオプションの評価には不要である

前項*4*の【設例Ⅱ】では，1年後の株価が何パーセントの確率で 100 円となり，

何パーセントの確率で 200 円になるのか，ひいては，1 年後の株価の期待値が
いくらかになるかについては特に明らかにしないまま，オプションの価値を評
価できたことに注目してほしい。そうした確率ひいては期待値がいくらであろ
うとも，コール・オプションの価値は，等価ポートフォリオの保有コストと同
額であることから 12.38 円と算定できるのである。

　一般に，オプションの評価のためには，原資産である株式の現在の株価（*4*
の【設例Ⅱ】では，120 円）を知る必要があるが，権利行使時における株価の期
待値を知る必要はない（あるいは，同じことであるが，権利行使時までの株式の期待
収益率を知る必要はない）。このことを直感的に説明すると，現在の株価は，将
来の株価に関する予測を織り込んで形成されているため，現在の株価に関する
情報を得れば，権利行使時の株価の期待値に関する情報を重ねて必要とはしな
いのである。

(2)　株式収益率のボラティリティはオプション評価にとって必要である

　他方，これに対して，権利行使時までの株式収益率のボラティリティ（vola-
tility）は，オプションの評価に影響する。ここでボラティリティとは，標準偏
差のことである（→ *Column 7-1* 参照）。

Column 7-1　統計用語の基礎知識

　高校で確率・統計を習わなかったか，習ったけれど忘れてしまった人のために補
足すると，偏差（平均すなわち期待値からの距離）の 2 乗の期待値を分散といい，分散
の平方根を標準偏差という。たとえば，現在 1 株 100 円の株式が，1 年後には，60
％ の確率で 200 円になり，40% の確率で 75 円になるとする。この場合，現在から
1 年後までの株式投資の（年次）収益率は，60% の確率で 100%（＝(200−100)/100），
40% の確率で−25% となる。したがって，この株式の年次収益率の期待値（年次期
待収益率）は，

$$0.6 \times 100\% + 0.4 \times (-25\%) = 50\%$$

となる。他方，年次収益率の分散は，偏差（実現しうる収益率と期待収益率の差）の 2
乗を，各々の収益率が実現する確率によって加重平均したものであるから，

$$0.6 \times (100\% - 50\%)^2 + 0.4 \times (-25\% - 50\%)^2 = 0.375$$

になる。よって，年次収益率のボラティリティ（標準偏差）は，$\sqrt{0.375} = 0.612 =$
61.2% となる。

　一般に，原資産である株式のボラティリティが大きいほど，オプション価値は高くなる。その理由は，次のとおりである。ボラティリティの大きい株式は，権利行使時までに株価が大きく上昇することもあれば，逆に大きく下落することもある。株価が権利行使価額を超えて大きく上昇すれば，コール・オプションの権利者の利得はそれだけ大きくなる。ところがこれに対し，株価が権利行使価額を下回って大きく下落したとしても，コール・オプションの権利者は，オプションを行使しなければ何の損失も被らない。つまり，株価のボラティリティが大きいことは，もっぱら，オプションの権利者の利得，ひいては，オプションの価値を高める方向に働くのである。

　このように，権利行使時までの株式収益率のボラティリティは，オプションの評価のために必要であるため，何らかの方法で予測する必要がある。通常は，過去における株式収益率のボラティリティの実績値をもって，権利行使時までのボラティリティの予測値とすることになる[13]。

　なお，前項4で紹介した二項モデルにおいては，株式収益率のボラティリティについて何も想定せずに，オプションの価値を評価したように見えたかもしれないが，そうではない。二項モデルにおいては，将来の株価について，「上昇」と「下降」それぞれの想定がされるが，そうした将来株価の想定は，株式収益率のボラティリティの予測に基づいて（その予測値に合致するように）行うのである。4の【設例Ⅱ】では，株価は 100 円または 200 円になると想定したが，もっと収益率のボラティリティが大きい株式であれば，値幅のより大きい想定（たとえば，50 円または 250 円になるといった想定）をしていたはずである。

　ある株式につき，現在の株価と予測ボラティリティから，二項モデルにおける将来株価（上昇・下降のそれぞれ）の想定を導出する公式が存在するが（ハル・後掲 11.7 節），数学的に難しくなるので説明は省略する。ここでは，「オプション評価のためには，権利行使時までの株式の期待収益率の予測は必要ない

---

13)　実際には，個々の株式（銘柄）の収益率のボラティリティは時期によってかなり変化するので，過去の実績に基づく予測には問題がないわけではない。とはいえ，それに代わる方法を考えることも難しい。

が，収益率のボラティリティの予測は必要である（二項モデルにも，将来株価に関する想定の中に後者の予測は組み込まれている）」ことだけ，頭に入れてほしい（なお，→ *Column 7-2* も参照）。

Column 7-2　二項モデルにおける安全利子率の想定

　　二項モデルについて，もう一つ指摘しておきたいことがある（やや高度な話で，かえって混乱するかもしれないので，自信のない読者は読み飛ばしてもよい）。一般に，収益率のボラティリティは，実現する可能性のある収益率の値だけでなく，それぞれの値が実現する確率にも依存する。そうだとすれば，過去の実績値から株式のボラティリティを予測し，その予測に合致するように，二項モデルの将来株価を想定する際には，上昇・下降それぞれの株価について想定を置くだけでなく，それぞれの株価が実現する確率についても，一定の想定を置かなければならない。ただし，重要な点は，その場合に想定する確率は，真実の確率と一致しなくても構わないということである。というのも，(1)で明らかにしたように，確率（ひいては，将来株価の期待値）についてどのように想定しようと，等価ポートフォリオの保有コストを算定する方法でオプションの価値は一義的に算定できるからである。評価の実務では，株式の期待収益率がちょうど安全利子率（確実に返済を受けられる債券の金利。→第2章Ⅱ2および後掲注15）参照）と等しくなるように確率を想定する（安全利子率の想定）。これは，そのようにするとオプション価値の算定が容易になるためであって，実際に，株式の期待収益率が安全利子率に等しいと考えているためではない（株式投資はリスクを伴うため，投資家がリスク回避的であれば，株式投資の期待収益率は，安全利子率を上回らなければならない）。

　　この問題に限らず，安全利子率の想定（を置くことができること）は，オプションの評価にとって重要な役割を果たすが（たとえば，後述するモンテカルロ法は，安全利子率の想定を置けることが前提になる。McDonald・後掲24章），これ以上に詳しい説明は，専門書に譲っておこう（ハル・後掲11章，McDonald・後掲13-14章）。

---

(3)　拡張された二項モデル

　前項 *4* で紹介した二項モデルは，権利行使日である1年後までの期間中，株価が「上昇」と「下降」という2通りの値動きしかしないと想定した点で，非現実的に単純化されていた。これをより現実的にするには，権利行使日までの期間を多数の部分期間に細分化し，各部分期間において，株価が「上昇」または「下降」する，と想定すればよい。たとえば，**図表 7-4** は，権利行使日

図表7-4 拡張された二項モデル

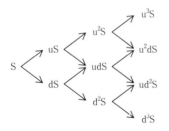

までの期間を3つの部分期間に細分化している（権利行使日が1年後であるとすれば，各期間の長さは4か月）。そして，株価は当初S円であり，各部分期間に，期初の株価のu倍またはd倍になると想定している（0＜d＜1＜u）。

このように拡張された二項モデルにおいても，前項の単純なモデルと同様，「オプションと等価のポートフォリオを考え，その保有コストを求める」という発想で，オプション価値を評価することができる（ただし，この場合には，細分化した部分期間ごとに，株価の動きに応じて等価ポートフォリオを「組み替えていく」必要がある）。

実は，二項モデルにおいて，権利行使日までの期間を無限に細分化していった場合，それに基づくオプション価値の評価は，次に述べるブラック・ショールズ公式による評価と一致することが知られている。そこで次に，この公式について紹介しておこう。

(4)　ブラック・ショールズ公式

ブラック・ショールズ公式は，ヨーロッパ型オプションを評価するための公式である。1970年代に開発（発見）された同公式は，オプション評価理論の金字塔ともいえるものである[14]。具体的には，ヨーロッパ型のコール・オプションの公正な価値(C)は，次の公式によって求められる（McDonald・後掲377頁参照）。

> ブラック・ショールズ公式（コール・オプション）
>
> $$C = S_0 e^{-\delta T} N(d_1) - K e^{-rT} N(d_2)$$
>
> $$d_1 = \frac{\ln\left(\dfrac{S_0}{K}\right) + \left(r - \delta + \dfrac{1}{2}\sigma^2\right)T}{\sigma\sqrt{T}}$$

---

14)　同公式の発見者の一人であるMyron Scholesは，1993年に，同公式の拡張・応用について重要な貢献をしたRobert Mertonとともに，ノーベル経済学賞を受賞した（もう1人の発見者であるFischer Blackは，1989年に死去したため，ノーベル賞はもらえなかった）。

$$d_2 = d_1 - \sigma\sqrt{T}$$

ここで,

S_0：現資産である株式の現在の株価　K：権利行使価額

T：権利行使日までの期間　σ：ボラティリティ（株式収益率の標準偏差）

r：金利（安全利子率）　δ：配当率

$N(\cdot)$：標準正規分布の累積分布関数　$\ln(\cdot)$：自然対数　e：自然対数の底

　公式に使用されている数学の概念がそもそもわからない，という読者も少なくないだろう（自然対数やその底は，高校の数学Ⅲレベルの知識）。本書は，あまり高度な数学は避ける方針で執筆しているので，以下では，同公式の詳しい説明は省略し，ただ，同公式が用いているオプション評価のための諸要素と，それら諸要素が，オプションの価値にどのように影響するかを簡単に説明するにとどめる。そのうえで，同公式によって求めたオプションの価値をグラフでみてもらうことにしよう。

(5)　各要素がオプション価値に与える影響

　第1に，原資産である株式の現在の株価（S_0）が高いほど，コール・オプションの（現在の）価値は高い。現在の株価が高いほど，権利行使日における株価も高く，コール・オプションの行使によってより多くの利得を得られると期待できるからである。第2に，**権利行使価額**（K）が高いほど，コール・オプションの価値は低い。権利行使価額が高いということは，コール・オプションの行使のためにより多くの費用を要するということだからである。この2つは，容易に理解できるだろう。

　第3に，原資産である株式の収益率のボラティリティ（σ）が大きいほど，オプションの価値は高い。これは，(2)で説明したとおりである。

　第4に，**金利ないし安全利子率**（r）[15]が高いほど，コール・オプションの価

---

15)　一般に，オプション評価理論では，金利としては安全利子率（貸倒れの可能性が無視できる債券，たとえば国債の金利）が用いられる。これは，*4*で説明した等価ポートフォリオを構築しようとする場合，借入れは安全利子率で行うことができるという前提を置いていることになる。借入れに際しては，等価ポートフォリオを構成する株式自体を担保にすることもできることに鑑みれば，これは必ずしも非現実的な想定ではない。以下では，一般的なやり方に従って，これまで（*4*【設例Ⅱ】において）単に「金利」といっていたのに代え，「安全利子率」を用いることにする。

値は高い。なぜなら，安全利子率は，権利行使価額（K）の現在価値を求める際の割引率（→第2章参照）になるため，安全利子率が高いということは，現在価値で見た場合のオプションの行使費用（K）が安いということを意味するからである。

　第5に，**配当率**（δ：権利行使日までに支払われると予想される配当額の株価に対する割合のこと）が高いほど，コール・オプションの価値は低くなる。なぜなら，権利行使日までに多くの配当が支払われるほど，会社財産は流出し，コール・オプションを行使した際に受け取れる株式の価値が低下するからである（コール・オプションを保有しているだけでは，株主と違って配当は受け取れないことに注意）。

　第6に，**権利行使日までの期間の長さ**（T）がコール・オプションの価値に与える影響は複雑である。具体的には，次の3つの要因が介在する。第1に，Tが長いほど，権利行使日までの株式収益率のボラティリティが大きくなる（ボラティリティ効果[16]）。これは前述のように，オプションの価値を高める方向に働く。第2に，Tが長いということは，権利行使日に必要になる権利行使価額の現在価値がより低いことを意味する（金利効果）。これも，コール・オプションの価値を高める方向に働く。しかし第3に，Tが長い場合，その期間中に，より多くの配当によって会社財産が流出することになる（配当効果）。これは，コール・オプションの価値を低めることにつながる。したがって，権利行使日までの長さとコール・オプションの価値の関係は，一義的ではない。配当率（δ）が安全利子率（r）を下回るときは，権利行使日までの期間が長いほどコール・オプションの価値は高いと一般にいえる。しかし，δがrを大きく上回る場合は，配当効果が，ボラティリティ効果と金利効果を上回り，権利行使日までの期間が長いほど，コール・オプションの価値が低くなるということが起こりうる（→(6)参照）。

(6)　コール・オプションの評価額のグラフ

　図表7-5は，ブラック・ショールズ公式により，現在の株価（S_0）に応じて，

---

16)　株価がランダム・ウォークする（藤田・後掲③111頁参照）という仮定のもとでは，ボラティリティの大きさは，期間の長さの平方根に比例する。

図表 7-5　ブラック・ショールズ公式によるヨーロッパ型コール・オプションの評価額

グラフ①　$K = 400$（円）；$\sigma = 30\%$（年次）；$r = 1\%$（年次）；$\delta = 0\%$（年次）；$T = 3$ or 10（年）

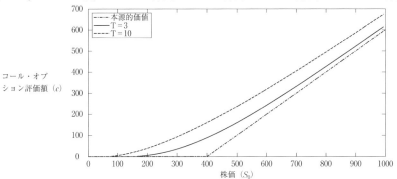

グラフ②　$K = 400$（円）；$\sigma = 30\%$（年次）；$r = 1\%$（年次）；$\delta = 2\%$（年次）；$T = 3$ or 10（年）

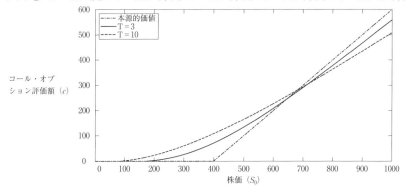

権利行使価額 400 円のコール・オプションの現在の評価額（c）がどのように変化するかを示したものである。株式の年次収益率のボラティリティ（σ）を 30％，安全利子率（r）を年利 1％ としている。

　配当率と安全利子率の大小によって，権利行使日までの期間の長さがオプション価値に与える影響が異なることを示すため，グラフ①では配当率（δ）が年利 0％ の場合，グラフ②では配当率が年利 2％ の場合を示し，それぞれの場合において，権利行使日が 3 年後である（$T=3$）ときと 10 年後である（$T=10$）ときの各場合について，コール・オプションの評価額を示している。

　グラフ中，一点破線の直線は，「仮に現在の時点が権利行使日であるとした

場合の，コール・オプションの価値」を示しており，これを**本源的価値**という。現在の株価が，権利行使価額（400円）を下回るときは，オプションは行使されないからその価値はゼロであり，逆に権利行使価額を上回るときは，「株価－権利行使価額」がオプションの本源的価値となる。

　グラフ①は，配当率が安全利子率を下回る場合である。この場合，オプションの価値は本源的価値を上回る（上回る部分を時間価値という）。そして時間価値は，権利行使日までの期間が長いほど大きい。たとえば，現在の株価が400円（権利行使価額と同額）の場合，コール・オプションの本源的価値は0円であるが，権利行使日が3年後であるコール・オプションの評価額は，86.8円であり，権利行使日が10年後であるコール・オプションの評価額は，158.7円と計算できる。

　これに対し，配当率が安全利子率を上回るグラフ②の場合は，特に現在の株価が比較的に高い場合は，オプション価値が本源的価値を下回ることがある。また，現在の株価が高い場合には，権利行使日までの期間が長いほどオプションの価値が低くなる（時間価値がマイナスになる）という，①の場合には生じなかった事態が生じる。

（7）　さまざまな評価手法とその比較

　ブラック・ショールズ公式は，その導出には高度な数学知識が必要であるが，公式に従ってオプション価値を求めることは非常に簡単である。実際，エクセル等のパソコンソフトで標準正規分布や自然対数，指数関数等のコマンドを知っていれば，読者もオプション価値を計算することができる[17]。公式に代入すべき諸要素は，ボラティリティを別にすれば（これは，過去の実績値から予測する必要がある），原資産の株価や安全利子率（通常，国債の金利を使う）など，簡単に入手できる情報ばかりである。

　もっとも，ブラック・ショールズ公式は，特定の1日のみを権利行使日とするヨーロッパ型オプションを評価するための公式である。アメリカ型オプションは，権利行使期間の満了前にオプションを行使すること（早期行使）が権利

17）　図表7-5のグラフは，MATLABというポピュラーな数学ソフトウェアを用いて筆者が作成した。

者にとって有利になることがあるが，その場合，ブラック・ショールズ公式を[18)]
用いると，（早期行使の可能性を考慮せず，権利行使期間の満了日にしか権利は行使さ
れないと想定するため）オプションの価値を誤って低く評価してしまうことにな
る。その点，二項モデルの場合は，早期行使の可能性も考慮してモデルを設計
することが可能であるため，アメリカ型のコール・オプションも評価すること
ができる（半面，モデルの設計により多くの専門知識が必要になる）。

　なお，オプションの種類によっては，ブラック・ショールズ公式はもちろん，
二項モデルによっても評価しにくいものがある。その1つは，権利行使価額が
あらかじめ特定されておらず，たとえば，「権利行使日の直前3取引日におけ
る株価の平均」というような，ある一定期間の株価を基準に定まるオプション
（これを，アジア型オプションという）である。このようなオプションについては，
安全利子率や株価のボラティリティ等について一定の前提を置いたうえで，コ
ンピュータを使って，将来の株価の値動きのシミュレーションを行い，そのシ
ミュレーションの下でのオプション権利者の利得を計算し，同様のシミュレー
ションを何千，何万回も行って利得の平均を求める，という方法により，オプ
ション価値を評価することがある。こういう手法を，モンテカルロ法という
（ハル・後掲19章，McDonald・後掲19章）。新株予約権の中には，発行後の株価
に応じて行使価額が修正される条項（行使価額修正条項）が付されたものがある
が，こうした新株予約権の評価の際に，モンテカルロ法を利用することができ[19)]
る。

6　裁判例における新株予約権の評価の実際
(1)　オプション評価理論を用いた新株予約権の価値の評価

　これまで説明したようなオプション評価理論に基づいて，新株予約権の発行
時におけるその公正な価値を求めることができる。そして，その公正な価値と

---

18)　具体的には，配当率が安全利子率を上回る場合，早期行使をして配当を受けたほうが有
　　利になる場合がある。
19)　札幌地決平成18・12・13金判1259号14頁（オープンループ事件）は，行使価額修正
　　条項付新株予約権をモンテカルロ法によって評価した申立人株主側の算定機関の評価を採
　　用した（→後述6(3)参照）。

新株予約権の払込金額とを比較し，後者が前者と比べて特に低額である場合には，「特に有利」な払込金額による新株予約権発行であると解することができる（→ *3*(3)参照）。

　ただし，実際の新株予約権の評価においては，これまで触れてこなかった要因が重要になることがある。たとえば，新株予約権は，一定の事由が生じた場合（たとえば，株価が一定額以上になった場合）に，発行会社が一定の価格（取得価格）でこれを取得することができるという条項が付される場合がある（236 条 1 項 7 号）。こうした取得条項の付された新株予約権の価値は，それが付されていない場合と比べて低下するので[20]，新株予約権の公正な価値を求める際には，取得条項の存在も勘案して行う必要がある。

(2)　取得条項付新株予約権の評価

　もっとも，取得条項については，それが発動する現実的可能性についても考慮しなければならない場合もある。前述した東京地決平成 18・6・30 は[21]，Y 会社の取締役会が発行を決議した募集新株予約権（以下，本件新株予約権という）が，引受人に「特に有利」な払込金額で行われているのに株主総会の特別決議を経ていないとして，Y 会社の株主（X）が，発行差止めの仮処分（247 条 1 号，民保 23 条 2 項）を求めた事例である。本件新株予約権には，権利行使期間中に，Y 会社が取締役会の決定により，本件新株予約権の払込金額と同額（1 個当たり 9 万 1000 円）でこれを取得することができるという条項が付されていた。Y 会社の依頼に基づき本件新株予約権の価値評価を行った算定機関は，Y 会社は，「経済合理性の見地」から，権利行使期間の初日（本件新株予約権の発行決議日の 18 日後である平成 18 年 7 月 4 日）に，取得条項に基づき本件新株予約権の取得を決定するはずであると想定し，その想定に基づいて，本件新株予約権の価値を 9 万 949 円と評価した。

　しかし，裁判所は，以上の評価を妥当と認めなかった。その理由は，「Y 会社は，［本件新株予約権］の発行の目的は平成 18 年 4 月 5 日に行われた社債の

---

20)　発行会社は，取得条項を発動するかどうか決定する日におけるオプションの公正な評価額が取得価格を上回る場合にのみ，取得条項の発動を決定するはずであるから，取得条項があることは，もっぱら新株予約権の評価額を低める方向に働くのである。

21)　前掲注 6) 参照。

償還費用として借り入れた 25 億円……の返済に充てることにあると主張しているところ，……行使期間の初日である同年 7 月 4 日に Y 会社の取締役会が取得日を定める決定をしたのでは，このような資金調達の目的を達成することはおよそ不可能」になってしまうからである。このように判示したうえで，裁判所は，もしも取得条項がないと仮定して本件新株予約権を二項モデルに基づいて評価した場合は，その公正な評価額は最低でも 154 万 4730 円になるという，X 側の算定機関の意見を根拠にして，当該価額を大幅に下回る 9 万 1000 円にまで払込金額を下げる合理的な理由を見いだすことは困難であると判断し，本件新株予約権の発行差止めの仮処分を命じた。

　この事件に見られるように，実際の裁判では，評価の際に用いられた想定が合理的かどうかという点に立ち入った判断が求められることもある。

(3)　行使価額（下方）修正条項付新株予約権の評価

　評価の際に用いられた想定の合理性が問われた他の裁判例として，札幌地決平成 18・12・13[22] を見よう。同事件で有利発行性が争われた新株予約権は，権利行使価額が，発行時点の発行会社（Y 会社）の株価の 3 倍程度の高さに設定されていた。しかし，この新株予約権には，Y 会社は新株予約権の発行後に，取締役会の決定によって権利行使価額を修正できるという内容の条項（行使価額修正条項）が付されており，仮に当該条項に基づいて Y 会社が修正を決定した場合，権利行使価額は，修正日に近接した時期の Y 会社の株価の 92% に修正されることになっていた。裁判所は，本件で Y 会社は，M&A 等の資金調達目的で新株予約権の発行をすると主張しているところ，本件の新株予約権が行使されることが経済合理的に見込まれるのは，権利行使価額が修正される場合に限られることから，Y 会社が資金調達目的を実現するためには，権利行使価額を修正する可能性が高いとし，修正を織り込んだ新株予約権の価値をモンテカルロ法により算定した申立人株主（X）側の算定機関の意見に基づき，本件の新株予約権は「特に有利」な払込金額による発行であると判断し，差止めの仮処分を命じた。

　この札幌地裁決定については，たとえ資金調達目的があるとはいえ，既存株

---

22)　前掲注 7)　参照。

主の不利になるような権利行使価額の下方修正を Y 会社の取締役会は行うであろうか，という疑問が生じるかもしれない。しかし，本件当時，Y 会社は X による株式買集めの対象となり，それに対して Y 会社が買収防衛策を導入するなど，経営支配権をめぐる対立が起きていた。こうした状況下では，Y 会社は，X の持株比率を低下させるべく，新株予約権の行使を促すために権利行使価額を下方修正することは十分に考えられる（白井・後掲 130 頁）。このように，有利発行性が争われる事件では，経営支配権の対立が存在しているため，発行会社の取締役会の経営判断に必ずしも信頼を置けない場合が多い。経営についても金融商品の評価についても専門家とはいえない裁判所が，あえて新株予約権の価値評価の問題（価値評価の際に使用した想定の合理性の問題も含めて）に踏み込まなければならない理由も，その点にある。

Ⅲ　オプションとしての新株予約権付社債

1　意　　義

　新株予約権付社債とは，新株予約権を付した社債のことである（2 条 22 号）。新株予約権付社債には，権利行使の際に，権利者は金銭を会社に払い込んで株式の交付を受け，社債については引き続き保有するタイプのものと，権利行使に際し，社債それ自体が出資の目的（236 条 1 項 3 号参照）となり，権利者は，社債の消滅と引換えに株式の交付を受けられるタイプのもの（これを転換社債型という）とがある。現在，日本で発行されている新株予約権付社債のほとんどは，転換社債型である。

2　新株予約権付社債の有利発行性の判断

　新株予約権付社債も，新株予約権の一種である以上，有利発行であるか否かが裁判上の争点となりうる。実務上，転換社債型新株予約権付社債の払込金額は，その全額が社債部分の払込金額（676 条 9 号）からなるものとされ，新株予約権部分については，金銭の払込みを要しない（払込金額 0 円）ものとして発行されることが通常である。しかし，それをもって，新株予約権の有利発行であると判断するのは早計である。なぜなら，新株予約権付社債の利率は，新株

予約権が付されている分だけ，発行会社が普通社債を発行する場合であれば要求されていたであろう利率よりも低く設定されていることが通常であるため，そうした社債条件も勘案して有利発行性を判断する必要があるからである。その点を踏まえて，東京地決平成19・11・12[23]は，新株予約権付社債の有利発行性の判断は次のような方法で行うべきものとした。

> ①　発行会社が，普通社債を発行したと仮定した場合に支払うべき利息と，新株予約権付社債に付された利息の差の現在価値を算定する。これは，新株予約権の実質的な対価ということができる。
> ②　新株予約権付社債に付された新株予約権の公正な価値を，オプション評価理論に基づき算定する。
> ③　①の価値が②の価値を大きく下回る場合，「特に有利」な発行と判断する。

　東京地裁は，このような評価方法（新株予約権の価値を社債部分とは分離して評価するため，分離評価と呼ばれる）を，本件で問題となった転換社債型新株予約権付社債（以下，単に「転換社債」という）に当てはめ，結論としては，有利発行ではないと判断した。

　しかし，転換社債の場合，新株予約権が行使されると社債は消滅するというように，新株予約権と社債とは分かちがたく結びついているため，新株予約権の部分だけを切り離して評価するということが果たしてできるのか，という疑問が生じる。詳しくは別稿に譲るが（田中・後掲②），評価実務では，転換社債を新株予約権部分と社債部分に分けるようなことはせずに，むしろこれを一体の金融商品として評価すること（一体評価）が一般的なようである。そうであるとすれば，裁判においても，転換社債を一体評価し，その評価額と，転換社債の払込金額を比較することによって，有利発行性を判断することが合理的であると筆者は考えている。転換社債は，取得条項や行使価額（転換価額）修正条項などの条件が複雑に付されたものが多いが，そのような場合も，株価変動や社債のデフォルト率，および発行会社と転換社債の権利者の行動パターンについて一定の前提を置いたシミュレーションにより，権利者の期待利得を計算する方法（先に説明したモンテカルロ法）によって，転換社債の評価を行うこと

---

23)　金判1281号52頁（オートバックスセブン事件，百選Ap32，商判Ⅰ-173）。

ができる。

Ⅳ　オプションとしての株式

1　株式がオプションであること

　本章では，新株予約権が株式を原資産とするコール・オプションであること，そしてそれゆえに，新株予約権の有利発行性の判断にはオプション評価理論を用いることができることを明らかにしてきた。

　しかし，実は株式そのものも，オプションとしての性質を持っているのである。この場合，原資産に当たるものは，会社の総資産である。そのことを，次のような単純な設例で明らかにしよう。

> 【設例Ⅲ】　ある株式会社は，1年後に期限が到来する債務1億円を負担しているとする（他に債務はないとする）。期限の到来する1年後において，仮に会社の総資産が1億円以上あれば，会社は1億円を債権者に弁済する。残りの会社資産は，会社の実質的所有者である株主のものであるといってよかろう。これに対し，仮に1年後の会社の総資産が1億円未満であれば，会社は全資産をもって債権者に弁済し，株主の取り分はゼロとなる（有限責任である株主は，会社債務について個人で責任は負わない。104条）。

　【設例Ⅲ】における株主と債権者の利得を考えると，図表7-6のようになる。この図表から，株主の経済的地位（ポジション）は，「会社の総資産を原資産とし，行使価額を1億円とし，権利行使日を1年後の日とするコール・オプションの権利者」のポジションとほぼ同じであることがわかる。[24] 逆に，債権者のポジションは，「会社資産を保有すると同時に，上記のオプションを株主に売っ

24）「ほぼ」という限定句を付したのは，厳密にいえば，株主は権利行使日に債務を弁済して初めて会社資産の（実質的な）所有者になるのではなく，むしろ権利行使日前から所有者であるためである（たとえば，権利行使日前に会社が配当をすれば，それは株主が受け取ることになる）。本文よりもさらに正確に株主の地位を表現するなら，「①会社資産を保有し，②1億円の債務を債権者に対して負担し，かつ③会社資産を原資産とし，権利行使日は1年後の日，行使価額は1億円，義務者は債権者であるプット・オプションを保有する地位」ということになる。もっとも，権利行使日までに配当が支払われないのであれば，株主の地位は，本文のような（より単純な）ポジションによって表現できることになる。

ている」ポジションであるといえる。もしも原資産（会社の総資産）が権利行使価額以上であれば，株主はオプションを行使し（債務1億円を弁済することがそれに当たる），原資産を債権者から入手する。逆に，もしも原資産が権利行使価額未満であれば，株主はオプションを放棄し，原資産は債権者が持つことになる。

図表 7-6　原資産（会社の総資産）と株主・債権者の利得

原資産（会社の総資産）の価値	株主の利得	債権者の利得
≧1億円	原資産－1億円	1億円
＜1億円	0円	原資産

2　株式がオプションであることから得られる知見

　「株主が（会社の総資産を原資産とする）コール・オプションの権利者であり，債権者はそのオプションの義務者である」という知見を得ると，会社法の問題について，より深い理解ができることがある。

　その1つは，「会社に対する債権の価値が債権の券面額未満になっているとしても，なお株式は価値を持っている」という現象が，ごく自然に理解できる，ということである。

　このことが関係する法律問題として，債務の株式化（デット・エクイティ・スワップ〔DES〕）における券面額説と評価額説の対立，というものがある。DESとは，会社の債権者が，その債権（会社にとっては債務）を会社に現物出資し，株式の発行を受けることである。DESは，財務状態の悪化した上場会社の経営再建の手段として広く用いられている（田中・後掲①）。

　DESが普及した一因として，現物出資規制に関する裁判実務の変化がある。DESに限らず，現物出資をする場合は，出資の目的物が過大に評価されることを防ぐため，裁判所の選任した検査役による調査が原則として必要とされる（207条）。かつての裁判実務は，DESの対象債権の価額を検査役が調査する際には，出資する債権を時価で評価すべきであるという見解（評価額説）に立っていた。しかし，財務状態の悪化した会社の債権の時価（一般に，債権の券面額を下回る）を評価することは難しいため，DESの円滑な実施の妨げになるといわれていた。ところが，2001年に東京地裁は，検査役の調査に際しては，債

権はその券面額により評価すれば足りるものとし，時価の評価は不要であるとの立場（券面額説）をとり，他の裁判所もそれに追随していった。これにより，検査役の調査に要する時間・費用が短縮されたため，DES は盛んに利用されるようになった（田中・後掲① 138-139 頁）。

　もっとも，裁判実務の券面額説への移行に対しては，実際には券面額未満の価値しかない債権を券面額で評価した場合，過剰な数の株式が発行され，希釈化により既存株主の利益が害されるという批判もなされた（藤田・後掲② 8 頁注67 など）。こうした批判に対しては，債権者は株主に優先して弁済を受ける権利があることに鑑みれば，債権が券面額未満の価値しかない場合，もはや株主の利益を保護する理由はないのではないか，という議論がありそうである。たとえば，券面額 1 億円の債権について DES をしようとしている場合を考えよう。もしも DES をしないとすれば，会社はこの債権を全額弁済できるか，それとも全額弁済できないかのどちらかである。仮に全額弁済できるとすれば，債権は実際に 1 億円の価値があるから，券面額で債権を評価し DES を行っても問題ないであろう。逆に，全額弁済できないとすれば，その会社は債務超過の状態であるから，もはや株式に価値はないのであり，債権をいくらと評価し何株新たに発行しようと，既存株主の利益を害するとはいえない（害されるような正当な利益をもはや株主は有していない），という議論である。

　以上の議論は，DES の対象となる債権がすでに弁済期にある場合には，妥当な主張といえるかもしれない[25]。しかし，DES の対象債権の弁済期が未到来の場合は，必ずしも妥当でない。そのことは，1 で見たように株式をオプションと見る（そして，債権者をそのオプションの売り手と見る）見方からはごく自然に理解できよう。図表 7-6 の場合を例にとろう。この場合に，弁済期に，会社の総資産額が債権額を上回る可能性が多少ともあれば，オプションである株式は価値を持つことになる。他方，弁済期に会社の総資産額が債権額を下回る可能性が多少ともあれば，債権の現在の価値（時価）は券面額を下回るであろ

---

[25]　会社法のもとでは，弁済期の到来した債権を券面額で現物出資する場合，検査役調査は不要とされることになった（207 条 9 項 5 号）。これは，本文の主張を立法が採用したものと理解することができよう。

う。

　たとえば，弁済期（1年後）における会社の総資産額は，50％の確率で2億円，50％の確率で5000万円になると予想されているとしよう。計算を簡単にするため，1年間の金利も割引率も0であるとすれば（株主・債権者双方にとって，1年後の1円も現在の1円も同じ価値であり，かつ，リスクプレミアムは0であると想定するということである），株式の現在の価値は，50％×（2億−1億）＋50％×0＝5000万（円）となり，他方，債権の現在の価値は，50％×1億＋50％×5000万＝7500万（円）となる。つまり，債権の現在の価値（時価）は券面額（1億円）を下回る一方で，株式もなお相当の価値を持っているということである。この場合に，債権を1億円と評価し，それに対応する数の株式を発行するとすれば，希釈化により，既存株主の利益は害される恐れがあろう。

　券面額説にはこうした問題があることから，学説の中には，弁済期未到来の債権についてはなお評価額説を維持するべきだと説くものもある。あるいはまた，検査役は券面額説に立って債権の価値を評価すればよいと解しつつも，発行会社の取締役会が1株の払込金額（199条1項2号）を決める際には，債権の時価を考慮してその金額を適切に調整しなくてはならない，とする見解も有力である（神田・後掲33頁など）。上の例でいうと，券面額説では債権を時価の4/3倍に評価することになるから，1株当たりの払込金額も，現在の株価の4/3倍にするべきだ，ということである。現に，上場会社の行ったDESの中には，このような見解に従って，1株の払込金額を決めた事例もある（大新東・後掲11頁）。

　弁済期未到来の債権をDESに際してどのように評価するべきかは，まだ確固たる判例のない，未解決問題である。券面額説に伴う上記の問題を自覚しつつ，企業価値を高めるDESを阻害しないように，あえて券面額説を支持する見解も近時は現れている（草野・後掲①）。

　一般に，株式がオプションとしての価値を有するということは，その価値を法的に保護するべきだということを必ずしも意味しない（草野・後掲②参照）。オプション価値をあえて無視することにより，企業価値ひいては社会全体の利益が増大する場合もある（→練習問題参照）。株式のオプション価値をどこまで保護するべきかという問題は難問であり，本章で論じきることはできない。さ

しあたりここでは，株式をオプションと認識することにより，これまで必ずしも認識されていなかった論点が見えてくるという利点を強調しておきたい。

◆練習問題◆

再建型の法的倒産手続においては，株式会社が債務超過の場合，会社法上は必要とされる株主総会の特別決議を経ることなく，裁判所の許可によって，事業の全部または重要な一部の譲渡をすることができるというルールが存在する（民再 43 条，会更 46条）。

このルールは，通常，債務超過会社の株式には価値がないため，株主には権利を認めなくても差し支えないから，というように説明されている。しかし，会社の総資産の価値（DCF 法〔第 2 章〕で評価した場合の価値の期待値）が，負債総額を下回るという意味において会社が債務超過である場合にも，オプションとしての株式はなお価値を有することがありうる。そのような場合でも，上記のルールは株主総会の決議の省略を認めているのだとすれば，そのようなルールは，企業価値（ひいては社会全体の利益）を高める事業の譲渡が株主の反対により阻害されないために，あえて株主の権利を奪うことを認めたものである，と理解することも可能であるように思われる。

その点を，以下の例で考えてみよう。

> ある株式会社は，弁済期が 1 年後に到来する債務 1 億 5000 万円を負っている一方，その総資産の価値は，1 年後には 50% の確率で 2 億円，50% の確率で 5000 万円になると見込まれているとする。
>
> 他方，この会社は，事業の全部の譲渡として，第三者に対して総資産を譲渡するという選択肢がある。その場合，当該第三者のもとで，1 年後の総資産の価値は確実に 1 億 4000 万円になるとする。
>
> なお，計算を簡単にするため，（IV 2 の設例と同様）1 年間の金利および割引率は 0であるとする。

問 1　この会社は，総資産の現在価値が負債総額を下回るという意味で債務超過になっていることを確認しなさい。

問 2　この会社は，そのまま事業を継続するよりも，第三者に事業を譲渡するほうが，その総資産の価値が高まること，および，それにも関わらず，もしも事業の譲渡に株主総会の承認を必要とするならば，株主は事業の譲渡を承認しないであろうことを，説明しなさい。

[第2版への追記]

1　新株予約権・新株予約権付社債の公正価値評価についての補足

実務上，新株予約権や新株予約権付社債（以下，「新株予約権等」という）の公正価値の評価に際しては，新株予約権等の権利者が，権利行使によって交付を受けた株式を市場で売却すると，需給バランスの悪化により株価の下落が起きる（これをマーケット・インパクトという）という前提を置き，それにより権利者の利益が減少する分だけ，新株予約権等の価値を低く評価することがある。[26]

また，そうしたマーケット・インパクトによる損失をなるべく小さくするために，権利者が，権利行使期間中に少しずつ権利行使（権利行使期間の満了前に行うことから，以下，これを「早期権利行使」という）を行い，交付を受けた株式を少しずつ市場で売却していくという前提を置くこともある。[27] Ⅱ*4*・*5*で説明した標準的なオプション理論では，市場は完全で，マーケット・インパクトは存在しないと想定している。そのような想定の下では，通常，権利者は権利行使をなるべく遅らせる（権利行使期間の満了日まで待つ）ほうが有利である。Ⅱ*5*(5)で「第6」として説明したように，権利行使までの期間が長いほど，オプション価値は高くなるためである。[28] 権利者が，マーケット・インパクトを小さくするために早期権利行使をするという前提は，標準的なオプション理論からすれば，権利者がみすみすオプション価値を放棄する行動をとるということであり，そのような前提の下での新株予約権等の評価は，当然，標準的オプション理論による評価よりも低いものになる。

確かに，大量の株式を市場で売却すれば，少なくとも一時的には，需給の不均衡により株価の下落を招くと想定することが現実的な場合は多いだろう。しかし，権利者は，権利行使により交付された株式を直ちに売却する義務を負うわけではないのであるから，もしも直ちに株式の売却をすると株価下落を招くのであれば，権利者は，適当な買い手が見つかるまで権利行使により交付された株式を保有し続ければすむのではないか，という疑問が生じる。その点からすれば，マーケット・イン

---

26)　転換社債型新株予約権付社債の有利発行性が争われた東京高判令元・7・17判時2454号64頁では，発行会社のために新株予約権の価値を評価した算定機関が，このような前提を置いた評価を行っている。

27)　東京地決平成19・11・12前掲注23）では，裁判所が，そのような前提を置いた新株予約権等の価値評価に基づいて，有利発行該当性を否定している。

28)　ただし，そこで述べた「配当効果」が大きい場合は，早期権利行使をして配当を得るほうが，権利行使期間満了まで権利行使を待つよりも有利となる場合がある（前掲注18）参照）。もっとも，上場会社の配当は，通常それほど多額でないため，配当効果が大きくなることはあまりない。

パクトや早期権利行使の前提が合理的といえるためには，当該新株予約権等の発行
に関する諸事情からして，権利者が交付を受けた株式を保持し続けることが合理的
に期待できないと認められる必要もあるように思われる。

　また，マーケット・インパクトによる株価下落の前提を置く際には，当該株価下
落は一時的なものであり，時間が経てば元の株価水準に回復すると想定する場合も
あるが，時間が経過しても元に戻らず，新株予約権が行使される都度，株価下落効
果が累積すると想定する場合もあるようである。後者の想定では，市場株価が株式
の本源的価値（第 2 章で説明したような，DCF 法により評価される発行会社の企
業価値を適切に反映した価値）を大きく下回る状態が永続することになり，その合
理性には強い疑問がある（マーケット・インパクトに関する既存の研究では，株価
下落は一時的であると想定されている。田中・後掲③ 71-81 頁）。

　以上に論じた問題からもわかるように，実際の新株予約権等の評価においては，
用いられた前提の合理性が争われることも少なくなく，オプション理論に基づけば
公正な評価額が一義的に得られるというわけではない。このことからすれば，新株
予約権等の発行条件が公正であるか（有利発行でないか）の判断に際しては，専門
的な算定機関によるオプション価値評価に依拠するだけではなく，発行条件が合理
的なプロセスを経て決定されていたか（より発行会社に有利な条件で新株予約権等
を引き受ける者が他にいないかの調査・検討を行っていたか等）という点も考慮す
ることが適切な場合もあると考える。[29]

2　オプションとしての株式についての補足

　練習問題では，法的倒産手続においては，オプション価値のある株式を有する株
主の権利をあえて奪うことにより，資産価値を高めるような事業の譲渡を可能にし
ていると理解できるような制度（民再 43 条，会更 46 条）について説明した。それ
では，法的倒産手続外では，株主の有するオプション価値は，どの程度保護されて
いるか，あるいは，保護されるべきものであろうか。黒田＝増田・後掲論文参照。

---

[29]　田中・後掲② 63 頁参照。実際に，東京高決令和元・7・17 前掲注 26）は，マーケッ
ト・インパクトにより発行会社の市場株価が 60% 以上も下落するという前提を置いた，
発行会社側の算定機関による新株予約権の評価の合理性に対して疑問を呈しつつも，当該
事件では，ブックビルディング方式（投資家への需要調査の結果を踏まえて需給バランス
により発行条件を決める方法）によって発行条件が決められていることから，「客観的資
料に基づき一応合理的な算定方法によって発行条件が決定された」として，有利発行性を
否定している。

■参考文献■

神田秀樹「債務の株式化（デット・エクイティ・スワップ）」ジュリスト 1219 号
　（2002）30 頁，33 頁

草野耕一①「ファイナンスの理論と法―― DES の分析をテーマとして」西村とき
　わ法律事務所編『ファイナンス法大全――アップデート』（商事法務，2006）1-
　62 頁

草野耕一②「株主有限責任制度の罠」同『会社法の正義』（商事法務，2011）

黒田裕＝増田友樹「債務超過会社の倒産局面における株主の地位と取締役の責任
　――福岡高判平成 26・6・27 金判 1462 号 18 頁等を題材に」田中亘＝白井正和ほ
　か編『論究会社法』（有斐閣，2020）351-358 頁（黒田），359-364 頁（増田）

白井正和「判批」ジュリスト 1363 号（2008）127-130 頁

大新東（株）平成 16 年 11 月 26 日付「会社分割，観光・芸能事業からの撤退，子
　会社の異動，第三者割当増資，資本の減少及び代表者の異動を骨子とする再建計
　画の策定と，それに伴う主要株主，筆頭株主及び親会社異動のお知らせ」

田中亘①「借り手企業の破綻法制と銀行危機」池尾和人編『不良債権と金融危機』
　（慶應義塾大学出版会，2009）109-152 頁

田中亘②「オートバックスセブン事件」中東正文＝大杉謙一＝石綿学『M&A 判例
　の分析と展開Ⅱ』（金融・商事判例 別冊，2010）60-64 頁

田中亘③「自己株式規制の過去・現在・未来――需給調整のための自己株式取得を
　真剣に考える」久保大作＝久保田安彦ほか編『吉本健一先生古稀記念論文集　企
　業金融・資本市場の法規制』（商事法務，2020）57-102 頁

日本経済新聞①「米ウォルマート，西友買収へ―― 3 分の 2 出資権を取得，資本・
　業務で提携」2002 年 3 月 15 日朝刊 1 面

日本経済新聞②「ウォルマート，西友を子会社化―― 500 億円投じ 200 店改装」
　2005 年 7 月 5 日朝刊 1 面

ハル，ジョン（三菱 UFJ 証券市場商品本部訳）『フィナンシャルエンジニアリング
　――デリバティブ取引とリスク管理の総体系（第 9 版）』（きんざい，2016）

藤田友敬①「オプションの発行と会社法(上)――新株予約権制度の創設とその問題
　点」商事法務 1622 号（2002）18-27 頁

藤田友敬②「オプションの発行と会社法(下)――新株予約権制度の創設とその問題
　点」商事法務 1623 号（2002）30-37 頁

藤田友敬③「株式会社の企業金融(5)」法学教室 268 号（2003）108-119 頁

McDonald, Robert L., Derivatives Markets, 3d ed., 2014, Pearson/Addison-Wesley

第 **8** 章

友好的買収・組織再編と株式買取請求権

I は じ め に

　友好的買収とは，買収対象会社における現取締役会の同意を得て行われる買収をいう（これに対して，敵対的買収とは現取締役会の同意を得ないまま行われる買収をいう）。友好的買収を実現する方法としては，買収者が買収対象会社の株式を取得することで実現するもの（株式取得[1]），買収者が買収対象会社の事業の譲渡を受けることで実現するもの（事業譲渡），合併，会社分割，株式交換，株式移転および株式交付といった会社法第5編の**組織再編**を通じて実現するもの[2]（組織再編）の大きく3通りの方法がある[3]。

---

1) 平成26年の会社法改正により導入された特別支配株主の株式等売渡請求（179条1項）を通じた株式の取得を含む。特別支配株主の株式等売渡請求は，買収者が買収対象会社の総株主の議決権の10分の9以上を有する場合に，買収対象会社における株主総会の決議を経ることなく，キャッシュアウト（買収者が買収対象会社の発行する株式の全部を，当該株式の株主の個別の同意を得ることなく，金銭を対価として取得する行為）を実現する方法として利用されている。

2) 厳密には，組織再編という用語は会社法には存在しない。本章では，合併，会社分割，株式交換，株式移転および株式交付といった会社法第5編第2章から第4章の2に規定されている取引を総称して，組織再編と呼ぶこととする。

3) なお，本文で示した3通りの方法のほかにも，会社法の下で友好的買収のうちのキャッシュアウトを実現する方法としては，次の①②の方法を利用することが可能であり，実際にもよく利用されている。まず，平成17年の会社法制定後に利用することが可能になった方法として，①全部取得条項付種類株式（108条1項7号）の取得および端数の金銭処理がある。具体的には，(a)買収対象会社の定款を変更して全部取得条項付種類株式を導入する，(b)導入の際に，取得の対価として，買収者以外の株主は一株未満の端数しか受け取ることができないような一株の規模の大きい株式を交付することを定める，(c)取得を実行し，買収者以外の買収対象会社の株主には，会社法234条1項2号により対価として金銭を交付するといった手順で行われる。以上の全部取得条項付種類株式を利用した友好的買収（キャッシュアウト）は，会社法第5編の組織再編には該当しないものの，実質的には金銭を対価とした株式交換と変わらない行為であり，株主総会の特別決議が必要で

Column 8-1　　わが国における企業買収取引

　　わが国における企業買収取引は，2000 年代の半ばにかけて件数・金額ともに顕
著に増加した。企業買収取引の件数は，1998 年以前は年間数百件程度にすぎなか
ったが，1999 年以降持続的に増加し，2006 年には 2764 件に達した[4]。また，企業買
収取引の金額も，1998 年以前は年間で数十から数百億ドル程度であったが，1999
年以降はおおむね安定して 1000 億ドル程度で推移しており，2006 年には 1250 億
ドルに達した[5]。こうした企業買収取引の金額は，1991 年～1998 年にかけては平均
でわが国の GDP の 0.4％ 程度にすぎないものであったが，1999 年～2005 年にかけ
ては平均で 2.5％ にまで上昇し，2006 年には平均で 3％ 程度にまで達している[6]。こ
のように，企業買収取引は，わが国の経済活動においてもはや無視できない規模に
成長したものと評価できる。2007 年下半期には，米国のサブプライム・ローン問
題に端を発する世界同時不況によって，世界的な規模での信用収縮が生じ，そのた
め企業買収取引はいったん減速したが，減速は一時的なものであり，2010 年代に
入るとわが国の企業買収取引は再び増加傾向に転じている[7]。また，こうしたわが国

ある（171 条 1 項・309 条 2 項 3 号）など，要求される手続の面でも組織再編による場合
と類似する。また，株主の利益保護の観点から，反対株主には裁判所への取得価格決定申
立権が認められており（172 条 1 項），これは株式買取請求権とほぼ同様の機能を果たし
ている。
　　平成 26 年の会社法改正前は，以上の①全部取得条項付種類株式の取得および端数の金
銭処理がわが国におけるキャッシュアウトの手法として主流であったが，同改正後は，②
株式の併合（180 条）によるキャッシュアウトが増加する傾向にある（株式の併合は，投
資単位の調整の手段としても用いられるが，併合の割合の分母を大きくすることにより，
キャッシュアウトの手段としても用いることができる）。そのような変化の理由として，
平成 26 年の会社法改正前は，株式の併合につき反対株主の株式買取請求権が存在しない
など，株主の利益保護の仕組みが十分ではなかったことから，実務上は株式の併合をキャ
ッシュアウトの手段として用いることは控えられていたところ，平成 26 年の会社法改正
により，株式の併合の場面における株主の利益保護の仕組みが整備された（すなわち，キ
ャッシュアウトの手段として株式の併合を利用することを控えるべき理由はなくなった）
ことが挙げられる。現在では，②株式の併合によるキャッシュアウトの場面でも，①全部
取得条項付種類株式の取得および端数の金銭処理の場面と同様に，買収対象会社において
株主総会の特別決議が必要であり（180 条 2 項・309 条 2 項 4 号），株式の併合により端数
となる株式の反対株主には株式買取請求権が与えられる（182 条の 4）。

4)　宮島英昭「増加する M&A をいかに読み解くか」宮島英昭編著『日本の M&A』（東洋
経済新報社，2007）2 頁。
5)　服部暢達『実践 M&A ハンドブック』（日経 BP 社，2008）11 頁。
6)　宮島・前掲注 4)　2 頁。
7)　たとえば，田中亘『会社法〔第 2 版〕』（東京大学出版会，2018）603 頁参照。

の企業買収取引の大部分は，現実には友好的買収であることが指摘されている[8]。

　そして，とりわけ組織再編を通じた友好的買収の場面では，買収を実現するにあたり，買収の当事会社において原則として株主総会の特別決議による承認が必要であり[9]（783 条 1 項・795 条 1 項・804 条 1 項・816 条の 3 第 1 項・309 条 2 項 12 号），かつ，反対株主には**株式買取請求権**が与えられている（785 条・797 条・806 条・816 条の 6）。会社法が組織再編の場面において，単に株主総会の特別決議を要求するのみならず，反対株主に株式買取請求権まで与えていることの理由としては様々なものが考えられるが，主な理由の 1 つとしては，株主総会の特別決議を要求するだけでは少数株主の保護として十分ではないことが挙げられる[10]。まずはこの点を簡単な数値例を使って確認してみよう。

---

8)　井上光太郎＝加藤英明『M＆A と株価』（東洋経済新報社，2006）21 頁。

9)　ただし，株式交付の場面では，株式交付親会社（買収者）においてのみ株主総会の特別決議が要求され，株式交付子会社（買収対象会社）においては要求されない。反対株主への株式買取請求権の付与に関しても同様である。その理由として，株式交付は，株式交換とは異なり，株式交付子会社においては同社の個々の株主から任意に株式を譲り受けるものであることが挙げられる。すなわち，株式交付制度の基本的な発想は，株式交付親会社においては親子会社関係の創設という組織再編行為を想定し，株式交換に準じた規律を設けることで現物出資規制の適用を回避するとともに，株式交付子会社においてはその個々の株主と株式交付親会社との間の任意の株式の譲渡であると構成し，株式交換に準じた規律（株式交付子会社の株主を集団的に保護するための規律）は設けないというものである（白井正和「株式交付制度」法の支配 199 号（2020）101 頁，大杉謙一「株式交付制度」商事法務 2236 号（2020）4 頁）。こうした点を踏まえ，株式交付は片面的な組織再編行為（または片面的な組織法上の行為）と表現されることもある。

10)　本文で示したように，本章では，株主間の利害対立の解消手段という意味における株式買取請求権の機能に着目して議論を展開する。なお，組織再編の場面において株式買取請求権が与えられている理由としては，そのほかにも，組織再編について個々の株主が有する拒否権を剥奪することの補償であるという説明や，組織再編に反対する株主に投下資本を回収する道を確保する必要に基づくものであるという説明がされることがある（木俣由美「株式買取請求権の現代的意義と少数派株主の保護(1)」法学論叢 141 巻 4 号（1997）33-37 頁参照）。

> 【設例】　Aは，甲株式会社の発行済株式 100 株を全て保有するとともに，乙株
> 式会社の発行済株式 100 株のうち 70 株を保有している。また，Bは，乙社の
> 発行済株式 100 株のうち残りの 30 株を保有している。なお，甲社・乙社とも
> に種類株式発行会社ではない。甲社の時価総額は 1000 万円，乙社の時価総額
> は 100 万円である。ここで今，甲社と乙社との間で，甲社を存続会社，乙社を
> 消滅会社とし，乙社株式 1 株につき 1000 円の金銭を対価とする合併契約が締
> 結されたものとする。

　この【設例】では，乙社株式の価値は 1 株あたり 1 万円であると予想される
（乙社の時価総額 100 万円÷乙社の発行済株式 100 株＝1 万円）にもかかわらず，1 株
あたり 1000 円を対価とする合併契約が締結されている。このような合併契約
は，通常は乙社の株主にとって不当に不利な内容であると考えられるため，乙
社の株主としては，通常は同社の株主総会で合併契約の承認を否決したいと考
えるだろう。

　もっとも，本件の合併契約についていえば，乙社の株主総会において特別決
議による承認を受ける可能性が高い。甲社・乙社の株主総会において本件の合
併契約が承認され，合併が実現することは，A（甲社の 100％ 株主であり，乙社
株式の 70％ を保有）にとっては利益となる可能性が高いため，Aが乙社の株主
総会において本件の合併契約に賛成する旨の議決権を行使することで，甲社の
株主総会のみならず，乙社の株主総会においても，特別決議による本件の合併
契約の承認が実現してしまうことが予想されるからである。

　このことを，数字を使って確認してみたい（図表 8-1 参照）。Aは，合併前の
時点で，甲社株式および乙社株式の保有を通じて 1070 万円の価値を把握して
いる（甲社株主として 1000 万円＋乙社株主として 70 万円）。ここで仮に合併による
シナジーの発生も企業価値の毀損もないとした場合，甲社と乙社の合併後の会
社の価値は 1090 万円となることが見込まれる[11]。このとき，乙社株式の 70％ を
保有していたAは，1090 万円の価値を有する合併後の会社の 100％ 株主とな

---

11)　合併に要する手続等に関する費用を無視すれば，合併によるシナジーの発生も企業価値
　　の毀損もない場合，甲社は，乙社の株主に対して 1000 円×100 株＝10 万円の金銭を支払
　　うことと引換えに，100 万円の価値のある乙社を手に入れることができるのであるから，
　　合併後の会社の価値は 1000 万円−10 万円＋100 万円＝1090 万円となる。

り，かつ，乙社の株主であった者として 1000 円×70 株＝7 万円の現金を得ることができるのであるから，理論上は本件合併を通じて 27 万円の利益を得ることができる（1090 万円＋7 万円－1070 万円）。一方，B としては，本来は 1 株あたり 1 万円の価値を有する乙社株式を 1000 円の現金と引き換えに手放すことを強制される結果，本件合併を通じて 27 万円の損失を被ることになる（1000 円×30 株－1 万円×30 株）。すなわちそこでは，本件合併を通じた B（乙社の少数株主）から A（乙社の多数派株主）への利益移転が生じているのである。

図表 8-1

	A の把握する価値	B の把握する価値
本件合併前	1070 万円（1000 万円＋70 万円）	30 万円（1 万円×30 株）
本件合併後	1097 万円（1090 万円＋7 万円）	3 万円（1000 円×30 株）

このように，単に組織再編の当事会社において株主総会の特別決議を要求するだけでは，多数派株主による少数株主に対する一方的な搾取を防ぐことはできない。そして，このような搾取が横行することは，単に少数株主にとって不公平な結果となるだけにとどまらず，株式投資に対する信頼を根本から揺るがし，ひいては株式会社の株式を通じた資金調達に重大な支障を生じさせることにもなりかねない。

そこで会社法は，少数株主の利益を保護する手段の 1 つとして，組織再編の場面において反対株主に株式買取請求権を与えることとした。具体的には，多数決による多数派株主の決定に反対する少数株主は，株式買取請求権を行使することで，会社に対して，自らが保有する株式を公正な価格で買い取ってもらうよう請求することができる。先程の【設例】で，仮に株式買取請求権の行使を通じて，乙社株式の公正な価格が 1 株あたり 1 万円であると評価されたとしよう。A が議決権の 70％ を握っている以上，B は株主総会の特別決議による承認を覆すことはできないが（したがって本件の合併契約は承認されることにはなるが），株式買取請求権の行使を通じて 1 万円×30 株＝30 万円を確保することができ，A による不当な搾取を免れることができる。

また，別の角度から眺めれば，株式買取請求権制度は，経営の効率性と少数株主の利益保護とのバランスをとるために設けられた制度であると評価することもできるだろう。会社法は，たとえ組織再編のような会社の基礎的変更が行

われる場面であっても，株主総会における多数決をもって実現できることとし，もって経営の柔軟性・効率性を確保してきた。組織再編を実現するにあたり全ての株主の同意を要求していては，個々の株主が当該組織再編に対して拒否権を持つことになり，組織再編を実現することが事実上不可能となるおそれが高いからである。[12]もっとも，先に述べたように，組織再編のような重要な決議事項についてまで多数決制度を貫徹しては，多数決によっては自分達の意見が通らない少数株主の利益が大きく害される可能性も否定できない。そこで少数株主の利益を保護するための制度が必要になり，会社法は株式買取請求権制度を採用したと理解することが可能である。すなわちそこでは，組織再編などの一定の重要事項が決議される場合，反対株主に対しては株式買取請求権の行使を通じた経済的救済を与えることで満足させる一方で，多数派株主が望む決定を多数決の結果に従い実現するというバランスの取り方を採用している。

Column 8-2　株主総会における多数決の濫用への対処法

　　株主総会の決議は，原則として一株一議決権に基づく資本多数決により行われる。そのため，本文で指摘したような多数決の濫用に基づく多数派株主による少数株主に対する搾取の問題は，組織再編の場面に限らず，株主総会決議を通じた意思決定の場面では常に生じうる問題であるといえる。

　　こうした多数決の濫用の問題に対する対処の1つとして，会社法は株式買取請求権制度を採用しているが，株式買取請求権制度が会社法の定める唯一の対処法というわけではない。そのほかにも様々な規定が用意されており，会社法はそれらの規定が全体として機能することで，多数決の濫用の問題に対処することを想定している。たとえば，強行法規違反の決議は，決議内容の法令違反として株主総会決議の無効事由となることが規定されている（830条2項）。また，強行法規違反とまでは

---

12)　理論的には，重要決議事項については全ての株主の同意を要求するという内容の制度も考えられないではない。実際，19世紀前半の米国の州会社法は，合併等の組織再編を実現するためには全ての株主の同意が必要であるという制度を採用していた。しかし，それでは組織再編を行うことが事実上不可能となってしまうという問題や，反対株主が自己の株式を不当に高い価格で買い取るよう会社に要求するおそれが生じるという問題が指摘されるようになった。こうした指摘を踏まえて，米国では，反対株主に株式買取請求権を付与することと引き換えに，株主総会における多数決をもって組織再編を実現できるよう制度を変遷させていった。米国における制度の変遷については，伊藤紀彦「アメリカにおける株式買取請求権の発生と発展」中京法学1巻1号（1966）258-265頁参照。

評価できない場合であっても，多数派株主が株主総会決議を強行し，少数株主の利益を不当に害してしまうことも考えられる。こうした事態に備えて，会社法は，株主総会の場における多数派株主の権限濫用を可及的に防止するために，著しく不当な決議であることを理由とした株主総会決議取消しの訴えの制度（831 条 1 項 3 号），少数株主であっても自らの代表者を取締役として選任する余地を与える累積投票制度（342 条），少数株主による訴えを通じた役員の解任制度（854 条）などを設けている。

Ⅱ　株式買取請求権制度の概要

　会社法は，組織再編が当事会社の株主の地位に重大な影響を与えうることにかんがみて，多数決によっては必ずしも保護されない少数株主の利益を保護すべく，反対株主に，会社に対して保有する株式を「公正な価格」で買い取ることを請求する権利を与えている。この権利を株式買取請求権と呼ぶ。以下では，組織再編の場面に焦点を絞りながら，株式買取請求権制度の概要をごく簡単にではあるが確認する。

1　反対株主の範囲

　株式買取請求権の行使が認められる「反対株主」として，会社法は次の 3 つの場合における株主を挙げている。まず，①組織再編を実現するにあたり株主総会の承認が必要となる場合に，当該株主総会に先立って組織再編に反対する旨を会社に通知し，かつ，当該株主総会において実際に反対の議決権行使をした株主が挙げられる（785 条 2 項 1 号イ・797 条 2 項 1 号イ・806 条 2 項 1 号・816 条の 6 第 2 項 1 号イ）。事前の反対の通知を要求する趣旨は，株式買取請求権がどの程度行使されそうかを会社が予測し，場合によっては組織再編を中止する機会を与えることにある。これに対して，②組織再編を承認する株主総会において議決権を行使することができない株主は，以上の行為をするまでもなく当然に「反対株主」に含まれる（785 条 2 項 1 号ロ・797 条 2 項 1 号ロ・806 条 2 項 2 号・816 条の 6 第 2 項 1 号ロ）。株主総会において議決権を行使することができない株主については，行為の効力発生を阻止する権限のない者に過大な負担を負わせることはできないとの理由から，事前の反対の通知は要求されていない。こう

した株主の例としては，議決権制限株式（108条1項3号）の株主が挙げられる。なお，組織再編を承認する株主総会の基準日後に株主となった者が，議決権を行使することができない株主として「反対株主」に含まれるかどうかについては争いがある（→ Column 8-3）。最後に，③組織再編について株主総会の決議を要しない場合，すなわち簡易分割以外の簡易手続による組織再編または略式手続による組織再編が行われる場合には，全ての株主が「反対株主」となる（785条2項2号・797条2項2号・816条の6第2項2号）。

Column 8-3　　基準日後の株主と株式買取請求権

　　組織再編を承認する株主総会の基準日後，株主総会の日までに株主となった者については，議決権を行使することができない株主として「反対株主」に含まれると解し，株式買取請求権の行使を認めるべきだろうか。この問題について，平成17年改正前商法の下ではそのような株主は株式買取請求権を有しないと解されており，会社法の立法経緯からすれば同法がその立場を変更したとは認められないとして，「反対株主」には含まれないとする見解がある。また，こうした見解に立つ論者の中には，実質的な理由として，株主総会の基準日後に株主となった者に株式買取請求権を認めると，会社は株式買取請求権がどの程度行使されるかを予測することが困難になると指摘する者もいる。

　　もっとも，近年の学説上は，組織再編を承認する株主総会の基準日後，株主総会の日までに株主となった者であっても「反対株主」に含まれるとする見解が多数であり，その理由として，株主は基準日時点では株主総会の議題・議案を知りえない場合があるから，株式買取請求権による保護を与えないと株主に不測の損害を与える危険があることなどが指摘されている。裁判例においても，全部取得条項付種類株式の取得価格決定の申立て（172条）に関するものであるが，基準日後に株式を取得した株主は「株主総会において議決権を行使することができない株主」（同条1項2号）にあたるとする立場を採用するものがほとんどである。

---

13)　神田・後掲7頁など。

14)　郡谷大輔「組織再編における反対株主買取請求権の実務対応」ビジネス法務2009年1月号（2009）61頁。

15)　弥永・後掲7頁，田中・後掲①80頁など。三宅新「判批」平成25年度重要判例解説〔ジュリ1466号〕109頁および山下徹哉・百選230頁も参照。

16)　東京地決平成25・7・31資料版商事法務358号148頁（百選Ap34，商判Ⅰ-42），東京地決平成25・9・17金判1427号54頁，東京地決平成25・11・6金判1431号52頁，東京

2　株式買取請求権の行使

　株式買取請求権は，吸収型の組織再編（吸収合併・吸収分割・株式交換・株式交付）では，効力発生日の 20 日前から効力発生日の前日までに行使しなければならない（785 条 5 項・797 条 5 項・816 条の 6 第 5 項）。また，新設型の組織再編（新設合併・新設分割・株式移転）では，株主総会決議の日から 2 週間以内に組織再編に関する通知・公告がされるので（806 条 3 項 4 項），その通知・公告の日から 20 日以内に行使しなければならない（806 条 5 項）。そして，反対株主がいったん株式買取請求権を行使すると，会社の承諾がない限りはこれを撤回することができなくなる（785 条 7 項・797 条 7 項・806 条 7 項・816 条の 6 第 7 項）。この撤回に関する制限規定は，とりあえず株式買取請求権を行使しておいて，その後の株価の動向等をみながら，裁判所において決定される価格よりも市場で売却した方が有利だと判断すれば，請求を撤回して市場で売却するといった株主の機会主義的行動を防ぐために設けられたものである。

　その上で，株式の買取価格については，株式の買取りを請求する株主と会社との間の協議で決定するのが原則である（786 条 1 項・798 条 1 項・807 条 1 項・816 条の 7 第 1 項）。もっとも，当事者間で協議が調わないときは，当事者の申立てにより裁判所が「公正な価格」を決定する（786 条 2 項・798 条 2 項・807 条 2 項・816 条の 7 第 2 項）。この「公正な価格」の具体的な算定方法については，項目を改めて，次の III で説明する。

III　公正な価格の算定

1　総　　説

　平成 17 年改正前商法の下では，株式買取請求手続における株式の買取価格は，組織再編の承認決議が「ナカリセバ」（なかったとすれば）当該株式が有していたであろう価格（「ナカリセバ」価格）とされていた。ところが，会社法はこの「ナカリセバ」という表現を削除し，株式買取請求手続における株式の買取

　地決平成 27・3・4 金判 1465 号 42 頁，東京地決平成 27・3・25 金判 1467 号 34 頁，東京高決平成 28・3・28 金判 1491 号 32 頁など。

価格については単に「公正な価格」と文言を改めた。

このことは，組織再編がシナジー等の発生を通じて企業価値を増加させるときは，反対株主に対して，組織再編による企業価値の増加分についての適正な分配を保障しようとする趣旨である。組織再編が行われると，組織再編後の会社の企業価値は，組織再編前の各当事会社の企業価値の単純な合計よりも大きくなることがある。これは，事業が結合することによる経営資源の節約（顧客が競合している店舗の統廃合等）や，一方当事会社の有する経営資源（ノウハウ・人材等）を他方当事会社の事業にも応用・転用することなどから生じる。このような組織再編に伴う企業価値の増大を，一般にシナジー（相乗効果）と呼ぶ。たとえば，組織再編前に 100 の企業価値を持つ A 社と，同じく 100 の企業価値を持つ B 社が合併し，店舗の統廃合・人員の整理などを通じて合併後の会社の企業価値が 250 になるとすれば，50 の部分はこの合併を通じて発生したシナジーと考えることができる。そして会社法は，反対株主に対して，シナジー等の発生を通じた組織再編による企業価値の増加分について適正に分配することを求めている（先程の例についていえば，合併によるシナジーに相当する 50 の部分につき，合併に反対する株主にも分配することを求めている）。このような方法で算定される株式の買取価格のことを，一般にシナジー適正分配価格と呼ぶ。[17]

もっとも，組織再編により企業価値が増加する場合には増加分について反対株主に分配するとしても，逆に組織再編により企業価値が毀損される場合もあり，この場合には株式の買取価格をどのように考えるべきか。結論だけ端的に述べるとすれば，この場合には反対株主には従来通りの「ナカリセバ」価格が保障されると解されている。会社法による株式買取請求権制度の改正は，反対

---

17)　なお，MBO 取引などにおいて典型的にみられるように，少数株主を会社から排除することで企業価値の増加が生じる場合もある。厳密には，このような場合にも相乗効果を意味する「シナジー」という表現を使うのは適切ではないかもしれないが（本文でシナジー「等」という表現を採用しているのはそれが理由である），少数株主の排除を伴う組織再編行為により生じる企業価値の増加分についても，会社法は株式買取請求権制度を通じて少数株主への適正な分配を求めていることからすれば，本章の内容を理解する上では，シナジーの発生が問題となる場合と，少数株主を排除することで企業価値の増加が生じる場合とを区別することに実益はない。そこで以下では，議論が過度に複雑になることを避ける観点から，シナジーの発生が問題となる場合と，少数株主を排除することで企業価値の増大が生じる場合とを明確には区別せずに説明する。

株主の法的保護を強めこそすれ，それを弱める意図でされたと考える理由はないからである。また，組織再編が企業価値を増加も毀損もしない場合には，当該組織再編によるシナジー等は発生していないので，この場合にも「ナカリセバ」価格が「公正な価格」となる。

　したがって，組織再編が企業価値を増加させる場合には，「公正な価格」とはシナジー適正分配価格を意味することになり，組織再編が企業価値を毀損するまたは増加も毀損もしない場合には，「公正な価格」とは「ナカリセバ」価格を意味することになる。その上で，組織再編を通じて企業価値が増加するかそれとも毀損するかが明確でない場合などは，「公正な価格」としてシナジー適正分配価格と「ナカリセバ」価格のいずれもが算定され，より高い方の価格をもって「公正な価格」と認定する裁判例もあるが[18]，近年の学説上はこのような認定方法には反対の立場を採る見解も増えつつある[19]。株式買取請求権制度を通じたリスクのない投機が事実上可能になるおそれがあり，株主による機会主義的行動の問題が懸念されるからである[20]。

2　価格算定の基準日

(1)　問題の所在

　具体的な「公正な価格」の算定方法の話をする前に，まずは価格算定の基準日の問題についてみていくこととする。価格算定の基準日の問題とは，株式の価値は企業の価値に対応して常に変化するものであるため，株式買取請求権が行使された場合に，裁判所はいつの時点における「公正な価格」を算定しなければならないかという問題である。

---

18)　大阪地決平成 20・11・13 金判 1339 号 56 頁。このような認定方法を是認する見解として，江頭 880 頁等。

19)　田中・後掲② 219-223 頁，白井・後掲 85 頁等。

20)　特に，後述するように，「ナカリセバ」価格の算定の場面に限って補正（価格算定の基準日までの経済全体や業界全体の動向等を反映した補正）を認め，シナジー適正分配価格の算定の場面では補正を認めないという考え方を採用する場合には，より高い方の価格をもって「公正な価格」と認定する方法を採用することで，株主による機会主義的行動の問題が深刻化し，企業価値を高める望ましい買収であっても阻害されてしまうことが懸念されるからである。

　この問題については，①組織再編の承認決議日をもって基準日とする考え方，②株式買取請求がされた日をもって基準日とする考え方，③株式買取請求権の行使期間の満了日をもって基準日とする考え方という大きくは 3 通りの考え方が存在している。以下では，この問題に関する近年の重要な最高裁決定である最決平成 23・4・19 民集 65 巻 3 号 1311 頁（楽天対 TBS 株式買取価格決定申立事件最高裁決定。百選 86，商判 I -176）を題材に，この問題についての裁判所の考え方を確認していく。

(2)　楽天対 TBS 株式買取価格決定申立事件最高裁決定

　価格算定の基準日の問題について，最高裁は，楽天対 TBS 事件最高裁決定において，②の考え方を採用することを明らかにした。この事件は，平成 20 年 12 月 16 日開催の Y 社（株式会社東京放送ホールディングス）の株主総会において，Y 社を吸収分割会社，Y 社の完全子会社である A 社（株式会社 TBS テレビ）を吸収分割承継会社とする吸収分割契約が承認された際に，Y 社の大株主である X 社（楽天株式会社）が当該吸収分割契約に反対し，Y 社に対して株式買取請求権を行使したという事案である。

　最高裁は，次のように述べて②の考え方を採用することを明らかにした。「消滅株式会社等の反対株主が株式買取請求をすれば，……消滅株式会社等には，その株式を『公正な価格』で買い取るべき義務が生ずる反面……，反対株主は，消滅株式会社等の承諾を得なければ，その株式買取請求を撤回することができないことになる（会社法 785 条 6 項）ことからすれば，(a)売買契約が成立したのと同様の法律関係が生ずる時点であり，かつ，株主が会社から退出する意思を明示した時点である株式買取請求がされた日を基準日として，『公正な価格』を定めるのが合理的である。仮に，(b)反対株主が株式買取請求をした日より後の日を基準として『公正な価格』を定めるものとすると，反対株主は，自らの意思で株式買取請求を撤回することができないにもかかわらず，

　この Y 社・A 社間の吸収分割は，平成 20 年 4 月 1 日に施行された認定放送持株会社制度の導入を内容とする放送法等の一部を改正する法律に基づいて，Y 社を認定放送持株会社に移行させるために行われたものである。Y 社・A 社間の吸収分割契約は，Y 社は A 社に対してテレビ放送事業および映像・文化事業に関して有する権利義務を承継させる一方，A 社から Y 社に対してその対価を何ら交付しないことなどを内容としていた。

株式買取請求後に生ずる市場の一般的な価格変動要因による市場株価への影響等当該吸収合併等以外の要因による株価の変動によるリスクを負担することになり，相当ではないし，また，(c)上記決議がされた日を基準として『公正な価格』を定めるものとすると，反対株主による株式買取請求は，吸収合併等の効力を生ずる日の 20 日前の日からその前日までの間にしなければならないこととされているため（会社法 785 条 5 項），上記決議の日から株式買取請求がされるまでに相当の期間が生じ得るにもかかわらず，上記決議の日以降に生じた当該吸収合併等以外の要因による株価の変動によるリスクを反対株主は一切負担しないことになり，相当ではない」。「そうすると，会社法 782 条 1 項所定の吸収合併等によりシナジーその他の企業価値の増加が生じない場合に，同項所定の消滅株式会社等の反対株主がした株式買取請求に係る『公正な価格』は，原則として，当該株式買取請求がされた日におけるナカリセバ価格をいうものと解するのが相当である」（下線および(a)～(c)の記号は筆者。なお，撤回の制限の根拠条文として会社法 785 条 6 項が挙げられているが，現在では同条 7 項）。

　最高裁は，①③ではなく②の考え方を採用する理由として，(a)株式買取請求権の行使によって当事者間では売買契約が成立したのと同様の法律関係が生じること，(b)仮に③の考え方を採用する場合には，反対株主に株式買取請求権の行使後に生じる当該吸収合併等以外の要因による株価の変動によるリスクを負担させることになり，相当ではないこと，(c)仮に①の考え方を採用する場合には，反対株主は承認決議後に生じる当該吸収合併等以外の要因による株価の変動によるリスクを一切負担しないことになり，相当ではないことを指摘する。以上の(a)～(c)のうち，最高裁が②の考え方を支持すべき積極的な理由として指摘しているものは(a)の内容であるが[22]，(a)の内容については，それだけでは必ずしも決定的な理由であるとは評価できないように思われる。たしかに，一般に株式買取請求権の行使により当事者間では売買契約が成立したのと同様の法律関係が生じるとされている（最決昭和 48・3・1 民集 27 巻 2 号 161 頁）

---

22)　以上の(a)～(c)のうち，(b)と(c)の理由づけについては，①または③の考え方を採用する場合の不都合を指摘するものであり，②の考え方を支持すべき積極的な理由づけとして指摘されているのは，(a)の理由づけである。

220

が，売買においては，常に売買契約時の目的物の価格が売買価格とされるわけではないからである。そのため，株式買取請求権の行使日に売買契約が成立したのと同様の法律関係が生じるとしても，そのことをもって当然に②の考え方を採用すべきだということにはならない[23]。

したがって，最高裁が②の考え方を採用することの理由として次に分析・検討の対象となるのは，(b)と(c)の内容ということになりそうだが，(b)と(c)の意味するところを正確に理解するにあたっては，具体的に数字を用いながら説明した方が理解は容易であるため，以下ではそれぞれ具体例を用いながら説明していく。

(3)　①の考え方を否定する理由について

まず，最高裁の(c)の理由づけ，すなわち最高裁が①の考え方を採用すべきではないとした理由づけについて確認する。一般に，組織再編の承認決議日と株式買取請求権の行使日との間には，相当の期間が置かれることが多く[24]，①の考え方を採用するか②の考え方を採用するかによって，具体的な算定価格は大きく変わりうる。

そこでたとえば，組織再編の承認決議日における「公正な価格」として，おおよそ1000円の価値を有する株式を保有する株主がいるとしよう（この株主は，保有する株式の承認決議日における「公正な価格」がおおよそ1000円であることを予想できるとする）。仮に①の考え方を採用する場合，この株主は，とりあえず事前の反対の通知を送り，かつ株主総会において組織再編に反対しておけば，承認決議日から株式買取請求権の行使期間の満了日までの間において，市場で当該株式が1000円以上の値段で取引される日があれば市場で株式を売却すると

---

[23]　おそらく最高裁の(a)の理由づけは，実務上，売買契約成立時における目的物の価格が売買価格とされることが多いゆえに，売買契約が成立したのと同様の法律関係が生じる株式買取請求権の行使日を基準日とするのが，当事者の合理的意思に合致するという趣旨であろう。しかし，楽天対 TBS 事件においてもそうであったように，株式買取価格決定申立事件では，当事者が別の日を基準日として主張することが少なくないことにかんがみると，株式買取請求権の行使日を基準日とするのが当事者の合理的意思に合致すると断言することには疑問がないではない（久保田・後掲34頁）。

[24]　たとえば，楽天対 TBS 事件においても，吸収分割の承認決議日は平成20年12月16日，株式買取請求権の行使日は平成21年3月31日であり，約3か月半もの期間が置かれている。

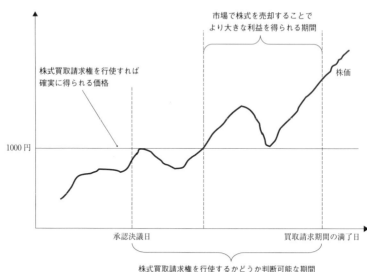

ともに，そのような日がなければ株式買取請求権を行使し，承認決議日の「公正な価格」（1000 円）での株式の買取りを請求することが可能となる（図表 8-2参照）。ここで重要な点として，この株主は，株式買取請求権の行使期間の満了日までの株価の動向等をみながら，株価が上昇すれば市場で株式を売却できる一方，株価が下落しても承認決議日の「公正な価格」での株式の買取りを請求することが可能であり，いわば承認決議日の「公正な価格」による株式のプット・オプションを無償で手に入れているのと同じ経済状態にある。このようなオプションの無償取得は，会社ひいては他の株主が代わりにコストを支払うことで実現されており，容易には正当化することができない。最高裁の(c)の

---

25)　なお，図表 8-2 では組織再編の承認決議日における株価が 1000 円とはなっていないが（そしてそのことに疑問を持つ読者がいるかもしれないが），ある時点における「公正な価格」と株価とが必ずしも一致するわけではないことからすれば，特に不自然な想定とはいえないだろう。

26)　オプションについては，本書第 7 章参照。

理由づけは，このようなオプションの無償取得が相当ではないと指摘するものと理解することも可能であろう[27]。

　また，最高裁が示した理由づけからは離れることになるのかもしれないが，このようなオプションの無償取得が認められてしまうと，株主には組織再編に反対する過剰なインセンティブが与えられることになり，たとえ企業価値の増加が見込まれる望ましい組織再編であっても，常に株主総会で否決されてしまう危険すら生じることになる。ここでは，組織再編を通じたシナジーの発生による企業価値の増加が見込まれるケースを考えてみたい。たとえば，組織再編が否決された場合の株式の価値が800円程度（これに対して，承認決議日におけるシナジー適正分配価格は1000円程度）であったとしても，株主としては，自らの行使する議決権が株主総会における結果を左右するほどの規模のものでなければ，他の株主の議決権行使を信頼する（すなわち他の株主が企業価値の増加が見込まれる組織再編であると適切に判断し，当該組織再編を承認する旨の議決権行使をすることを信頼する）ことで，当該組織再編に反対し，1000円で株式を売却できるプット・オプションを無償で手に入れるという選択をすることこそが，当該株主にとっては合理的だということにもなりかねない（図表8-3参照）。しかし，全ての株主が同様に考えれば，たとえ企業価値の増加が見込まれる望ましい組織再編であっても，常に株主総会で否決されてしまう危険が生じることになり，社会全体でみて非効率な結果をもたらす可能性が生じてしまうことは否定できない。

　以上みてきたように，①の考え方を否定した最高裁の立場は，株主の投機的行動や組織再編に反対する過剰なインセンティブの抑止という観点から，正当化することが可能であろう[28]。もっとも，株主の投機的行動や組織再編に反対す

27）　最高裁は，①の考え方を採用すると，「決議の日以降に生じた当該吸収合併等以外の要因による株価の変動によるリスクを反対株主は一切負担しないことになり，相当ではない」と指摘するだけであり，こうした指摘が，本文で指摘したようなオプションの無償取得の問題を念頭に置いての議論であるかどうかは，それだけでは必ずしも明らかではない。もっとも，本件最高裁決定に関する田原睦夫裁判官の補足意見では，①の考え方が望ましくない理由としてオプションの無償取得の問題に言及されており，やや善解することにはなるのかもしれないが，同補足意見の内容も踏まえれば，最高裁の(c)の理由づけについて本文で指摘したような理解をすることも可能であろう。

図表 8-3

	組織再編が承認	組織再編が否決
反対の議決権行使をする	組織再編後の株式価値＋オプションの無償取得に伴う価値	800 円
反対の議決権行使をしない	組織再編後の株式価値	800 円

る過剰なインセンティブを抑止することは，②の考え方ではなく，③の考え方を採用することでも実現可能である。したがって，最高裁が③の考え方を否定し，②の考え方を採用するためには，さらなる理由づけが必要となるわけだが[29]，この点については項目を改めて次の（4）で検討する。

(4)　③の考え方を否定する理由について

最高裁は，(b)の理由づけにおいて，反対株主に株式買取請求権の行使後に生じる当該吸収合併等以外の要因による株価の変動によるリスクを負担させることは相当ではないことを理由に，③の考え方を否定した。まずは最高裁が示した(b)の理由づけの意味する内容を，簡単な数値例を用いながら確認してみたい。

反対株主による株式買取請求権には買取請求期間として 20 日間という期間が設けられている以上，最高裁が指摘するように，反対株主が株式買取請求権

---

28)　本文では，最高裁が採用する見解を正当化しうる考え方について簡単な数値例を用いながら説明してきたが，学説上は，企業価値が毀損する組織再編の場面に関しては，①の考え方を支持する見解も有力に主張されている。企業価値が毀損する場面では，組織再編の影響を受けた後の下落した株価でしか市場では株式を売却できない反対株主に，組織再編の公表後から株式買取請求時までの株価下落リスクを負わせることは妥当ではないということが，その主な理由として指摘されている（弥永真生「反対株主の株式買取請求と全部取得条項付種類株式の取得価格決定〔上〕」商事法務 1921 号（2011）9 頁，小出篤「判批」私法判例リマークス 44 号（2012）97 頁）。もっとも，ある組織再編が企業価値を増加させるかそれとも毀損するかを明確に判断することはできない以上，価格算定の基準日については，企業価値の増加・毀損にかかわらず統一的な基準を設けることが望ましく，そうであるとすれば，株主の投機的行動や組織再編に反対する過剰なインセンティブの抑止という観点を重視せざるをえないことから，本件最高裁決定と同様に，①の考え方を否定すべきとする見解に十分な説得力があるように思われる。

29)　この点に関連して，楽天対 TBS 事件最高裁決定の原決定にあたる東京高決平成 22・7・7 判時 2087 号 3 頁では，価格算定の基準日として③の考え方が採用されていたことは指摘する必要があるだろう。それにもかかわらず，最高裁は本決定において，あえて原決定の採用する③の考え方を否定し，②の考え方を採用することを明らかにしたわけである。

を行使した後，買取請求期間の満了日までの間に，当該組織再編以外の要因に
基づいて株式の価値が変動し，結果として裁判所が認定する「公正な価格」に
変動が生じる可能性はある。たとえば，株式買取請求権を行使した時点での
「公正な価格」は1000円，買取請求期間の満了日における「公正な価格」は，
その後の株価の変動に基づき50％の確率で1100円，50％の確率で900円と
なる株式があるとしよう。③の考え方を採用するのであれば，株式買取請求権
の行使後に株価が下落する場合には，「公正な価格」は900円と認定されるこ
とになり，反対株主は自らの意思のみでは株式買取請求を撤回することができ
ないにもかかわらず，株式買取請求権の行使後に生じる株価の変動によるリス
クを負担させられることになる。これが最高裁の(b)の理由づけにおいて懸念
されている端的な内容であろう。最高裁は，このような事態が生じる可能性が
あることから，②の考え方の方が望ましいとしているようである。

　もっとも，この(b)の理由づけと先程説明した(c)の理由づけとでは，同じ
「株価の変動によるリスク」という表現が用いられているために錯覚しがちで
あるが，③の考え方を採用する場合に反対株主に生じる不利益の内容は，①の
考え方を採用する場合に反対株主が不当に得る利益の内容とは重大な違いがあ
る。たとえ③の考え方を採用するとしても，株主は常に不利益を被るわけでは
ないからである。1つ前の段落で紹介した数値例において，たしかに50％の
確率で株価が下落する場合には「公正な価格」が900円と認定され，株主は不
利益を被ることになるが，逆に50％の確率で株価が上昇する場合には「公正
な価格」が1100円と認定され，株主は利益を得ることになる（単純な期待値計
算でいえば，この事例の反対株主は損も得もしないことになる）。すなわち③の考え
方を採用するとしても，株式買取請求権を行使した後の株価の変動により，反
対株主は不利益を被る場合もあれば利益を得る場合もあるのである。これに対
して，①の考え方を採用する場合には，株主は正当化することが困難な利益を
確実に得ることが可能である。

　このように，②ではなく③の考え方を採用することに伴う株主の不利益は，
せいぜい最大で20日間の株価の変動に伴う不確実性のリスクを負担させられ
るといった程度にすぎない。人はリスク回避的であるということを前提とすれ
ば，このようなリスクはたしかに不利益と評価できるのかもしれないが，結果

225

として反対株主が損をする場合もあれば得をする場合もある以上，また，株式
買取請求権の買取請求期間において，一般に株価が下落する傾向を有すること
の実証的な研究結果が示されてはいない以上，さほど大きなリスクではないと
考えることもできよう（少なくとも，①の考え方を採用することに伴い会社ひいては
他の株主が負わされうるリスクとは大いに異なるものである）。また，②の考え方を
採用する場合には，株式買取請求権の行使日ごとに「公正な価格」をそれぞれ
算定することに伴う負担が生じうることになるが，③の考え方を採用すること
で，こうした負担を避けることが可能になる。[30] そのため，この問題に関する最
高裁の見解が固まった今日（→ *Column 8-4* 参照）においても，学説上の有力な
見解は，株式買取請求権の行使日ごとに「公正な価格」を算定することの負担
を軽減すべく，または反対株主間の平等を確保すべく，②ではなく③の考え方
を採用すべきであると主張している。[31]

Column 8-4　価格算定の基準日をめぐる最高裁の判断とその射程

　楽天対 TBS 事件最高裁決定は，「吸収合併等によりシナジーその他の企業価値の
増加が生じない場合に，同項所定の消滅株式会社等の反対株主がした株式買取請求
に係る『公正な価格』は，原則として，当該株式買取請求がされた日におけるナカ
リセバ価格をいう」（下線は筆者）と結論づけたため，シナジーその他の企業価値の
増加が生じない場合における価格算定の基準日について判断したものであり，企業
価値の増加が生じる場合における価格算定の基準日については同決定の射程は及ば
ず，裁判所の今後の判断に委ねられると解する余地もないではなかった。[32] もっとも，
同決定が示した(a)〜(c)の理由づけは，企業価値の増加が生じる場合における価格
算定の基準日を考える際にも妥当するものであり，学説上は，原則として株式買取
請求権の行使日をもって基準日とすることで判例の立場は固まる可能性が高いと指

---

30)　このように③の考え方を採用することで，会社の負担が軽減されるだけでなく，裁判所
　　に価格決定の申立てがされる場合には，裁判所は比較的小さい費用で迅速な価格決定をな
　　しうることになり，結果的に請求株主の利益にも資することになると捉える余地がある
　　（久保田・後掲 35 頁）。

31)　田中・後掲③ 408 頁，神田・後掲 11 頁，久保田・後掲 35 頁など。

32)　弥永真生「判批」民商法雑誌 145 巻 3 号（2011）352 頁参照。なお，同決定は組織再編
　　により企業価値の増加も毀損も生じない場合を扱ったものだが，企業価値の毀損が生じる
　　場合についても同決定の射程が及ぶことについては，同決定のすぐ後に出された最決平成
　　23・4・26 判時 2120 号 126 頁（商判 I -177）により確認されている。

摘されていた。こうした中，最決平成 24・2・29 民集 66 巻 3 号 1784 頁（テクモ株式買取価格決定申立事件最高裁決定。百選 87，商判 I -178）は，株式移転によりシナジー等が発生し，企業価値の増加が生じる場合であっても，株式買取請求権の行使日をもって基準日とすることを明らかにした。そのため，「ナカリセバ」価格の算定かシナジー適正分配価格の算定かを問わず，株式買取請求権の行使日をもって価格算定の基準日とする扱いが現在では裁判実務上定着している。

3　「公正な価格」の算定方法──シナジー適正分配価格の場合

（1）　総　　説

すでに説明したように，会社法の下では，組織再編がシナジーの発生等を通じて企業価値を増加させるときは，反対株主に対して，組織再編による企業価値の増加分についての適正な分配を保障しなければならない。

それでは，こうしたシナジー適正分配価格の算定は，具体的にはどのようにして行えばよいのだろうか。一般論としては，裁判所は株式買取請求権制度の趣旨を踏まえた合理的な裁量によって「公正な価格」を決定すべきだということになるが，そのような一般論を示すだけでは，この問題について何ら有益な解決策を示したことにはならない。そこで，この問題に関する判例・学説の考え方をみていく必要が生じる。

この問題に関する判例・学説上の多数説の基本的な考え方と思われるものは，シナジー適正分配価格の算定においては，①組織再編の当事会社が互いに独立した関係にある場合と，②そうでない場合とを区別するというものである。以下では，こうした考え方の意味する内容を確認した上で，こうした考え方の背後にあってそれを正当化する理由についてみていくこととする。

---

33)　田中亘「事例 20」伊藤靖史ほか『事例で考える会社法』（2011）404 頁，久保田・後掲 35 頁。

34)　ただし，価格算定の基準日の問題と取引条件の公正さの判断時点がいつであるべきかの問題は，区別して考える必要があることには留意が必要である。学説上の有力説は，価格算定の基準日については判例に従い株式買取請求権の行使日であると考えるとしても，取引条件の公正さについては取引に関する意思決定の時点で存在する事情に基づいて判断すべきであるとする（田中・後掲④ 113 頁，藤田・後掲② 53-54 頁参照）。取引に関する意思決定の時点で予測できないような事情に基づいて取引条件の公正さを判断することは，反対株主に過剰な保護を与えうるものだからである。

(2)　組織再編の当事会社が互いに独立した関係にある場合

　まず①の場合，すなわち組織再編の当事会社が互いに独立した関係にある場合には，組織再編を承認するための株主総会決議において不実の情報開示が行われるなど，取引の過程において不適切な点があったのでない限り，当事会社が交渉の上で実際に決めた組織再編の条件が，シナジー等を適正に分配する条件であると認めてよいとする[35]。このような組織再編では，各当事会社があえて自社の株主に不利な条件の組織再編を行う（取締役がそのような組織再編を提案し，株主もそれに賛同する）ことは，基本的には考え難いことなどがその理由として指摘されている[36]。

　こうした考え方は，わが国の学説において主張されてきたものであるが，最高裁も，先述のテクモ事件最高裁決定（前掲最決平成24・2・29）において次のように判示し，学説上の多数説とほぼ同様の見解を採用することを明らかにした。「一般に，相互に特別の資本関係がない会社間において株式移転計画が作成された場合には，それぞれの会社において忠実義務を負う取締役が当該会社及びその株主の利益にかなう計画を作成することが期待できるだけでなく，株主は，株式移転完全子会社の株主としての自らの利益が株式移転によりどのように変化するかなどを考慮した上で，株式移転比率が公正であると判断した場合に株主総会において当該株式移転に賛成するといえるから，株式移転比率が公正なものであるか否かについては，原則として，上記の株主及び取締役の判断を尊重すべきである。そうすると，相互に特別の資本関係がない会社間において，株主の判断の基礎となる情報が適切に開示された上で適法に株主総会で承認されるなど一般に公正と認められる手続により株式移転の効力が発生した場合には，当該株主総会における株主の合理的な判断が妨げられたと認めるに足りる特段の事情がない限り，当該株式移転における株式移転比率は公正なものとみるのが相当である[37]」。

---

35)　田中・後掲①79頁，藤田・後掲①289-290頁等。

36)　もちろん，組織再編の当事会社が互いに独立した関係にある場合であっても，当事会社間の交渉力の強弱や交渉のなされる状況によって，当事会社の株主の取り分は偏ることがありうるが，これは取引当事者間において常にある余剰の分配の問題にすぎず，組織法上特に介入する理由のある現象ではないと考える余地がある（藤田・後掲①289頁参照）。

| Column 8-5 | 企業価値の増加の有無の判断枠組み |

　テクモ事件最高裁決定は，組織再編により企業価値が増加する場合における「公正な価格」の判断枠組みを示したものであるが，企業価値が増加する場面であることについては原決定[38]の判断を所与のものとしたため，企業価値の増加の有無の判断枠組みについては明らかにされなかった[39]。そのため，企業価値の増加の有無をどのように判断すべきかについては，今後に残された課題といえる[40]。

　この問題について，学説上，当事会社間に特別の資本関係がない場合には原則として取締役および株主の判断を尊重するという同事件の最高裁決定の判示内容は，組織再編による企業価値の増加の有無の判断についても妥当すると考える見解が主張されている[41]一方で，組織再編の条件の公正さとは異なり，企業価値の増加の有無については裁判所が積極的に判断を示すことが想定されるという見方も可能であるとする見解もある[42]。なお，同決定の差戻審である東京高決平成25・2・28判タ1393号239頁は，株式移転を通じた経営統合により，会社の収益力，安定性，効率性，成長性等が高まるなどプラスのシナジーが生じていると認めるのが相当であるとして，株式移転により企業価値は増加したとの判断を示している。

(3)　組織再編の当事会社が互いに独立した関係にない場合

　次に②の場合，すなわち親子会社間の組織再編やMBOのように組織再編の[43]

---

37)　すなわち，テクモ事件最高裁決定は，相互に特別の資本関係がない会社間の組織再編の場合には，組織再編の条件の公正さを判断するにあたり，裁判所は原則として取締役および株主の判断を尊重するという姿勢を明確にした点で，本文で紹介した学説上の多数説の見解と基本的には合致するものと評価することができる（白井正和・百選179頁）。

38)　東京高決平成23・3・1民集〔参〕66巻3号1943頁。

39)　また，原決定においても，同事件の株式移転が企業価値を増加させるか否かについては正面からは検討されていない（原決定の判断枠組みの詳細については，白井正和「判批」民商法雑誌148巻4・5号〔2013〕445頁注1参照）。

40)　柴田義明「判解」『最高裁判所判例解説民事篇平成24年度（上）』（法曹会，2015）331頁。

41)　伊藤靖史「判批」判評647号〔判時2166号〕（2013）31頁，石綿学「テクモ株式買取価格決定事件最高裁決定の検討（下）」商事法務1968号（2012）17頁等。

42)　飯田秀総「企業再編・企業買収における株式買取請求・取得価格決定の申立て」法学教室384号（2012）30頁。

43)　MBOとは，一般に，現在の経営者が全部または一部の資金を出資し，事業の継続を前提として一般株主から買取対象会社の株式を購入することをいう（経済産業省「公正なM&Aの在り方に関する指針——企業価値の向上と株主利益の確保に向けて」4頁〔2019年6月28日公表〕）。特に近年では，上場会社の経営者が，投資ファンドから資金を得て買収会社を設立し，当該上場会社の株式の全部を取得するタイプのMBOが盛んである。

当事会社が互いに独立した関係にあるとはいえない場合には，必然的に生じる利益相反関係を原因として，一方の当事会社の株主にとって不利な内容の組織再編が行われる危険性が高い。そのため，実務では，こうした取引の公正さを担保するために，社外取締役・社外監査役や社外の有識者などからなる**特別委員会**に組織再編の条件等の公正さをチェックさせたり，公認会計士や証券会社などの**第三者評価機関**に組織再編の条件の公正さについて意見を求めたりするといった措置をとることが多い。

　それでは，利益相反の問題を必然的に含んでしまう②の場合には，裁判所は「公正な価格」をどのように算定すればよいのだろうか。①の場合とは異なり，②の場合には，当事会社が交渉の上で実際に決めた組織再編の条件が，シナジー等を適正に分配する条件であるとは容易には評価できないことから，「公正な価格」の算定方法が特に問題となる。この問題について，学説上の多数説は，組織再編の条件の公正さを担保するための実務上の措置が効果的に機能したかどうかの審査を通じて，当該組織再編が独立当事者間の取引にも比肩しうるような公正な手続を通じて行われたものであるかどうかを判断すべきとする[44]。そして，仮に手続が公正であると認められるのであれば，①の場合と同様に，組織再編の当事会社が交渉の上で実際に決めた組織再編の条件が，シナジー等を適正に分配する条件であると評価してよいということになる[45]。

　これに対して，手続が公正とは認め難い場合や，会社が十分な証拠を提出しないために手続の公正さについて判断することができない場合には，裁判所が

---

44)　加藤貴仁「レックス・ホールディングス事件最高裁決定の検討(中)」商事法務 1876 号（2009）5 頁，田中・後掲② 228-229 頁，白井正和「MBO における利益相反回避措置の検証」商事法務 2031 号（2014）9 頁等。

45)　こうした考え方に対し，大阪地決平成 24・4・13 金判 1391 号 52 頁は，MBO の場面における公開買付けが利益相反関係を抑制し，公開買付価格の公正性等を担保するための種々の措置が講じられた上で実施され，かつ，多数の株主の応募を得て成立したとの認定を前提としても，このことのみをもって，当該公開買付けにおける買付価格が公正な価格を下回らないと即断することはできないとしたことから，当時の実務および学説からの注目を集めた。ただし，同決定の文言はさておき，その事案からは，公開買付価格の公正性等を担保するための措置が十分に働かなかったことに基づき，裁判所が後見的にレビューを行ったものと評価することで，同決定を従来の裁判例および学説上の多数説の見解と整合的に理解する余地はあるかもしれない（弥永真生「企業価値が増加する場合の株式買取価格の決定(下)」商事法務 1968 号（2012）9-10 頁参照）。

その裁量により独自に「公正な価格」を算定することが必要となる。裁判所が独自に「公正な価格」を算定した代表的な事件として，MBO の場面におけるシナジー適正分配価格の算定が問題となった最決平成 21・5・29 金判 1326 号35 頁（レックス株式取得価格決定申立事件最高裁決定。商判Ⅰ-40）があり，同事件では，株式の客観的価値に 20% を加算した額をもってシナジー適正分配価格であると評価した高裁決定が是認された。そして，同最高裁決定の補足意見である田原睦夫裁判官の補足意見では，高裁決定を是認した理由として，(a) MBO の実施にあたっては構造的な利益相反問題が生じること，(b)本件 MBO の手続には適切とはいい難い面が含まれていることの 2 点を指摘している。こうした田原睦夫裁判官の補足意見の内容を踏まえれば，最高裁は，同最高裁決定において，(a)の理由づけで示されているように，当事会社が互いに独立した関係にあるかどうかを検討した上で，同事件では独立した関係にはないと判断し，次に(b)の理由づけで示されているように，同事件の手続は公正とはいい難いと判断したことから，独自に「公正な価格」を算定した高裁決定を是認したことがうかがえる。すなわち，そこで採用されている判断枠組みは，学説上の多数説が主張するものと整合的に理解することができる。[46)]

　こうした中，2010 年代も半ばに差し掛かると，当事会社が互いに独立した関係にあるとはいえない場合におけるシナジー適正分配価格の算定の枠組みを明らかにした重要な最高裁決定が示された。それが，次に紹介するジュピターテレコム株式取得価格決定申立事件最高裁決定である。[47)]同決定では，「多数株主が株式会社の株式等の公開買付けを行い，その後に当該株式会社の株式を全部取得条項付種類株式とし，当該株式会社が同株式の全部を取得する取引において，独立した第三者委員会や専門家の意見を聴くなど多数株主等と少数株主

---

46)　なお，レックス事件では，全部取得条項付種類株式の取得の場面における取得価格決定手続（172 条）が問題となっており，厳密には，組織再編の場面における株式買取請求権の行使が問題となったものではない（次に紹介するジュピターテレコム事件も同様）。もっとも，MBO の場面における全部取得条項付種類株式の取得は，金銭をもって少数株主を会社から締め出すことになる点で，組織再編と取引の実質は同じである以上，取得価格決定手続の場面での価格の決定については，株式買取請求権の行使の場面と同様に考えるべきである。

47)　最決平成 28・7・1 民集 70 巻 6 号 1445 頁（百選 88，商判Ⅰ-41）。

との間の利益相反関係の存在により意思決定過程が恣意的になることを排除するための措置が講じられ，公開買付けに応募しなかった株主の保有する上記株式も公開買付けに係る買付け等の価格と同額で取得する旨が明示されているなど一般に公正と認められる手続により上記公開買付けが行われ，その後に当該株式会社が上記買付け等の価格と同額で全部取得条項付種類株式を取得した場合には，上記取引の基礎となった事情に予期しない変動が生じたと認めるに足りる特段の事情がない限り，裁判所は，上記株式の取得価格を上記公開買付けにおける買付け等の価格と同額とするのが相当である」と判示された。

　このように，ジュピターテレコム事件最高裁決定は，多数派株主と少数株主との間に利益相反関係が存在する企業買収の場面（なお，同事件は約70％の株式を保有する支配株主による少数株主の締出しの場面）であっても，意思決定過程が恣意的になることを排除するための措置が採られ，手続の公正さが十分に確保できていると認められる場合には，独立当事者間の企業買収の場面と同様に，裁判所は原則として当事会社間で合意した買収条件を尊重する姿勢を明確にしたわけである。以上の最高裁決定が示した姿勢は，上で紹介した学説上の多数説の見解とおおむね軌を一にするものということができる[48]。

Column 8-6　M&A指針の策定・公表と公正性担保措置

　本章のテーマに関する最近の重要な出来事として，経済産業省が2019年6月28日に「公正なM&Aの在り方に関する指針——企業価値の向上と株主利益の確保に向けて」（M&A指針）を策定し，公表したことが挙げられる。同指針は，構造的な利益相反と情報の非対称性の問題が類型的に存在するMBOおよび支配株主による従属会社の買収の場面を念頭に，ベストプラクティスとなることが期待される諸原則および実務上の具体的対応を述べるものである。

　M&A指針の特徴として，まずは手続的な公正さを判断する際の基本的な視点を明らかにした点が挙げられる。具体的には，同指針は，①取引条件の形成過程において独立当事者間取引と同視しうる状況が確保されること，②一般株主による十分な情報に基づく適切な判断の機会が確保されることといった2つの視点を示してい

---

48)　松元暢子・百選181頁，松中・後掲5頁，白井・後掲82-83頁，久保田安彦「公開買付け後に行われる全部取得条項付種類株式の取得価格（最決平成28・7・1）」法学教室471号（2019）13頁等。

る。これらの視点（特に①の視点）は，従来学説から指摘されていたものであったが，同指針が言及する各種の公正性担保措置（取引条件の公正さを担保することに資する実務上の具体的対応）をこれらの視点から一貫して基礎づけようとする点に，同指針の重要な意義が認められる。[49]

　その上で，M&A 指針は，MBO および支配株主による従属会社の買収の場面における公正性担保措置として，(a)独立した特別委員会の設置，(b)外部専門家の独立した専門的助言等の取得，(c)他の買収者による買収提案の機会の確保（マーケット・チェック），(d)マジョリティ・オブ・マイノリティ条件の設定，(e)一般株主への情報提供の充実とプロセスの透明性の向上，(f)強圧性の排除を挙げ，それぞれにつき，公正性担保措置として期待される機能および望ましいプラクティスのあり方を示している。同指針が言及する公正性担保措置を適切に講じる場合には，当事者間で合意した買収条件は後の裁判の場面でも基本的に尊重される（当該条件をもって「公正な価格」であると判断される）ことが予想される。

　これらの公正性担保措置のうち，特に重要な措置であると位置づけられるのが(a)独立した特別委員会の設置である。[50] M&A 指針は，特別委員会について，中立の第三者的な立場ではなく，買収対象会社および一般株主の利益を図る立場に立って検討や判断を行うことが期待される主体であることを明確にしており，注目に値する。今後，「公正な価格」の算定をめぐり，特別委員会が有効に機能したかどうかが裁判において判断される際には，以上の特別委員会に期待される役割を十分に果たすことができたといえるかどうかが重要な争点となるだろう。

(4)　裁判所による独自の「公正な価格」の算定

　最後に，裁判所がその裁量により独自に「公正な価格」を算定することが必要となる場合の価格の算定方法について確認する。初期の裁判例においては，この場合の価格の算定方法として，株式の客観的価値に，問題となっている取引に近接した時点での類似の取引におけるプレミアムの平均値等を参照して得られたプレミアムの額を上乗せするといった手法がとられることが多かった。[51]

49)　藤田友敬「『公正な M&A の在り方に関する指針』の意義」商事法務 2209 号（2019）5頁。
50)　井上光太郎「ファイナンスの視点で見た『公正な M&A の在り方に関する指針』の意義」ジュリスト 1536 号（2019）23 頁。
51)　中でも，株式の客観的価値に 20% のプレミアムを上乗せするものが散見される（先述のレックス事件最高裁決定のほか，東京高決平成 22・10・27 資料版商事法務 322 号 174頁，大阪高決平成 21・9・1 判タ 1316 号 219 頁等）。これらの裁判例で採用された算定方

　こうした従来の裁判例でみられる価格の算定方法に対し，学説上は，組織再編によるシナジー等を当該組織再編前に各当事会社が有した企業価値に比例して株主に分配することで，一応は公正の要請が満たされるとする見解が有力に主張されている[52]。この見解は，発生したシナジー等の原因を厳密につきとめることは困難であることを踏まえ，現実的に運用可能なルールの構築という観点から，企業価値の比率に応じてシナジー等を分配することが一応は公正であると主張する。そして，なぜ組織再編前の企業価値に比例して株主にシナジー等の分配をすることが公正といえるのかという点については，組織再編によるシナジー等の発生が，当該組織再編前に各当事会社が有した企業価値に比例して生じると仮定することが，（理論的にみて確実にそうなるというわけではないが）一応は便法として可能であることを踏まえているのだろう。

　以下では，以上の学説上の有力説の考え方を，数値例を用いながら具体的に確認してみたい。たとえば，1 株 1000 円の株式を 1 万株発行する A 社（企業価値は 1000 万円）と，1 株 4000 円の株式を 1 万株発行する B 社（企業価値は 4000 万円）との合併により，7000 万円の企業価値を有する合併後の会社が誕生する事例を考えてみたい。この事例では，合併を通じて 2000 万円に相当する額のシナジーが発生することになるが，学説上の有力説の見解に従うのであれば，この 2000 万円に相当する額のシナジーについては，合併前に A 社と B 社が有した企業価値に比例して生じたものであると仮定することで，400 万円に相当する額を A 社株主に，1600 万円に相当する額を B 社株主に分配することが一応は公正であると考えることになる。したがって，B 社が A 社株式の 70％ を保有するなど，仮に本件で A 社と B 社との間に支配・従属関係がある場

　　　法とは異なり，前掲大阪地決平成 24・4・13 は，DCF 法に基づいて算定された株式価値
　　　と「ナカリセバ」価格との差額をもって，MBO の実施により増大が期待される価値と評
　　　価する方法を採用しており，この点でも注目を集めている。同決定が採用した算定方法に
　　　も問題は少なくないが（白井正和「判批」ジュリスト 1455 号〔2013〕119 頁等），従来の
　　　裁判例とは異なり，事案ごとの実態に即した判断を行ったという観点からは，同決定を積
　　　極的に評価することができる。
[52]　江頭憲治郎『結合企業法の立法と解釈』（有斐閣，1995）275 頁注 6，藤田友敬「企業再
　　　編対価の柔軟化・子会社の定義」ジュリスト 1267 号（2004）108 頁，池永ほか・後掲 10
　　　頁。

合には，本件の合併契約の条件に反対する A 社の株主は，株式買取請求権を
行使し，かつ本件の合併における手続が不公正であることなどを示すことによ
り，公正な価格として 1 株あたり 1400 円（1000 万円と 400 万円の合計を 1 万株で
割る）で株式を買い取ってもらえることになりそうである。

Column 8-7　有力説の見解と MBO への適用可能性

　本文では，シナジー適切分配価格の算定方法に関し，初期の裁判例が採用してい
たと思われる基本的な考え方と，学説上の有力説の見解を紹介した。もっとも，学
説上の有力説が主張する内容を理解するにあたっては，同説が支配・従属関係のあ
る当事者間の組織再編の場面を主に念頭に置いており，かつ，買収者である支配会
社が買収対象会社である従属会社の株式以外に固有の資産を有していることを前提
とする点には，十分に留意する必要がある[53]。そのため，以上の有力説の見解を，買
収者が買収対象会社の株式以外には固有の資産を持たないことが通常である MBO
の文脈にそのまま適用することには，問題がないとはいえない。
　第一段階において公開買付けを実施し，第二段階において株式の併合等を通じた
少数株主の締出しを行う典型的な MBO の事例を念頭に置きながら，この問題につ
いて考えてみたい。有力説の見解を採用する場合，第一段階の取引（公開買付け）
の直前の時点を基準とすれば，この時点では買収者は固有の資産を有していないた
め，企業価値に比例したシナジー等の分配というルールの下では，買収者は MBO
に伴う利益を何ら享受できないことにもなりかねない。これに対して，第二段階の
取引（締出し）の直前の時点を基準とすれば，第一段階の取引で買収者が多くの株
式を取得すればするほど，第二段階の取引は低い価格で行うことができることを意
味することにもなりかねないため，第二段階の取引の価格は第一段階の取引の価格
を下回ることはないというルールが明示的に採用されない限り，第一段階の取引に
強圧性を生じさせる原因となりうる[54]。このように，学説上の有力説の見解を採用す
るとしても，MBO の場面では別段の検討が必要となりうる点には十分に留意する
必要がある[55]。

---

53)　田中亘「MBO における『公正な価格』」金判 1282 号（2008）20-21 頁参照。
54)　強圧性の概念については，本書第 9 章参照。
55)　この問題について，田中・前掲注 53）21 頁は，取引の余剰がどのように分配されるか
は各当事者の時間選好と交渉決裂時の退出オプションの価値に依存して決まるが，これら
の要素が具体的に主張・立証されない場合には，各当事者の時間選好は等しく，退出オプ
ションは持たないと仮定することが，ひとまずは公平な処理であると考えられると指摘し，
シナジー等の分配は 1 対 1 を基本とすることを主張する。また，実際に 1 対 1 の割合でシ

4　「公正な価格」の算定方法——「ナカリセバ」価格の場合

(1)　総　　説

　会社法の下においても，組織再編が企業価値を毀損するまたは増加も毀損も
しない場合には，「公正な価格」とは「ナカリセバ」価格を意味する。そのた
め，「公正な価格」の算定方法について学習するにあたっては，「ナカリセバ」
価格の算定方法についても十分に理解する必要がある。

　それでは，「ナカリセバ」価格についてはどのように算定すればよいのだろ
うか。上場会社の株式については株価が存在するので，「ナカリセバ」価格の
算定にあたっては，価格算定の基準日（判例によれば株式買取請求権の行使日）に
できるだけ近い時点の株価を参照すればよいようにも思われる。もっとも，こ
こで問題となるのが，原則として組織再編の計画公表後の株価を使うことはで
きないという点である。組織再編の計画公表後の株価は，通常は組織再編が実
施されることを織り込んだ上で形成されてしまうからである。たとえば組織再
編が企業価値を毀損するようなものである場合には，当該組織再編の計画公表
後の株価は，当該組織再編による企業価値の毀損を見越して下落することにな
る。したがって，価格算定の基準日における株価であるからといって，たとえ
ば組織再編の計画公表後にあたる株式買取請求権の行使日の株価をもって，組
織再編による影響を排除した価格であるはずの「ナカリセバ」価格と評価する
ことはできない。そのため，以下で説明するように，組織再編の計画公表後の
株価の参照可能性という観点から，組織再編が企業価値を増加も毀損もしない
場合と，組織再編が企業価値を毀損する場合とに分けて考えることが必要とな
る。以下では，それぞれの場合について，近年の裁判例が採用していると思わ
れる「ナカリセバ」価格の算定方法を確認する。

(2)　組織再編が企業価値を増加も毀損もしない場合

　組織再編が企業価値を増加も毀損もしないのであれば，「ナカリセバ」価格
として，価格算定の基準日における当該会社の株価を参照することが可能とな
る。問題となっている組織再編が企業価値を増加も毀損もしない以上，組織再

　ナジー等を分配することで「公正な価格」を算定した MBO の場面における近年の裁判例
として，前掲大阪地決平成 24・4・13 がある。

編の計画公表の事実が株価に対して影響を与えることはないと考えることができるからである。

　先程紹介した楽天対 TBS 事件最高裁決定（前掲最決平成 23・4・19）では，この点についても明確に指摘されている。最高裁は同決定において，「吸収合併等により企業価値が増加も毀損もしないため，当該吸収合併等が消滅株式会社等の株式の価値に変動をもたらすものではなかったときは，その市場株価は当該吸収合併等による影響を受けるものではなかったとみることができるから，株式買取請求がされた日のナカリセバ価格を算定するに当たって参照すべき市場株価として，同日における市場株価やこれに近接する一定期間の市場株価の平均値を用いることも，当該事案に係る事情を踏まえた裁判所の合理的な裁量の範囲内にある」として，組織再編が企業価値を増加も毀損もしないのであれば，「ナカリセバ」価格として価格算定の基準日における当該会社の株価を参照できることを明らかにした。[56]

（3）　組織再編が企業価値を毀損する場合

　これに対して，組織再編が企業価値を毀損する場合には，組織再編の計画公表後の株価は，組織再編による企業価値の毀損を見越して下落するため，「ナカリセバ」価格の算定にあたって用いることはできない。そのため，「ナカリセバ」価格の算定にあたっては，組織再編が企業価値を増加も毀損もしない場合（いわば例外的な場合）と比較して，やや複雑な検討が必要となる。

　具体的には，組織再編の計画公表後の株価は「ナカリセバ」価格の算定にあたって用いることはできないので，組織再編の計画公表前の株価を用いるしかないが，組織再編の計画公表前の株価は，計画公表の時点から価格算定の基準日までの間に生じた当該組織再編以外の事情（経済全体あるいは業界全体の動向や，当該会社に固有の事情ではあるが当該組織再編とは無関係に生じる事情）を織り込んではいないことから，これを織り込む必要があるのではないかという問題が提起されてきた。「ナカリセバ」価格は，組織再編がなかったとすれば当該

---

56)　その上で，本件で問題となっている吸収分割が企業価値を増加も毀損もしないものであることを確認し，価格算定の基準日である株式買取請求権の行使日における株価をもって「ナカリセバ」価格と評価した。

株式が価格算定の基準日に有しているであろう価値を意味する以上，理論的には，計画公表から価格算定の基準日までの間において組織再編がなかったとしても生じうる事情については，価格の算定にあたり当然に考慮すべきであると考えられるからである。

　こうした問題提起を受けて，学説上の有力説は，組織再編の計画公表前の株価を用いるとしても，それを出発点として，そこから価格算定の基準日までの経済全体や業界全体の動向等を反映した「補正」を行うことにより，基準日における「ナカリセバ」価格を算定すべきであると主張してきた[57]。たとえば，リーマンショックの影響を受けて，計画公表の時点から価格算定の基準日までの間に当該会社が属する業界全体の株価が平均して 20% 下がっており，かつ，当該会社の株価がこれまで業界全体の株価の動向による影響をある程度は受けてきたのであれば，「ナカリセバ」価格の算定にあたり，組織再編の計画公表前の株価をそのまま用いることは適切とはいえないだろう。業界全体の株価の動向を踏まえて，組織再編の計画公表前の株価を大なり小なり割り引く必要が生じていること自体は否めない。問題はどれだけ割り引くことが適切かである。この問題については，直感的には，当該会社の株価の動向が，業界全体の株価の動向とどれだけ強い相関関係を有するかといった事情に基づいて判断すべきということになる[58]。

　こうした中で，裁判所として以上の問題を正面から扱った重要な決定が，東京高決平成 22・10・19 判タ 1341 号 186 頁（インテリジェンス株式買取価格決定申立事件東京高裁決定。百選 Ap33）である。この事件は，Y 社株式（ジャスダック証券取引所に上場）の約 40% を保有する A 社が，Y 社との間で，A 社を株式交換完全親会社，Y 社を株式交換完全子会社とする株式交換契約を締結し，Y 社の株主総会においてその承認を受けたという事案である。Y 社の株主である X らは，本件株式交換に反対し，Y 社に対して株式買取請求権を行使した。

---

57)　藤田・後掲① 293 頁，神田・後掲 12 頁，飯田・後掲② 41 頁，田中・前掲注 7) 650-651 頁など。

58)　より厳密には，計画公表前の株価データを利用してマーケットモデルを推定し，その推定されたマーケットモデルを利用して，計画公表後の想定株価を計算することになる。マーケットモデルの詳細については，本書第 10 章参照。

　東京高裁は，本件株式交換によりY社の企業価値ないし株主価値は毀損さ
れたと評価した上で，「ナカリセバ」価格を算定するにあたり次のように判示
した。「Y社株式は，本件株式交換を主たる要因としてその企業価値ないし株
主価値が毀損されたものであるから，基準時における『公正な価格』を本件株
式交換の計画公表前の一定期間の市場株式価格の平均値をもって算定すること
は一応の合理性があるとしても，Y社株式の価格は，これに先立つ平成20年
年初から本件株式交換の計画公表時までの間おおむね下落し続けており，その
要因の1つであるマクロ経済の悪化とこれに伴う人材ビジネスの経営環境悪化
という市場の一般的価格変動要因による影響は，本件株式交換の計画公表後に
おいても，本件株式が上場廃止になる時点までの間，引き続き継続したことは
前示のとおりである」。「そうすると，本件株式交換の効力発生日……時点のY
社株式が有していたであろう客観的価値の算定につき，上記した本件株式交換
の計画公表後における市場の一般的価格変動要因によるY社株式価格への影
響がうかがわれる以上，上記計画公表後における市場全体・業界全体の動向そ
の他を踏まえた補正を加えるなどして上記基準時のY社株式が有していたで
あろう客観的価値を算定することが可能であれば，かかる補正をするなどした
算定の方法は，本件株式交換の計画公表前の一定期間の市場株式価格の平均値
だけをもってする算定の方法よりも，合理性の程度の高いものということがで
きる」（下線は筆者）。その上で，本件株式交換の計画公表前1か月間（平成20
年6月2日〜7月1日）の株価の終値による出来高加重平均値である8万7426
円を1株あたりの買取価格とした原決定（東京地決平成22・3・29金判1354号28
頁）を変更し，本件株式交換の効力発生日（平成20年9月30日）前1か月間の
補正後の予想株価の平均値である6万7791円を1株あたりの買取価格とした
（図表8-4参照）。

　本決定よりも前の裁判例には，組織再編によって企業価値が毀損される場合，
組織再編の計画公表後の株価は組織再編による企業価値の毀損を見越して下落
しており，価格算定には用いることができないことを理由として，単純に，組
織再編の計画公表前の一定期間の平均株価をもって「公正な価格」とする例が
散見された[59]。もっとも，こうした決定に対しては，学説からは先程紹介した内
容の問題提起がされていた。本決定はあくまで東京高裁の示した一決定にすぎ

図表 8-4

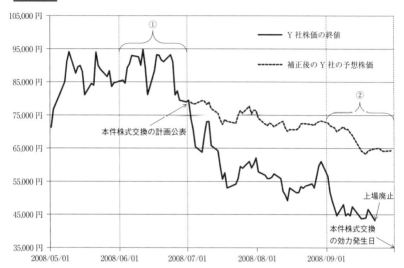

①原決定：本件株式交換の計画公表前 1 か月間の株価の出来高加重平均値をもって買取価格を算定
②本決定：本件株式交換の効力発生日前 1 か月間の補正後の株価の平均値をもって買取価格を算定

ず，こうした判断が今後も「ナカリセバ」価格の算定にあたり定着していくか
どうかは必ずしも明らかではないが，本決定は，学説からの問題提起を踏まえ
て，計画公表前の株価を基礎としつつも，これに価格算定の基準日までの市
場・業界全体の株価動向を反映した一定の補正を行った最初の公表裁判例とし
て，重要な意義を有することは疑いがない。

59)　本決定の原決定にあたる東京地決平成 22・3・29 金判 1354 号 28 頁のほか，東京地決平
　　成 22・3・31 金判 1344 号 36 頁等。
60)　ただし，学説上の有力説が指摘するように，「ナカリセバ」価格とは，組織再編がなか
　　ったとすれば当該株式が価格算定の基準日に有していたであろう価格を意味する以上，組
　　織再編がなかったとしても生じうる事情については，価格の算定にあたり当然に考慮すべ
　　きとすることが，理論的には一貫することはいうまでもない。
61)　なお，本決定は価格算定の基準日を組織再編の効力発生日とするが，本決定の後に先述
　　の楽天対 TBS 事件最高裁決定が示され，株式買取請求権の行使日が価格算定の基準日と
　　なることが明らかにされたことを受けて，本件の許可抗告審（最決平成 23・4・26 判時
　　2120 号 126 頁。商判 I -177）は本決定を破棄し，事件を東京高裁に差し戻した。こうし
　　た本決定の許可抗告審の判断と補正の要否との関係については，飯田秀総ほか『会社法判

（4）　補正の要否をめぐる判例の体系的な理解

　以上みてきたように，インテリジェンス事件東京高裁決定では，「ナカリセバ」価格の算定の場面で補正の必要性を認めたが，これに対して，先程紹介したジュピターテレコム事件最高裁決定（前掲最決平成 28・7・1）では，シナジー適正分配価格の算定の場面において，取得日までの市場全体の株価の動向を考慮した補正をするなどして株式の取得価格を算定すべきであるとした原審の判断[62]を是認することができないとし，そのような補正をすることは，原則として裁判所の合理的な裁量を超えたものといわざるを得ないとする[63]。それでは，市場全体の株価の動向等を考慮した補正の要否に関して，ジュピターテレコム事件決定の内容とインテリジェンス事件決定の内容は，どのようにすれば整合的に理解することができるのだろうか。

　この問題を検討するにあたっては，ジュピターテレコム事件とインテリジェンス事件の事案の違いに着目する必要がある[64]。すなわち，ジュピターテレコム事件では，現金対価の買収（キャッシュアウト）におけるシナジー適正分配価格の算定が問題となったことを踏まえれば，価格算定の基準日までの市場全体の株価の動向等を考慮した補正をする余地は通常は認められない[65]。取引条件の公正さは取引に関する意思決定の時点で存在する事情に基づいて判断すべきであるため[66]，公開買付価格が公開買付開始時点の判断として公正であれば当該価格が「公正な価格」となり，公正でなければ，裁判所は公開買付開始時点におけ

　例の読み方』（有斐閣，2017）386 頁〔白井正和〕参照。

62)　東京高決平成 27・10・14 金判 1497 号 17 頁。ジュピターテレコム事件の原決定と同様に，現金対価の買収（キャッシュアウト）の場面におけるシナジー適正分配価格の算定にあたり，公開買付期間終了後の市場全体の株価の動向を考慮した補正を行った裁判例として，東京地決平成 27・3・4 金判 1465 号 42 頁，東京地決平成 27・3・25 金判 1467 号 34 頁がある。

63)　こうしたジュピターテレコム事件最高裁決定の判断については，一般に学説からも広く支持を集めている。藤田・後掲②55 頁，田中亘「ジュピターテレコム事件最高裁決定が残した課題」金判 1500 号（2016）1 頁，松元・百選 181 頁，松中・後掲 7 頁，北村雅史「判批」法学教室 434 号（2016）163 頁等。

64)　以下の分析は，白井・後掲 83-84 頁に基づく。

65)　藤田・後掲②53-54 頁。藤田友敬「公開買付前置型キャッシュアウトと株式の取得価格」論究ジュリスト 20 号（2017）91 頁も参照。

66)　前掲注 34)とそこで引用している文献参照。

る判断として公正な公開買付価格がいくらであるかを算定し、それが「公正な価格」となるからである[67]（いずれの場合も、反対株主に公開買付期間終了後の市場全体の株価の動向等を考慮した補正を受ける利益が保障されることにはならない[68]）。

　また、仮に現金対価の買収の場面で補正を認めてしまうと、株主は、とりあえず買収に反対しておいて、その後、買取価格（取得価格）決定の申立期限までに株式市場全体の相場が上昇し、それに伴って、公開買付価格などの現実の買収対価を上回る買取価格（取得価格）が決定されると期待できるようになった場合には、買取価格（取得価格）決定の申立てを行い、逆に相場が下落した場合には、買取価格（取得価格）決定の申立てを行わない（現実の買収対価で株式を手放す）という形で、リスクのない投機をすることが可能になる[69]。このような投機が可能であるとすれば、株主には、公開買付けに常に応募せず、（全部取得条項付種類株式の取得決議や株式併合の決議などの）締出しを実現する株主総会決議に常に反対するといった機会主義的な行動をとるインセンティブが生じ、その結果として買収のコストが高まることや、場合によっては企業価値を高める望ましい買収であっても実現が困難になってしまうことが危惧される[70]。

　これに対し、インテリジェンス事件は、株式を対価とする買収における「ナカリセバ」価格の算定が問題となった場面であることに十分に留意する必要がある。「ナカリセバ」価格の算定の場面では、買収（インテリジェンス事件では株式交換）がなかったとすれば価格算定の基準日に買収対象会社の株式が有していたであろう価値の算定が問題となる以上、先述のように、理論的には、買収公表前の時点における買収対象会社の株価を算定の基礎とするのであれば、補正を行うことが求められる。買収がなかったとすれば、買収対象会社の株式は、

---

67)　こうした点を踏まえ、藤田・後掲②53 頁は、現金対価の買収におけるシナジー適正分配価格の算定の場面では、価格算定の基準日はほとんど意味を持たないと指摘する。

68)　松中・後掲 7 頁。久保田・前掲注 48）14 頁も参照。

69)　田中・後掲④112 頁、藤田・後掲②49 頁等。飯田・後掲②44 頁も参照。

70)　補正には株主の機会主義的な行動を誘発する可能性があることを指摘し、補正を否定したジュピターテレコム事件最高裁決定（の結論）に賛成する見解として、松元・百選 181 頁、松中・後掲 7 頁、北村・前掲注 63）163 頁、松尾健一「組織再編における株式買取請求権」法学教室 433 号（2016）13 頁注 26、桑原聡子ほか「ジュピターテレコム事件最高裁決定の検討」商事法務 2114 号（2016）21 頁、塚本英巨「最高裁決定でキャッシュ・アウト事案の視界は良好に」金融法務事情 2046 号（2016）1 頁等がある。

価格算定の基準日までに生じた市場全体の株価の動向等による影響を（大なり小なり）受けていたはずだからである。

　また，インテリジェンス事件のような株式を対価とする買収の場面で補正を認めないとすれば，株式買取請求権制度を通じて株主による将来の株価下落に対するリスクヘッジが（リスクヘッジの対価を支払うことなく）可能になるため，政策的な観点からは適切ではないと考える余地もある[71]。すなわち，仮に株式を対価とする買収の場面で補正を認めないとすれば，株主は，とりあえず買収に反対しておいて，その後に株式市場全体の相場が下落し，それに伴って，価値の下落した買収者の株式を取得するよりは（「ナカリセバ」価格として買収が公表される前の買収対象会社の市場株価に基づく金銭を受け取る方が）有利であると考える場合には，株式買取請求権を行使し，逆に相場が上昇した場合には株式買取請求権を行使しないという形で，株式買取請求権制度を通じた将来の株価下落に対するリスクヘッジが可能になるからである[72]。

---

71)　こうした問題が生じるのは，株式を対価とする買収における「ナカリセバ」価格の算定の場面においてである。すなわち，買収が公表される前の買収対象会社の株価をもって「ナカリセバ」価格と算定する場合に，こうした問題は顕著になる（飯田・後掲②41頁参照）。これに対して，株式を対価とする買収の場面であってもシナジー適正分配価格の算定が問題となる場合には，比率が公正ならば価格算定の基準日における買収対象会社の株価をもって「公正な価格」とされ，不公正ならば買収に関する意思決定の時点（公開買付けや株主総会の時点など）における公正な比率を算定し，その比率に基づき，基準日における買収者および買収対象会社の株価を修正するなどして「公正な価格」を算定することになるので（藤田・後掲②52-53頁），いずれにせよ，株式買取請求権の行使時までの市場全体の株価の動向等は公正な価格に織り込まれる（したがって，補正の要否という問題は基本的には生じない）。

72)　以上のような視点に基づいて「公正な価格」の算定の場面における補正の要否の問題を整理すれば，残された問題として，現金対価の買収における「ナカリセバ」価格の算定の場面で補正を認めるべきか否かという問題があることに気が付く。「ナカリセバ」価格の算定の場面であることからすれば，本文で述べたように理論的には補正を行うことが求められるが，その一方で，現金対価の買収の場面であることからすれば，補正を認めることで株主の機会主義的行動が誘発される可能性が生じないとはいい切れないからである。悩ましい問題であるが，筆者は，現金対価の買収における「ナカリセバ」価格の算定の場面においても，補正を認めてよいのではないかと考えている（検討の詳細については，白井・後掲84-85頁参照）。

| *Column 8-8* | 株式買取請求によるシナジーの分配は本当に望ましいか？ |

　これまで本文で説明してきた内容は，組織再編がシナジー等の発生を通じて企業価値を増加させるときは，反対株主に対して，組織再編がないとした場合に実現していた価値だけでなく，組織再編による企業価値の増加分についての適正な分配をも保障する機能を株式買取請求権に付与する，通説の見解を前提としている。これに対して，近年出版されたある書籍によれば，株式買取請求権が付与されることの意義について，通説のように，利益相反・忠実義務違反に基づく少数株主保護の観点から事後規制として理解するには限界があり，むしろ事前の視点から，組織再編が価値上昇型となるように保障しようとするスクリーニング機能に基本があるべきではないかとの問題提起がされている（飯田・後掲①）。同書籍によれば，現在の株式買取請求権に関するルールは過渡期的なものであり，将来的には，支配株主等の行為義務や責任，買収対象会社の取締役の行為義務や責任に関するルールを立法論・解釈論によって明確にするなどして，利益相反的な行為の問題に対応する一方で，株式買取請求権については，スクリーニング機能を果たす「ナカリセバ」価格に戻すのが理論的には望ましいと指摘されている。同書籍で展開されている魅力的な議論の全てを本コラムで書き尽くすことは到底できないため，以上の議論に興味のある読者は，ぜひ同書籍を直接読んで頂きたい。

◆練習問題◆

　1 株 1500 円の株式を 1 万株発行する Y 社（消滅会社：企業価値は 1500 万円）と，1 株 3000 円の株式を 1 万株発行する A 社（存続会社：企業価値は 3000 万円）との間の吸収合併により，7000 万円の企業価値を有する合併後の会社が誕生した。合併の対価は，Y 社株式 1 株あたり A 社株式 0.4 株の交付である。X は Y 社の株主であり，Y 社株式を 100 株保有している。X は本件合併に反対し，株式買取請求権を行使した。

問1　仮に A 社・Y 社ともに互いの株式を保有しておらず，Y 社・A 社が互いに独立した関係にあると評価できる場合，X による株式買取請求権の行使により認められる「公正な価格」はいくらになると考えられるか。

問2　仮に本件合併前において，A 社が Y 社株式の 70％（7000 株）を保有する関係にあったとする。本件合併が独立当事者間の取引にも比肩しうるような公正な手続を通じて行われたものであると評価できる場合には，X による株式買取請求権の行使により認められる「公正な価格」はいくらになると考えられるか。

問3　問2 と同様の関係の下で，本件の合併の手続が公正とは認めがたい場合，組織再編によるシナジー等を当該組織再編前に各当事会社が有した企業価値に比例して株主に分配することで，一応は公正の要請は満たされるとする学説上の見解

に従って分析すれば，X による株式買取請求権の行使により認められる「公正な価格」はいくらになると考えられるか。

■参考文献■

飯田秀総①『株式買取請求権の構造と買取価格算定の考慮要素』（商事法務，2013）

飯田秀総②「株式買取請求・取得価格決定事件における株式市場価格の機能」商事法務 2076 号（2015）38 頁

池永朝昭ほか「MBO（マネージメント・バイアウト）における株主権」金融・商事判例 1282 号（2008）2 頁

神田秀樹「株式買取請求権制度の構造」商事法務 1879 号（2009）4 頁

久保田安彦「判批」判例評論 638 号〔判例時報 2139 号〕（2012）31 頁

白井正和「非独立当事者間の企業買収における公正な価格の算定」法学教室 447 号（2017）82 頁

田中亘①「組織再編と対価柔軟化」法学教室 304 号（2006）75 頁

田中亘②「総括に代えて──企業再編に関する若干の法律問題の検討」土岐敦司＝辺見紀男編『企業再編の理論と実務』（商事法務，2014）205 頁

田中亘③「事例 20」伊藤靖史ほか『事例で考える会社法〔第 2 版〕』（2015）400 頁

田中亘④「判批」ジュリスト 1489 号（2016）110 頁

藤田友敬①「新会社法における株式買取請求権制度」江頭憲治郎先生還暦記念『企業法の理論(上)』（商事法務，2007）261 頁

藤田友敬②「公開買付前置型キャッシュアウトにおける公正な対価」資料版商事法務 388 号（2016）48 頁

松中学「JCOM 最高裁決定と構造的な利益相反のある二段階買収における『公正な価格』」商事法務 2114 号（2016）4 頁

弥永真生「反対株主の株式買取請求権をめぐる若干の問題」商事法務 1867 号（2009）4 頁

第9章

買収手法の強圧性ととりうる法の対処策

I　強圧性とはどういう問題か

1　はじめに

　本章では，企業買収における強圧性の問題について検討する。具体的には，①どういうロジックで強圧性の問題が生じるのか，②これがなぜ問題なのか，③問題だとしてこれを解消するにはどうすればよいのかということについて，数字を用いた例を使いながら理解を深めることを目標とする[1]。強圧性の問題が生じるのは公開買付けの場合のみならず，市場で株式を買い集める場合にも生じるが，紙幅の都合上，公開買付けの強圧性のみを検討することとする[2]。

　以下では，そもそも公開買付けとはどういうものであるのかということから出発し，その理解をふまえて上記①②③の問題を順番に考えていく。その際に，レックス・ホールディングス事件[3]とブルドックソース事件[4]についても強圧性の視点から検討し，両事件の理解を深めたい。

2　公開買付けとは何か

(1)　定　　義

　公開買付けとは，不特定多数の者に対して，買付価格，買付予定数，買付期間等を公告して，株式の買付け等の申込みまたは売付け等の申込みの勧誘を行

---

1)　本章では，田中・後掲と飯田・後掲をもとに，単純化をした説明を行う。

2)　本章では注 8) 及び注 12) で簡単に言及する程度にとどまる。市場での買い集めにおける強圧性の問題について詳しくは，飯田・後掲 996 頁，1011 頁，田中・後掲 137 頁，386 頁参照。

3)　最決平成 21・5・29 金判 1326 号 35 頁（商判 I-40）。

4)　最決平成 19・8・7 民集 61 巻 5 号 2215 頁（百選 100，商判 I-67）。

い，取引所金融商品市場外で株式の買付け等を行うことをいう（金商27条の2第6項）。

(2)　設　　例

具体例で説明しよう。

> **【公開買付けの設例】**　上場会社であるＴ社は発行済株式総数が100万株であり，市場株価は1株あたり800円だとする。Ａ社は，Ｔ社の経営が非効率的であることに気がつき，自分たちが経営をすればＴ社の業績が飛躍的に改善すると確信した。そこで，Ａ社はＴ社に対して，経営陣の交代を提案した。しかし，Ｔ社の社長はこの提案を断った。Ａ社はそれでもあきらめず，Ｔ社の株式を大量に取得して，次のＴ社の株主総会においてＴ社の取締役の解任と，Ａ社の推薦する者を取締役として選任することを目指すことにした。Ａ社は，Ｔ社株式の取得方法として，公開買付けを行うこととした。買付価格は1株あたり1200円，買付予定数は100万株，買付期間は30営業日とした。

（a）　**買付価格**　　Ａ社は，買付価格を1200円としており，市場株価の800円より400円も高い価格を設定している。この理由はいくつか考えられるが，ここでは，Ａ社が経営をすればＴ社の1株あたりの株式の価値は1300円になると確信しており，本当は1300円の価値のあるものを1200円で買えるので，1株あたり100円の利益を手に入れることができると信じているとしよう。

視点をＴ社の株主に移すと，市場株価が800円のときに，1200円で売れるのであれば，1株あたり400円の利益が得られるので，喜んで1200円で売却したいと考える者が多いだろう。そこで，Ｔ社の株主の多くは，Ａ社の公開買付けに対して応募し，1200円で売却するだろう。一般に，公開買付価格とその直前の市場株価の差額を**買収プレミアム**と呼んでおり，買収プレミアムが高ければ高いほどＴ社の株主には有利な条件といえる。そのため，Ａ社は，買収プレミアムを高くすればするほど，より多くの株式を買い付けられるだろう。[5]

---

5)　買収プレミアムと応募株式の数が正の相関関係にあることについての実証研究として，田中佑児＝増田士朗「株式公開買付における最適なプレミアムについて──実データに基づいた考察」日本経営工学会論文誌59巻2号（2008）195頁，井上光太郎＝小澤宏貴「公開買付けにおける支配プレミアムと株主の応募行動」田中亘＝森・濱田松本法律事務所編

（b）**買付予定数**　　T 社の発行済株式総数が 100 万株という状況において，買付予定数が 100 万株ということは，T 社の株主が応募すれば，その応募された株式の全部を A 社が買い付けることを意味する。これを**全部買付け**という。

これに対して，買付予定数の上限を設定して，それ以上の応募があっても上限として設定した株式数以上は買い付けないという条件を付けて公開買付けを行うことも可能である。これを**部分買付け**という。A 社にとっては，取締役の解任・選任を実現することが第一の目標だから，過半数の株式を取得すればその目的は達成できる（341 条参照）。この例のような場合，51 万株を取得できれば十分であり，しかも，51 万株以上の株式の買付けを行うにはより多額の資金が必要になってしまうから，部分買付けで行いたいというニーズがある。金商法も基本的にはこれを認めている（金商法 27 条の 13 第 4 項 2 号）。実際に，公開買付けの後も T 社を上場会社として存続させておきたいような場合には，部分買付けがしばしば行われる[6]。たとえば，もしも 51 万株を買付予定数の上限とする部分買付けが行われたときに，T 社の発行済株式総数 100 万株の全てがこの公開買付けに応募された場合，応募株式 100 万株のうち 51 万株だけが 1200 円で買い付けてもらうことができ，残りの 49 万株は買い付けられることなく元の応募株主に返還される。

（c）**買付期間**　　買付期間が 30 営業日というのは，この期間内であればいつでも応募でき，応募した株式については買付けに関して平等に取り扱われるということを意味している。この趣旨は，買付予定数の上限をたとえば 51 万株として行う部分買付けの場合に，もしもこれが平等に取り扱われなかったらどうなるかを考えるとわかりやすい。すなわち，公開買付けの開始日から先着順で応募株式が買い付けられるということになったら，T 社の株主は A 社の

　　『日本の公開買付け――制度と実証』（有斐閣，2016）305 頁参照。

6）　東京証券取引所の本則市場の上場廃止基準では，①株主数が 400 人未満の場合，②流通株式数が 2000 単位未満の場合，③流通株式時価総額が 5 億円未満の場合，④流通株式比率が 5％ 未満の場合等に該当すると，上場廃止となる（東京証券取引所・有価証券上場規程 601 条）。たとえば公開買付け後の対象会社の株式数が 400 人未満となると，上場廃止の可能性が出てくる（ただし，この場合には猶予期間が 1 年ある）。なお，マザーズと JASDAQ の上場廃止基準につき，東京証券取引所・有価証券上場規程 603 条，604 条の 2 参照。

公開買付けに応じた方が有利なのかどうかを熟慮する間もなく，買収プレミアムを手に入れるためには先着51万株までに応募しなければいけないということになりかねない。このような事態を避けるため，金商法は，買付期間内に応募した株主の平等な取扱いを定めるなどして，対象会社の株主に熟慮する機会と時間を確保している。

　(d)　熟　慮　それでは，【公開買付けの設例】のように全部買付けの対象となったT社の株主はいったい何を熟慮するのだろうか。合理的な意思決定を行う株主は，①応募したらどうなるか，②応募しなかったらどうなるかについて，それぞれ公開買付けによって支配が移転するか否かで場合を分けて検討するだろう。

　まず，公開買付けに多数の株主が応募して支配がA社に移転する場合，その後のT

図表9-1

	支配が移転する	支配が移転しない
応募する	1200円	1200円
応募しない	500円／1300円	800円／1500円

社の株式の価値がどうなるのかを考える。A社は1300円になると信じているが，T社の株主が同じように考える保証はない。T社の株主からしてみれば，A社の支配下では株価は500円に下がると考えるかもしれない。逆に，A社が信じているように1300円になるとT社の株主も考えることもありうる。これらの状況と，公開買付けに応募して公開買付価格1200円を受け取るのとどちらが有利になるのかを株主は検討するだろう（図表9-1の2列目参照）。

　次に，もしも公開買付けに多数の株主が応募せず，支配が移転しない場合にどうなるのかを考える。この場合，T社の現在の経営陣の下での経営が続くことになるので，株価は800円のままになるかもしれない。他方で，A社による公開買付けの期間中に，T社の経営陣が画期的な事業を発見したような場合，株価は1500円まで上昇するかもしれない。株主は，これらの状況と，公開買付けに応募して公開買付価格1200円を受け取るのとどちらが有利になるのかを考慮するだろう（図表9-1の3列目参照）。

　このように，T社の株主は，①公開買付けに応募するといくらもらえるか，②公開買付けに応募しない場合に株式の価値はどうなるか，を比較検討して，公開買付けに応募した方が有利か，それとも応募せずにT社株主であり続け

249

た方が有利かを検討するだろう。

　この比較検討をもう少し掘り下げて考えていくと，公開買付けの強圧性がどういうロジックで生じるのかが分かるので，項を改めて上記のA社とT社の例をベースにした次の3つのストーリーを考えていこう。

3　3つのストーリー

(1)　ストーリー1

> **【ストーリー1】**　T社の株主は10万人いて，1人10株ずつ保有しており，各株主の保有割合は0.001％である。現在の市場株価は800円である。いま，A社がT社に対して1株あたり1200円の価格で公開買付けを開始した。
>
> 　A社はT社を完全子会社化することを予定しており，公開買付けで3分の2以上の株式を取得すれば，その後に，対価を現金として1株あたり1000円の条件で株式交換を行うことを予定しており，このことを公表している。
>
> 　A社は，買付予定数の下限を設定し，公開買付けに対してT社株式の3分の2未満の応募しかない場合には，1株も買い付けないという条件を付している（金商法27条の13第4項1号参照）。もしも十分な数の株式の応募がなくて，公開買付けが不成立に終わった場合，T社の株式の価値は1株あたり800円に戻ることがわかっている。
>
> 　この場合，株主は応募するか。

　まず言葉の説明だが，このストーリー1のように一段階目の公開買付けの後に二段階目として株式交換等（合併・株式移転・全部取得条項種類株式の取得・株式併合・特別支配株主の株式等売渡請求が行われることもある）が行われるスキームのことを**二段階買収**という。そして，一段階目の公開買付価格よりも，二段階目の株式交換等の対価の方が低い場合，この買収手法のことを**強圧的な二段階買収**という。

　また，T社株式の3分の2未満の応募しかない場合には1株も買い付けないという買付予定数の下限の条件を付す公開買付けを行う理由は，たとえば20％程度の株式をA社が取得しただけでは，その後の株式交換についてT社の株主総会で承認されるかどうかについて確証が持てないからである。この条件が付されている公開買付けに対して，もしも20％のT社株式しか応募しなかった場合には，誰もA社に買い付けてもらえず，公開買付けは不成立に終わ

ることとなる。

さて，株主の選択肢は2つある。公開買付けに「応募する」か「応募しない」かの二択である。株主は，公開買付けが成立する場合・成立しない場合に分けて，株主が公開買付けに応募する場合・応募しない場合の状況を考えるだろう。そこで，図表9-2のようなツリーを書いて考えよう。

図表9-2の◆は株主が「応募する」か「応募しない」のいずれ

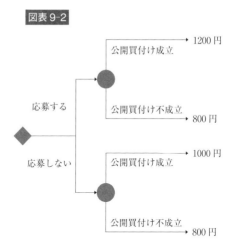

図表9-2

- 応募する
  - 公開買付け成立 → 1200円
  - 公開買付け不成立 → 800円
- 応募しない
  - 公開買付け成立 → 1000円
  - 公開買付け不成立 → 800円

かを選択する判断に迫られていることを意味する。また，●は，公開買付けが成立するか否かについては，他の株主の多数が応募するか否かによって決まることを意味している。つまり，ある1人の株主が公開買付けの成立・不成立の結果までを左右することはできないという状況にあるということである。

図表9-2をみると，次のように整理できる。①公開買付けに応募する場合（図表9-2の上半分），公開買付けが成立すれば1200円を受け取り，公開買付けが不成立（3分の2未満の応募しかない場合，つまり，支配が移転しない場合）ならば800円になる。②公開買付けに応募しない場合（図表9-2の下半分），公開買付けが成立すれば1000円を受け取り，公開買付けが不成立ならば800円である。

この場合，株主は公開買付けに応募した方が有利である。なぜならば，公開買付けが成立する場合，応募していれば1200円を受け取れるが，応募しなければ1000円にしかならないからである。他方，公開買付けが不成立の場合，応募していても800円，応募しなくても800円であり，応募してもしなくても同じである。そのため，応募しておけば1200円を受け取れる可能性があるのに対して，もしも応募しなければ1000円しか受け取れないのだから，株主は公開買付けに応募することが合理的であると考えるだろう。

説明の簡単化のために，T社の他の株主全員がこれと全く同じ論理を考える

としよう。すると，全員が公開買付けに応募するから，この公開買付けは成立することになる。

（2）　ストーリー2

> **【ストーリー2】**　ストーリー1と次の点を除き，状況は全く同じだとする（つまり，ストーリー1と同じく，買付予定数の下限としてT社株式の3分の2未満の応募しかない場合には1株も買付けないという条件を付している）。異なるのは，A社による公開買付けが開始されたことによって，T社の株主たちは今まで知らされていなかったT社のプロジェクトの価値に気がつき，公開買付けが不成立の場合T社の株式の価値は1400円になることがわかっている。
>
> 　株主は応募するだろうか。図表9-3をみながら考えよう。

ストーリー1と同じ論理で考えると，この場合も，株主は公開買付けに応募した方が有利である。なぜならば，公開買付けが成立する場合，応募していれば1200円を受け取れるが，応募しなければ1000円しか受け取れないからである。他方，公開買付けが不成立の場合，応募していても1400円，応募しなくても1400円であり，応募してもしなくても同じである。そのため，公開買付けが成立する

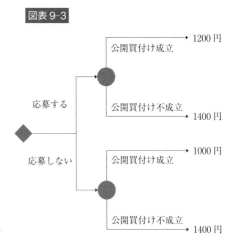

図表9-3

場合には，応募しておけば1200円を受け取れる可能性があるのに対して，もしも応募しなければ1000円しか受け取れないのだから，株主は公開買付けに応募することが合理的であると考えるだろう。

　そして，説明の簡単化のために，T社の他の株主全員がこれと全く同じ論理を考えるとしよう。すると，全員が公開買付けに応募するから，この公開買付けは成立することになる。

　しかし，何か釈然としない感じがするのではないだろうか。なぜなら，全ての株主が応募しなければ公開買付けは不成立になり，この場合には全ての株主

が 1400 円を享受できるのだから，公開買付けに応募して公開買付けが成立する場合に受け取れる 1200 円よりも有利な状況になれるはずだからである。たしかに，このストーリー 2 においては，公開買付けが成立しない場合を前提にすれば，公開買付けに応募しないというのが合理的な意思決定である。しかし，公開買付けが成立する場合を前提にすると，逆に，対象会社株主はこれに応募することが合理的な意思決定の 1 つになる。

　つまり，理論的には，全員が応募するという状態（以下「望ましくない均衡」という）と，全員が応募しないという状態（以下「望ましい均衡」という）の 2 パターンの結果が予想される。複数の均衡がある場合，現実にどちらが実現するのかは明らかではない。そのため，公開買付けの強圧性をこの場合にも問題視する議論というのは，望ましくない均衡が実現してしまう場合がありうることを問題視するものといえる。

　また，公開買付けの強圧性の問題は，T 社の株主同士が協力しない場合に起きる。逆に，もしも T 社の株主が一致団結して行動すれば，実は公開買付けの強圧性の問題は生じない。たとえば，T 社に 51％ の株式を保有する大株主がいるような場合，この大株主が公開買付けに応募しなければこの公開買付けは成立しないので，この大株主にとっては公開買付けの強圧性の問題は生じないだろう。しかし，このような大株主が存在しないストーリー 2 のような場合には，10 万人の株主が一致団結して行動するなどということはあまり現実的ではない。そして，現実に行われる公開買付けの場合は，大株主がいるわけでもなければ，10 万人の株主が 10 株ずつ保有しているわけでもなく，両者の中間にあるようなケースが大半であり，対象会社の株主が協調して行動をとれるようなケースもあれば，協調できないようなケースもあるだろう。

(3)　ストーリー 3

　今度は，ストーリー 1 の状況を次のように変えてみよう。

【ストーリー 3】　A 社は，買付予定数の上限を 50 万株とする条件をつけた（部分買付け）。他方，買付予定数の下限の条件は付けられてはいない。
　A 社は，この公開買付けによって 50％ の株式を取得した場合，T 社に対する支配権を使って T 社から利益移転を行い（たとえば，A 社が T 社の製品を，市場価格を遥かに下回る安い価格で大量に購入すると，T 社から A 社へと利益移転が生じる），T 社

> の株式の価値は 200 円になることが予想されている。しかし，もしも A 社が
> 50% 未満の株式しか取得できない場合（支配が移転しない場合）には，A 社は T
> 社から利益移転を行うことはできず，T 社の株式の価値は 1 株あたり 800 円に
> 戻るとする。
> 　株主は応募するだろうか。図表9-4 をみながら考えよう。

　まず，株主が応募する場合で，
かつ他の多数の株主が応募して支
配が A 社に移転する場合から考
えよう（図表9-4 の 1 番上）。応募
株式の数がちょうど 50 万株のと
き，応募した株主は 1 株あたり
1200 円を受け取れる。しかし，
応募株式の数が 100 万株の場合
（つまり全株式が応募された場合），
応募した株主は応募した株式の半
分が 1200 円で買い付けられ（按
分比例方式による決済），残りの半

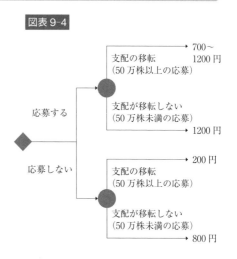

図表 9-4

分が買い付けられずに 1 株あたり 200 円の価値になる。つまり，トータルで 1
株あたり 700 円（＝1200 円×50% ＋200 円×50%）の価値を享受することになる。
したがって，応募株式の数が 50 万株以上 100 万株以下の場合，応募した株主
が享受できる価値は 700 円以上 1200 円以下となる。

　次に，公開買付けに他の多数の株主が応募したが，自身は応募していなかっ
た場合を考えよう（図表9-4 の上から 3 番目）。もしもこの場合に公開買付けに
応募せずにいると 1 株あたり 200 円になってしまう。これに対し，公開買付け
に応募すれば最低でも 700 円は確保できる（図表9-4 の 1 番上）。そのため，A
社の公開買付けが成功する場合，株主は応募する方が有利である。

　今度は，公開買付けに応募した株式が 50 万株未満であったため，支配が移
転しない場合を考えよう。この場合，株主は公開買付けに応募して 1200 円を
受け取る（図表9-4 の上から 2 番目の状況の）方が，1 株あたり 800 円の T 社の
株主であり続ける（図表9-4 の 1 番下の状況）よりも有利である。そのため，株

主は，やはり応募した方が有利だということになる。

　説明の簡単化のために，全ての株主が以上のように考えるとすると，全ての株主が公開買付けに応募し，結果としてA社の公開買付けは成功し，A社が支配権を獲得し，株主は1株あたり700円の価値を享受することになる（図表9-4の1番上の状況）。

　この結果は，株主の視点からすると，全員が一致団結して行動すれば公開買付けは失敗に終わって株主は800円の価値を享受できたはずだったのに，それぞれが自分のことだけを考えて行動した結果，全員が700円の価値しか享受できないことになってしまったということである。

　そして，このストーリー3においては，ストーリー2とは違って，望ましくない均衡（全員が応募する状態）しか予想されない。なぜなら，ストーリー3においては，公開買付けが失敗する場合を前提にしても，なお公開買付けに応募した方が有利になるからであり，ここにストーリー2の場合との違いがある。つまり，ストーリー2の場合は，望ましい均衡と望ましくない均衡のいずれが実現するのかが理論的にも不確実という状況だったのに対し，ストーリー3の状況はより悪く，望ましくない均衡が実現することが理論的には確実な状況だということになる[7]。

4　公開買付けの強圧性の問題とは

　公開買付けの強圧性の問題とは，公開買付けの提案を受けた株主が公開買付価格に不満があっても（ストーリー2とストーリー3参照），自分以外の他の株主がその公開買付けに応じてしまうことにより当該公開買付けが成立してしまい，自分は少数株主として取り残される不安（ストーリー3では200円になる不安）あるいは公開買付けよりも低い価格で二段階目のフリーズ・アウトをされる不安

---

7)　①各株主が「応募する」「応募しない」の選択肢を持っていること，②各株主にとっては「応募しない」を選択するよりも「応募する」を選択する方が望ましい結果が得られること，③しかし全株主が「応募する」を選択した場合の結果が，全株主が「応募しない」を選択した場合の結果よりも悪いこと，という3つの条件を満たすので，これは社会的ジレンマとよばれる現象である。社会的ジレンマとは，ゲーム理論における囚人のジレンマを3人以上の集団に拡大したものである。詳しくは，山岸俊男『社会的ジレンマのしくみ——「自分1人ぐらいの心理」の招くもの』（サイエンス社，1990）1-76頁参照。

（ストーリー2では現金1000円で株式交換が行われてフリーズ・アウトされる不安）から，不本意ながらも公開買付けに応じざるを得ず，その結果として，ストーリー2やストーリー3のような公開買付けまでもが成功して企業買収が実現してしまう問題のことを指す。

　なお，ストーリー1の場合も状況はストーリー2とほぼ同様だが，ストーリー1の場合は，対象会社株主には公開買付価格に不満がない（公開買付けが不成立に終わる場合よりも公開買付けが成立した方が有利である）という点に違いがある。

　さて，この公開買付けの強圧性の問題が発生する根本的な理由は，対象会社の株主が，公開買付価格（1200円）と，公開買付けが成立する場合に自分が応募しなかったときの状況（ストーリー2では1000円）を比較して，応募するかどうかを決定するせいである。そして，この強圧性の問題が発生する直接的な原因は，公開買付価格と，公開買付け後の株式の価値との間に落差があるので（公開買付け後の株式の価値が公開買付価格と比べて低くなる），対象会社株主は公開買付けに応募しないと不利になってしまうことにある。[8]

5　落差が生じる類型

(1)　二段階買収の場合

　(a)　この公開買付価格と公開買付け後の株式の価値との間の落差は，上記のストーリー1やストーリー2のような二段階買収の場合，買収者が公開買付価格よりも低い価格で二段階目の株式交換等を行うのであれば，必ず生じる。

　(b)　もっとも，二段階目の株式交換等をどのような条件で行うのかは，買収者が自発的に決定することが可能だから，公開買付価格と同額で株式交換等を行うことも勿論可能である。このように，二段階目の取引の条件を公開買付価格と同一とする旨を公開買付けの時点で予め約束・公表して行う公開買付け

---

8)　強圧性のポイントが本文の点にあるからこそ，市場で株式を買い集める買収手法にも同じ問題が発生する。たとえば，敵対的買収者が1株1200円以上で株式を市場で大量に買い集めているときに，対象会社の取締役会が「もしも敵対的買収者が支配を取得すると企業価値が大幅に下落する」と宣言していて，それが本当に正しいという場合，対象会社の株主は保有する株式を市場で「売る」という選択をするだろう。なぜなら，当該買収者による支配取得後も株式を保有し続けていると，株価は1200円を下回ることが予想されるのに対し，市場で売却すれば1200円以上で売れるからである。田中・後掲137頁参照。

の場合には，公開買付けの強圧性の問題は生じない（最決平成 28・7・1 民集 70 巻 6 号 1445 頁，商判 I -41 は，まさにこのような事案だった）。なぜなら，ストーリー 2 でいえば，公開買付けが成立する場合に，応募しても 1200 円，応募しなくても 1200 円という状況になるから，ストーリー 2 のように応募した方が有利という状況ではなくなるからである。

　(c)　これに対して，二段階目の株式交換等の対価が公開買付価格と同一になる保障はないとアナウンスして公開買付けを行う例もある。この場合，二段階目の株式交換等の対価と公開買付価格との関係は，論理的には次の 3 つの可能性がある。

> **二段階買収の 3 つの可能性**
> ①　公開買付価格＝株式交換等の対価
> ②　公開買付価格＜株式交換等の対価
> ③　公開買付価格＞株式交換等の対価

すなわち，第 1 は公開買付価格と二段階目の株式交換等の対価が同額となる場合，第 2 は二段階目の株式交換等の対価が公開買付価格を上回る場合，第 3 は二段階目の株式交換等の対価が公開買付価格を下回る場合である。このうち，第 3 の場合は，まさに上記の落差が発生する。これに対して，第 1 及び第 2 の場合はこの落差は発生しない。

　もしも，対象会社の株主が第 3 の場合はありえないと考えていたのであれば，落差は発生しないという前提で株主が公開買付けの応募の是非を判断したことになり，強圧性の問題はなかったといえる。しかし，逆に，対象会社の株主が第 3 の場合になると考えていたのであれば，落差が生じるという前提で公開買付けへの応募についての意思決定を行っていたことになり，強圧性の問題が生じる可能性がある。

　この問題が判例において議論の対象となったのが，レックス・ホールディングス事件である。これは，二段階買収の形で行われた MBO で，まさに公開買付けの後の二段階目の全部取得条項付種類株式の取得の対価が，公開買付価格と一致する保障はないという趣旨のことが公開買付届出書に記載されていた事案である。最決平成 21・5・29 金判 1326 号 35 頁（商判 I -40）の田原睦夫裁判官の補足意見は，次のように述べた。すなわち，「MBO に積極的ではない株

主に対して強圧的な効果が生じないように配慮する」必要があることを企業価
値研究会の MBO 報告書を引用して言及し，本件の事案をみると，「株主あて
のお知らせには，公開買付けに応じない株主は，普通株式の 1 株に満たない端
数しか受け取れないところ，当該株主が株式買取請求権を行使し価格決定の申
立てを行っても，裁判所がこれを認めるか否かは必ずしも明らかではない旨や，
公開買付けに応じない株主は，その後の必要手続等に関しては自らの責任にて
確認し，判断されたい旨が記載されており，MBO 報告書において避けるべき
であるとされている『強圧的な効果』に該当しかねない表現が用いられてい
る」としている。

　この事案で注目すべき点は，二段階目の全部取得条項付種類株式の取得の対
価は基本的には公開買付価格を基準として算定する予定であるとしながらも，
これと異なることもありうると公開買付者が公表していたものの，どのような
場合にどのように異なるのかについて明らかにされていなかったことである。
そのため，論理的には上記の 3 つの可能性がありうる事案だった。それゆえ，
当該公開買付けの後に行われる全部取得条項付種類株式の取得が，公開買付価
格よりも低い価格で行われる可能性がある，と対象会社の株主が考えていたと
してもおかしくない事案だったわけである。

　なお，田原裁判官の補足意見は，公開買付けに応募しない場合のその後の必
要手続は各自で調べられたい旨等の「表現」があったことを受けて公開買付け
の強圧性に言及しているので，表現を改めればよかったことを示唆しているよ
うにも読める。しかし，公開買付けの強圧性は単なる表現の当否の問題ではな
い。本件では，二段階目の全部取得条項付種類株式の取得の対価を公開買付価
格と同一にするという保障をしなかったことが問題である。本件で強圧性がお
こらないようにするには，二段階目の全部取得条項付種類株式の取得の対価を
公開買付価格と同一にすると約束・公表するべきだった。また，これと異なる
こともありうるのであれば，どのような場合にどのように異なることになるの

---

9)　企業価値研究会「企業価値の向上及び公正な手続確保のための経営者による企業買収
　　（MBO）に関する報告書」（2007）（http://www.meti.go.jp/press/20070802008/mbo.pdf）。
10)　加藤貴仁「レックス・ホールディングス事件最高裁決定の検討〔中〕──「公正な価
　　格」の算定における裁判所の役割」商事法務 1876 号（2009）9-10 頁。

かを明らかにし，公開買付価格を下回ることがないことを示すべきだった。

Column 9-1 「強圧性」という用語のニュアンス

　「強圧性」という言葉は，民法の「強迫」や刑法の「脅迫」と類似の語感を持つため，公開買付者がどのように表現したのかが重要であるかのようにもみえるが，ポイントは表現の恐さ・優しさにあるわけではない。そもそも「強圧的な公開買付け」という用語は，"coercive tender offer"という英語の翻訳であり，強迫・脅迫とは全く関係がない。公開買付けの強圧性は，英語では，"pressure to tender"と呼ばれることもあり，むしろこれを翻訳して，公開買付けへの「応募圧力」などと呼んでもよい。実は，こちらの方が，伝統的な金商法の講学上の概念とも連続性があるようにも思われる。どういうことかというと，金商法の公開買付規制は，有価証券の募集・売出しという発行市場の情報開示規制の裏返しとして理解することもできる。そして，有価証券の募集・売出しの際には，企業の資金調達を可能にするため不特定多数の者に大量の有価証券を取得させるための特別の努力が行われ，投資者に「販売圧力」がかかるので規制を用意していると説明する学説がある。[11]これと同様に，公開買付けの場合には株主である投資者に応募圧力がかかるなどと呼ぶ方が良いかもしれない。「強圧的な公開買付け」というと，倫理的に問題のある行為であるかのような誤解を招きかねないことを考えると，なおさらである。[12]

---

(2)　一段階の公開買付けのみが行われる場合

　また，この落差が発生するのは二段階買収の場合に限らず，公開買付けの後に株式交換等が続かない場合にも生じる。つまり，実際に行われる公開買付けの中には，公開買付けの後に株式交換等を連続して実施する二段階買収のタイプのものもあれば，公開買付けのみを実施して，その後の二段階目の株式交換等は実施しないタイプのもの（以下「一段階の公開買付け」という）もある。後者の一段階の公開買付けの場合，公開買付けが成立した後の株式の価値はどうなるかというと，論理的にはやはり3つの可能性がある。

---

11)　神崎克郎『証券取引法』（青林書院，1980）239頁。
12)　田中・後掲139頁注52参照。筆者は，「強圧性」の問題は公開買付けのみならず，市場での買い集めの場合にも生じることを考えると，飯田・後掲で使用した「売却圧力」が適切だと考えているが，本章では一般的な用語法に従って強圧性という語を使用している。

> **一段階の公開買付けの3つの可能性**
> ① 公開買付価格＝公開買付け後の株式の価値
> ② 公開買付価格＜公開買付け後の株式の価値
> ③ 公開買付価格＞公開買付け後の株式の価値

　すなわち，第1は，公開買付け後の株式の価値が公開買付価格と一致する場合である。

　第2は，公開買付け後の株式の価値が公開買付価格よりも上回る場合である。たとえば，公開買付けによって会社の支配が公開買付者に移転した結果，従来の非効率的な経営陣が交代させられ，会社の業績が改善するような場合には，こういうことが起こる可能性がある。

　第3は，公開買付価格よりも公開買付け後の株式の価値が下落するという場合である。たとえば，公開買付けによって支配を獲得した者が経営の素人であるにもかかわらず，経営に余計な口出しをすることによって，会社の業績が下落してしまうような場合には，このようなことが起こる可能性があるだろう。あるいは，たとえば，買収者が対象会社の支配をどうしても手に入れたかったため，採算を度外視した高い価格で公開買付けを実行して公開買付けが成立したような場合，公開買付け終了後の株価は本来の会社の価値まで戻ることが予想され，やはり落差が生じることが予想される。

　一段階の公開買付けが行われた案件での株価の平均的な傾向をみると，第3のタイプが一般的である。ある実証研究で報告されている公開買付けの平均値をグラフ化すると図表9-5のようになる[13]。

　図表9-5によれば，公開買付け後の株式の価値は公開買付価格を下回るということを意味している。したがって，一段階の公開買付けの場合においても，公開買付価格と公開買付け後の株式の価値には落差が生じることが実際にあるといえる。この落差があるということは，すなわち，公開買付けの強圧性があるということになる。

---

13)　井上光太郎「TOB（公開買付け）と少数株主利益」商事法務1874号（2009）34頁。

図表 9-5

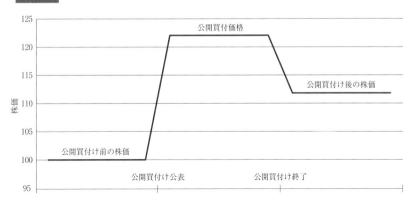

Ⅱ　何が問題か

1　株主利益と企業価値

　公開買付けの強圧性があると何が問題なのだろうか。

　第1に，株主利益が害されるから望ましくない。なぜならば，株主は，不本意ながらも公開買付けに応募せざるをえなくなることによって，公開買付けが行われなければ株主が得られていただろう価値を失ってしまうからである。ストーリー2でいえば，公開買付けが成立しなければ1400円の価値を享受できていたのに，強圧性のせいで公開買付けに応募せざるをえず，1200円で株式を売却することになるからである。ストーリー3でいえば，公開買付けが失敗していれば800円の価値を享受できていたのに，強圧性のせいで公開買付けに応募せざるをえず，1株あたり700円の価値しか享受できなくなるからである。つまり，株主の投資判断が歪められてしまうというわけである。公開買付規制において株主に熟慮の機会を保障して適切な投資判断が行われるようにしようとしている以上は，公開買付価格に買収プレミアムが含まれているからといって株主の利益が害されないと割り切ることは難しい。もっとも，売却価格が1200円では安すぎ，1400円ならば妥当であるという議論は，効率性の観点からは当然には正当化できない。なぜならば，売却価格が1200円から1400円に増えることで売主が200円の得をするとしても，逆に買主が200円の損をする

ので，全体としてはプラスマイナスゼロである[14)]。むしろ，効率性の観点から重要なのは，当該公開買付けが成立することによって，当該公開買付けが成立しなかった場合と比べて，効率性が上昇しているかどうかである。そこで，重要となるのが，次の企業価値の観点である。

すなわち，第2に，従来の経営者よりも企業価値（企業が生み出すキャッシュフローの割引現在価値[15)]）を引き下げてしまうような非効率的な経営しかできない買収者であっても，強圧性を利用すれば買収に成功することが可能になってしまうので，企業価値の観点からも望ましくない。ストーリー2を多少アレンジして説明すると，現在のT社の経営者は優秀なので1株あたり1400円の価値になるのに対して，A社の経営能力はこれより劣るので1株あたり1400円にまでには至らない状況であるにもかかわらず，非効率的な経営を行うA社が買収に成功してしまうおそれがあるということである。したがって，企業価値の観点からも，公開買付けの強圧性を放置することは望ましくないといえる。そして，法政策として，企業価値を上昇させる企業買収は促進し，企業価値を下落させる企業買収は抑止するべきだという立場をとるとしたら[16)]，企業価値の増減こそが評価の基準となるべきであり，強圧的な買収は企業価値を下落させる企業買収でも成立してしまうおそれがあるからこそ問題であるといえる[17)]。

---

14)　第1章注14）参照。ただし，将来の企業買収の買収価格が強圧性のせいで低い価格に抑えられてしまうことが予想されるのであれば，株主（創業者）が企業価値を最大化するような投資を行わなくなってしまうという意味で，事前の効率性を害するという議論も考えられないわけではない。Jonathan R. Mace et al., *Property Rights in Assets and Resistance to Tender Offers*, 73 VA. L. REV. 701, 702, 709-12 (1987) 参照。

15)　企業価値研究会の想定する企業価値概念である（企業価値研究会「近時の諸環境の変化を踏まえた買収防衛策の在り方　平成20年6月30日」1頁注2参照）（http://www.meti.go.jp/report/downloadfiles/g80630a01j.pdf）。

16)　企業価値研究会「企業価値報告書——公正な企業社会のルール形成に向けた提案　平成17年5月27日」83頁（http://www.meti.go.jp/policy/economy/keiei_innovation/keizai housei/pdf/3-houkokusho-honntai-set.pdf）。

17)　ただし，強圧性がなければ企業価値が下落する企業買収が成立しなくなるわけでは必ずしもない。なぜなら，論理的には，公開買付価格が十分に高いので株主は（強圧性のない）公開買付けに応募するが，しかし買収者は経営者として無力であるために企業価値は下落するというケースがありうるからである。もっとも，株主利益を高める買収が企業価値を引き下げるケースは例外的であると考えられる。

　このような株主利益および企業価値の視点[18)]からすると，公開買付けの強圧性を放置しておくのは妥当ではなく，これに対して何らかの対処策を講じる必要があると考えることができるだろう。

　なお，図表9-5においては，公開買付価格よりも公開買付け後の株価が下落しているので強圧性があるといえるとしても，公開買付け後の株価は公開買付け前の株価よりも高くなっているのだから，企業価値を高めているので問題がないのではないかという疑問があるだろう。公開買付けの前後の市場株価が正しく企業価値を反映しているという前提をとるのであれば，このような疑問を抱いて当然である。しかし，だからといって企業価値の観点から見て問題が起きていないとまではいえない。なぜなら，可能性としては，公開買付け前の株価は企業価値を真に反映しておらず，割安な株価であったが，公開買付けが行われたことによって対象会社の真の企業価値が市場に知られるようになったということがありうるため，公開買付け前の市場株価をベンチマークとして比較して，公開買付け後の市場株価の方が高いから当該企業買収は企業価値を上昇させたと評価して良いかには疑問の余地があるからである。また，図表9-5はあくまでも平均的な傾向を示しているにすぎず，公開買付け後の株価が公開買付け前の株価よりも下がるタイプの事案もありうるからである（図表9-6参照）。

　図表9-6のようなタイプの場合，公開買付けの前後の市場株価が正しく企業価値を反映しているという前提が正しいとすると，まさに企業価値を下落させる企業買収が成立してしまったということになり，企業価値の観点から問題があるといえる。

---

18)　企業価値の観点だけでなく，株主利益の観点をも並列して考えるのは，第1に，もしも企業価値基準だけで考えるとすると，企業価値を上げるような買収においては株主に熟慮機会を確保する必要もないという議論につながり，公開買付規制それ自体を廃止してもよいということになりかねないからであり，第2に，注14)で指摘したように，株主利益の観点が効率性の観点と全く無関係というわけでは必ずしもないからである。

図表 9-6

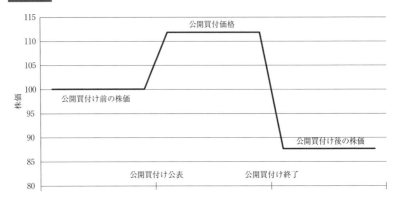

2　強圧性＝悪？

(1)　フリーライド問題

　以上の記述だけを読むと，公開買付けの強圧性はどんな手段を使ってでも阻止するべきだというように考えた読者もいるかもしれない。しかし，実はそこまでひどいものでもないという側面もある。

　まず，ストーリー 1 の場合も，公開買付けの後により低い価格で株式交換が行われることが予定されているので，強圧的な公開買付けということになる。しかし，ストーリー 1 の場合には公開買付けの強圧性があるとしても株主利益や企業価値が害されるわけではない。なぜならば，公開買付けが不成立の場合の 800 円よりも公開買付けが成立して 1200 円を受け取った方が株主は有利であるし，買収者の方が企業価値を高められるからこそ高い買収価格を支払おうとしていると考えられるからである。

　このことをさらに掘り下げて考えるために，公開買付けのフリーライド問題と呼ばれる次のようなストーリーを考えよう。[19]

---

19)　公開買付けのフリーライド問題について詳しくは，星・後掲参照。

【ストーリー 4】　Ｔ社の現在の市場株価は 800 円である。いま，Ａ社がＴ社に対して公開買付価格を 1 株あたり 1200 円とする公開買付けを開始した。Ａ社は，ストーリー 1 と違って，二段階目の株式交換は行わない予定であることを公表している。

　Ａ社の経営陣は極めて優秀であり，Ａ社の公開買付けが成立すると，その優秀な経営陣がＴ社の経営も行うので，Ｔ社の企業価値が上昇し，株式の価値は 1500 円に上昇する。この状況で，株主は公開買付けに応募するだろうか。

（練習問題：自分でツリーを書いて考えてみよう）

　結論としては，株主は公開買付けに応募しない方が有利である。なぜなら，公開買付けが成立する場合を考えると，公開買付けに応募すれば 1200 円を受け取れるにすぎないが，応募しなければ 1500 円の価値を享受できるからである。また，公開買付けが成立しない場合，公開買付けに応募してもしなくても 800 円で変わらないからである。

　そして，この論理を全ての株主が同じように考えた場合，誰も公開買付けに応募せず，公開買付けは成立しないこととなる。Ａ社による支配の獲得を皆が望ましいと思うが故に，他の株主に応募してもらって公開買付けを成立させてもらい，その結果に自分はただ乗り（free ride）すると一番儲かると考える。その結果，誰もが「応募しない」を選択してしまう。そのため，この事例において公開買付けによる支配の獲得が失敗してしまうこととなる。

　しかし，公開買付けが不成立に終わって 800 円になるよりも，公開買付けに応募し，他の多数の株主も応募して公開買付けが成立した場合の方が本当は株主には有利である。なぜなら，800 円の価値を享受するよりも，1200 円の価値を享受した方がベターだからである。また，企業価値の観点からも，Ａ社による公開買付けが成立すれば，Ｔ社の企業価値が上昇する。したがって，Ａ社による公開買付けが成立した方が望ましい。そこで，二段階目の株式交換等を 1000 円で実行することを認めたり（ストーリー 1），あるいは，支配株主が少数株主から利益移転をすることを認めたりすることで，Ａ社による支配の獲得の後のＴ社の株式の価値が 1200 円よりも低くなるようにした方が，むしろ望ましいといえる。

　つまり，このストーリー 4 のような場合には，強圧的な公開買付けが行われ

るとしても，問題はないということになる。そうだとすると，公開買付けの強圧性を封じることだけを考えていると，このストーリー4のような場合の買収を困難にしてしまうおそれがある。たとえば，仮想のルールとして，公開買付者は，公開買付価格（たとえば1200円）の1.25倍の価格（たとえば1500円）で二段階目の株式交換等を実行しなければならないというルールが存在したとしよう。こうすれば，たしかに，公開買付けの強圧性の問題は発生しない。しかし，これはまさにストーリー4と同じ状況になる。つまり，フリーライド問題が発生する。強圧性の問題を解消することだけに注目していると，反対にフリーライド問題を引き起こしてしまうことがあるということである。

　そのため，公開買付けの強圧性の問題への対応を考えるには，フリーライド問題を生じさせないようなバランスのとれた方法を採用するべきである。

(2)　必ず問題が発生するわけでもないこと

　また，ストーリー2のような場合でも，公開買付けの強圧性のせいで株主利益・企業価値を害するような公開買付けが100%の確率で成功するのかというと実はそうではない（同様に，ストーリー4において，公開買付けのフリーライド問題のせいで株主利益・企業価値を上昇させる公開買付けが100%の確率で不成立に終わるわけでもない）。なぜなら，ある程度の数の株主が協調的に行動して「応募しない」を選択すれば，ストーリー2のような強圧的な公開買付けであっても成立しないからである。たとえば，買収者が悪名高い集団であるような場合，多くの株主が，「他の株主もこのような買収者による公開買付けは妥当ではないと考えて応募しないだろう」と予想し，「応募しない」を選択することもあるだろう。

III　対処方法

1　総　　説

　以上を踏まえて考えると，公開買付けの強圧性の問題に対するベストな対応は，ストーリー2やストーリー3のようなタイプの公開買付けの強圧性は封じ，ストーリー1やストーリー4のようなタイプの場合には公開買付けが成立するように（つまりフリーライドの問題を惹起しないように）することといえる。この

ような対処方法をいくつか考えてみよう。

2 Bebchuk 教授の提案

　公開買付けの強圧性の問題を解決する方法は，抽象的にいえば，「公開買付けの成立（支配の変動）の是非に関する賛否」と「公開買付けが成立した場合に応募するか否かの意思表示」とを分離することによって達成できる。Bebchuk 教授は，次のようなルールを提案している[20]。

　つまり，現在のルールでは応募する株主だけが応募の手続を行うことになっているが，これを次のように改める。すなわち，公開買付けへの応募の申込用紙に，①公開買付けに対して賛成・反対のいずれかを選ぶ欄と，②公開買付けが成立するならば公開買付けに応募したいかどうかを選ぶ欄を用意する。このように①と②を分離するわけである。そして，もしも②で応募すると答えた株主の株式の過半数（T 社の全株式の過半数でなくてよい）[21]が①で公開買付けに賛成した場合には，公開買付けの成立を認める。すると，①で反対をしていた者のうち，②で応募する意思表示をしていた者の株式も買い付けられる。こうすることによって，自分だけが少数株主として取り残される不安（または公開買付価格よりも不利な価格でフリーズ・アウトされる不安）をおそれて不本意に公開買付けに応募するということを防ぐことができる。

　ストーリー2に即して確認しよう。公開買付けが不成立であれば 1400 円，

---

20)　以下は，Bebchuk・後掲 1747-1750 頁を単純化して要約したものである。

21)　T 社の全株式の過半数の賛成ではなく，②で応募すると答えた株主の株式の過半数の賛成でよい理由は，もしも T 社の全株式の過半数の賛成を必要としてしまうと，①の意思表示をしなかった棄権者を当該公開買付けに反対する者とみなすことになってしまうが，このようにみなす合理的な理由がないからである。もし①で反対したかったのであれば，①において反対票を投じればよかっただけである。また，不本意にも公開買付けが成立する場合に備えておきたいという株主にとっては，①で反対，②で応募とすればよいだけであり，現在の公開買付けのように棄権することで反対の意思表示をするという仕組みではないからである。そうだとすると，棄権した者の中には，①で反対という者もいれば賛成という者も両方含まれていると考えるのが妥当であり，棄権者の意見を全て反対とみなす理由はないからである。なお，Bebchuk・後掲 1750-1751 頁は，公開買付けに過半数の賛成を得た買収者に，応募しなかった者を 3 か月以内に公開買付価格と同額でフリーズ・アウトする権利を認めることもあわせて提案している。これによって，①で賛成しながら②で応募しないというフリーライドの問題が発生しないようにしている。

公開買付けが成立する場合，応募すれば1200円，応募しなければ1000円という状況である。この公開買付けは失敗に終わる方が良いと考える株主は，①で反対，②で応募する，を選択すればよい。なぜなら，過半数が①に反対であれば，当該公開買付けは成立しないこととなるからである。また，②で応募するのは，他の株主の多くが①で賛成して公開買付けが成立するときには，応募しておかないとより不利になってしまうからである（応募しておけば1200円を受け取れるが，応募していなければ1000円しか受け取れなくなってしまうからである）。結局，ストーリー2においては，多くの株主が上記のように意思表示をすれば，①で反対多数となるから，公開買付けは成立しなくなる。そのため，T社の株主は最も望ましい1400円の価値を享受できることになる。

　以上がBebchuk教授の提案の概要である。この提案のポイントは，T社の株主が当該公開買付けの成立が望ましいと考えるかどうかの意思表示を，公開買付けに応募するかどうかと区別して行わせる点にある。

　もっとも，現在の金商法における公開買付けに関するルールは，以上の提案のような規制にはなっていない。それでは，この提案の趣旨を現実に応用する方法はないだろうかという問題を次に考えよう。

3　株主総会決議による買収防衛策

　そこで考えられるのが，公開買付けが開始された場合に，当該買付期間中に株主総会を開催し，当該公開買付けに対する買収防衛策の導入の是非を株主総会の過半数で決するという方法である。当該公開買付けがストーリー2のような場合には買収防衛策の導入が可決されるだろうし，逆にストーリー1のような場合には買収防衛策の導入は否決されるだろう。

　ここでポイントとなるのは，株主総会で買収防衛策の導入に賛成した者（つまり当該公開買付けに反対の者）の状況を考えると，もしも他の株主の多く（過半数の株主）が買収防衛策の導入に反対（つまり当該公開買付けの成立に賛成）したとしても，自分だけ取り残されるという心配はないということである。なぜなら，株主総会で買収防衛策の導入に賛成票を投じていても，その後の公開買付けには応募することができるからである。この意味で，この方法は，上記のBebchuk教授の提案のポイントであるところの，公開買付けの成立の賛否と

応募するか否かの意思表示の分離は押さえているということになる。[22)]

　このように買収防衛策による対応も可能であるが，これが上記の Bebchuk 教授の提案の完全な代替策になるかというと実はそうではない。むしろ，この買収防衛策による対応には，3つの欠点がある。第1に，買収防衛策による対応は，通常は敵対的買収でしか行われず，友好的買収の場合には行われないと考えられる。しかし，強圧性の問題が生じるのは敵対的買収の場合のみならず，友好的買収の場合もあるのだから，買収防衛策による対応には自ずと限界がある。第2に，Bebchuk 教授の提案と比べると，株主総会を開催するためのコストが余計に発生してしまうし，Ｔ社株主には株主総会決議と公開買付けの応募について時期的に離れた2回の行動を求めなくてはならない。第3に，株主総会において議決権を行使できる株主は，通常は基準日現在の株主ということになるので，公開買付けの期間の株主と一致する保障がないという問題もある。

4　セカンドチャンスの付与

　次に考えられるのが，公開買付けに応募するセカンドチャンスを与えるという方法である。すなわち，たとえば全部買付けが行われる場合に，51％ 以上の株式の応募を公開買付成立の条件として，当該公開買付けに 51％ 以上の応募がある場合には，2週間といった短期間，追加的に，当該公開買付けに応募していなかった株主に対して同じ価格で応募する機会を与えるという方法である（英国のルールはこのようなものになっている）。こうすることで，公開買付け

---

22)　田中・後掲 249 頁参照。なお，買収防衛策の導入が否決された場合（つまり株主の過半数が当該公開買付けの成立に賛成した場合）には，公開買付者が強圧的な二段階買収を行うことや，あるいは二段階目の取引を行わない場合であっても支配者が少数株主から利益移転を行うことをむしろ認めるべきだということになる。なぜなら，対抗措置の導入が否決された場合，当該買収はストーリー1やストーリー4の状況にあるとみなすべきであり，当該買収が望ましいと多くの株主が考えたからこそ買収防衛策の導入が否決されたのであるから，株主たちは，多くの株主が当該買収によって株主の利益が上昇すると考えていたということからすると，そのまま Ｔ 社の株主であり続けた方がより有利な状況になるかもしれないというように考えを改めて，むしろフリーライドの問題が発生しかねないからである。Lucian A. Bebchuk & Oliver D. Hart, *Takeover Bids Vs. Proxy Fights in Contests for Corporate Control*, ECGI-Finance Working Paper No. 04/2002, at 23-26 (2001), available at SSRN http://ssrn.com/abstract＝290584 参照。

の成立に対する賛否の意思表示と，公開買付けへの応募の意思表示とを分離することができる。たとえば，ストーリー 2 のタイプの場合に，低い価格でフリーズ・アウトされるかもしれないという心配をすることなく，公開買付けには応募しないという選択をすることが可能になる。なぜならば，他の株主が 51％ 以上の応募をしたときには，当初の期間中には応募しなかった者も延長期間において応募すればよいからである。その結果，ストーリー 2 の場合には，当初の公開買付けにおいて，「応募しない」を選ぶことが可能になり，強圧性のせいで公開買付けが成立してしまうという事態は発生しないこととなる。

　ただし，この方法では，対象会社株主に公開買付けに応募しないという逆のインセンティブを与えてしまうおそれがわずかながらあるという問題がある。なぜなら，公開買付けが成立しなければ，この応募にかかったコストは無駄になってしまうので，最初の買付期間は応募せずに様子見をして，公開買付けが成立した場合に延長期間で応募した方が有利であると考える株主もいるかもしれないからである。そうすると，本来は企業価値が上昇する望ましい企業買収までもが，失敗しやすくなってしまうおそれが出てきてしまう。[23]

5　二段階買収と株式買取請求権

　二段階買収における公開買付けの強圧性を封じることだけが目的であれば，二段階目の取引として行われる株式交換等の株式買取請求権の「公正な価格」を公開買付価格と同一価格にすれば，セカンドチャンスの付与と同様のメカニズムにより，強圧性の問題は解消する。現に，学説においては，二段階買収の場合の二段階目の組織再編の際の株式買取請求権の「公正な価格」は公開買付価格以上とするべきであるという解釈が有力であり[24]，また裁判例においても同[25]

---

23)　Bebchuk・後掲 1798 頁，飯田・後掲 1008-09 頁，飯田秀総「公開買付規制の改革――欧州型の義務的公開買付制度の退出権の考え方を導入すべきか」商事法務 1933 号（2011）16 頁参照。ただし，田中・後掲 420 頁注 213 は，英国で延長期間の設定強制が問題なく運用されているので，本文の問題によって効率的な買収を過剰に抑制しているとは考えにくいと論ずる。なお，二段階買収の場合で，一段階目の公開買付価格と二段階目のフリーズ・アウトの価格を同額とする旨を一段階目の公開買付けの際に予告して行うとき（そのような事例につき，最決平成 28・7・1 民集 70 巻 6 号 1445 頁参照）は，セカンドチャンスの付与と同様の状況といえる。

様に解するものもある。

　しかし，二段階買収が行われる場合の強圧性の問題を解消できるとしても，その他の場合の強圧性の解消には何ら貢献しないという欠点がある。日本で行われる公開買付けは，一段階の公開買付けが少なくなく，株式買取請求権の解釈を工夫したところで，このタイプの公開買付けの強圧性の問題の対応にはならない。[26]

6　全部買付義務

　金商法の平成 18 年改正によって，買付予定数の上限を設定する部分買付けであっても，公開買付け後の株券等所有割合が 3 分の 2 を下回らない場合は，公開買付者は応募された株式の全部の買付けが義務づけられることとなった（金商法 27 条の 13 第 4 項本文括弧書，金商法施行令 14 条の 2 の 2）。これによって，買付予定数の上限をたとえば 70% として行う強圧的な部分買付けを実行することができなくなった。ストーリー 3 の類型の一部は制度上発生しなくなったということになる。

　しかし，3 分の 2 未満を買付予定数の上限にして行う部分買付けの強圧性の問題は残っている。また，全部買付けによって強圧的な二段階買収を実行することは事実上可能である。さらに，一段階の公開買付けを全部買付けで行う場合にも強圧性は存在する。なぜなら，応募株主が多くなればなるほど上場廃止の可能性が高まり，上場廃止されると当該株式の流動性が劇的に低下するため，当該株式を保有することの価値も下落してしまうので，上場廃止株式を保有し続けるリスクを避けるには公開買付けに応募しておいた方がベターであるとい

---

24)　笠原武朗「少数株主の締出し」森淳二朗＝上村達男編『会社法における主要論点の評価』（中央経済社，2006）130 頁，竹中正明「合併対価の柔軟化」山本爲三郎編『新会社法の基本問題』（慶應義塾大学出版会，2006）307 頁，後藤元「カネボウ株式買取価格決定申立事件の検討（上）」商事法務 1837 号（2008）9 頁，岡田昌浩「少数株主締め出しと株式取得の対価の公正性の確保」森本滋先生還暦記念『企業法の課題と展望』（商事法務，2009）105 頁，LQ 398 頁［田中亘］。
25)　東京地決平成 21・3・31 金判 1315 号 26 頁。
26)　詳しくは，飯田秀総「株式買取請求権の構造と買取価格算定の考慮要素(5・完)」法学協会雑誌 129 巻 7 号（2012）1461-1463 頁参照。

う，まさに強圧性の問題が発生しうるからである。したがって，全部買付義務
の一部導入は，公開買付けの強圧性への対応としては過小規制といわざるをえ
ない。

Ⅳ　ブルドックソース事件

　最後に，ブルドックソース事件（前掲注4)）について，判決では公開買付け
の強圧性について何ら論じられていないが，強圧性の問題の視点からこの判例
を考え直してみよう[27]。この事件の事案の概要は次のとおりである。

> 【ブルドックソース事件の概要】　X が Y 社の全ての株式の取得を目的に公開買
> 付けを開始した。公開買付価格は，Y 社の直前の株価に約 19% の買収プレミア
> ムを上乗せしたものだった。X は，当該公開買付けの後に，二段階目のフリー
> ズ・アウトを実行するかどうかは未定であると発表した。また，X は，公開買付
> け後に Y 社の経営を行う予定はなく，事業計画等も用意していないことを公表
> した。
> 　これに対して，Y 社の取締役会は，X の公開買付けは Y 社の企業価値を毀損し，
> Y 社の利益ひいては株主の共同の利益を害するものと判断し，さらに買収対抗策
> として新株予約権無償割当ての是非を株主総会に付議した。この Y 社株主総会
> において 8 割以上の賛成によって，この買収対抗策の導入が可決された。結局，
> 公開買付けは失敗に終わった。

　X の公開買付けは，全部買付けではあったが，二段階目のフリーズ・アウト
は予定されていなかった。そのため，公開買付けが成功した場合の Y 社の株
式の価値がどうなるかについては，論理的には 3 つの可能性が考えられる状況
だった（→ Ⅰ 5(2)参照）。つまり，強圧性の問題が生じうる公開買付けだった。

　Y 社の株主の 8 割は，買収対抗策の導入に賛成した。このことを，最高裁は，
「本件株主総会において，本件議案は，議決権総数の約 83.4% の賛成を得て可
決されたのであるから，X 関係者以外のほとんどの既存株主が，X による経営

---

27)　本項の議論は，田中・後掲 221-269 頁に基づく。ブルドックソース事件の最高裁決定を
　　強圧性の観点から妥当とするものとして，草野耕一『会社法の正義』（商事法務，2011)
　　186 頁参照。

図表9-7

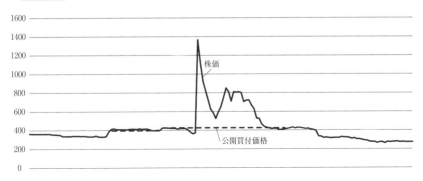

支配権の取得がＹ社の企業価値をき損し，Ｙ社の利益ひいては株主の共同の利益を害することになると判断したものということができる」と評価した。

　本件の公開買付けは全部買付けだったのだから，Ｙ社の株主は，公開買付けに応募した方が現在の経営陣の下で享受できる価値よりも高いのであれば，買収対抗策に反対して公開買付けに応募していただろう。しかし，実際は，買収対抗策が圧倒的な支持を受けて導入され，公開買付けに応募した株主はごくわずか（約2%）だった。したがって，Ｙ社の株主は，公開買付価格よりも，現在の経営陣の下での価値の方が有利だと判断していたのだろう。

　もっとも，本件公開買付けは買収プレミアムが上乗せされた価格で行われていたのであるから，公開買付価格よりも，現在の経営陣の下での価値の方が有利だと考えられたならば，①公開買付け以前の株価が割安だった，または，②公開買付け期間中にＹ社の株式の価値が高まったということが，Ｙ社の株主に広く知られたはずである。そのため，Ｘによる公開買付けが失敗した後のＹ社の株価は公開買付価格を上回ることが予想される。そこで，実際のＹ社の株価の動きをみてみよう。公開買付け期間終了後から50日間の終値をグラフにすると次の図表9-7のようになる。[28]

28）　株価データは，株式会社金融データソリューションズのポートフォリオマスター関連データ「日本上場株式日次リターン」を使用した。なお，公開買付期間中に新株予約権無償割当ての効力が発生したことを反映して，株価及び公開買付価格はその影響を調整したものを表示している。

　この図表9-7から明らかなように，公開買付価格（425円）よりも，公開買付け後の株価（50日間の終値を配当込みの株価に修正した上で平均すると325円）の方が下回っている。これは，上記の予想に反する結果である。それでは，このような現象が生じたのはなぜだろうか。

　直ちに思いつくのは，株主が不合理な行動をとったからという理由である。つまり，現在の経営陣の下での価値の方が有利という状況にはないにもかかわらず，間違えて公開買付けを拒絶してしまったという可能性が考えられる。しかし，約8割もの株主が公開買付けを拒絶したということからすると，株主が判断を間違えたという理由は全面的に支持できるものとはいいにくい。

　そこで次に考えられるのは，Y社の株主は，株主という資格で享受できる価値（325円）に加えて，取引関係等の形で別の価値（私的利益α）を享受しているからという理由である。つまり，325円＋αの方が，公開買付価格425円よりも大きかったということである。そうだとすると，Y社の株主は不合理な意思決定を行ったわけではないということとなる。また，株価は325円という株式の価値を正しく反映しており，αの価値は株主の誰もが享受できる価値というわけではないから株価に反映されていないのであり，これも合理的に説明ができるということになりそうである。そして，本件の株主構造の研究によれば，Y社の株主の構成は，インサイダー（役員・従業員，金融機関，および株式持合の相手方）による保有割合が合計で約58%だったことが分かっている[29]。これらのインサイダーは，まさに株主としての資格で享受できる価値だけではなく，株式持合等の特殊な利益を享受できていたと考えられるので，この理由がもっともらしく思える。

　ただし，この説明では，賛成票を投じた約83.4%の株主のうちの約58%のインサイダー株主の行動しか説明できておらず，インサイダーではない約25%の株主（以下「外部株主」という）がなぜ賛成したのかということの説明にはならない。外部株主の行動を説明するとすれば，本件買収対抗策を導入することによって買収価格がより高いものになると期待していたからであるという理由や，外部株主にとっては買収が成立した方が本当は有利だが，議決権の過半

29)　田中・後掲310頁。

数を占めるインサイダー株主が賛成することが十分に予想できるので，X に対する個人的な反感を表明することで満足感を得ようとして買収対抗策に賛成票を投じたといった理由も考えられる[30]。

　以上を前提にすると，本件の買収対抗策の対応は上記Ⅲ*3* の観点から正当化できるかもしれない。なぜなら，強圧的な公開買付けが行われる場合，他の株主の多くが応募してしまう可能性が高いと考えれば，持合株主も含めた多くの株主が，自分も応募しておかないとより不利な立場に追い込まれてしまうと考えて応募を選択する可能性があるからである[31]。これに対して，買収対抗策の是非を問う株主総会の場であれば，自分は応募しなかったのに他の株主は応募して公開買付けが成立してしまうという事態は生じないので，株主は強圧性の問題から解放されていたと評価できるからである。

■参考文献■

Lucian Arye Bebchuk, *Toward an Undistorted Choice and Equal Treatment in Corporate Takeovers*, 98 HARV. L. REV. 1693 (1985)

飯田秀総「公開買付規制における対象会社株主の保護」法学協会雑誌 123 巻 5 号（2006）912 頁

田中亘『企業買収と防衛策』（商事法務，2012）

星明男「少数株主から支配株主への利益移転は抑止されるべきか──会社支配権市場の規律的効果とその誘因」ジュリスト 1326 号（2007）130 頁

---

30)　詳しくは，田中・後掲 311-316 頁，森田果「集合的意思決定と法──　会社法を中心に」金融研究 30 巻 4 号（2011）209-210 頁参照。

31)　株式の持合いというメカニズムにおいて，持合株主は，Y 社と連携して行動をとることは予定しているが，他の持合株主同士との連携までは予定されていないため，インサイダーが 58% を保有していたからといって，支配株主が 1 人で 58% を保有している場合とは状況が異なる。そのため，株式の持合いが進行している場合であっても，強圧性の問題はなお生じ得る。

第 **10** 章
実証分析入門

I　実証分析の意義

　実証分析とは，何らかのデータに基づいた研究手法である。たとえば，社会
科学においては，複雑怪奇な現実社会を分析するために現実の一部を切り取っ
たさまざまな理論モデルが提唱されるのが一般的だけれども，それらたくさん
の理論モデルのうちのいずれが現実をよりよく説明するものなのかは，理論モ
デル同士で論争していても水掛け論に終わって決着がつきにくい（理論モデル
が論理的に破綻しているような場合は別として）。そのような場合に，現実社会の
データに基づいて，いずれの理論モデルがより当てはまりがよいかを検証する
ことができれば，決着をつけることができる。

　たとえば，会社法上のある制度が，企業業績（あるいは社会全体）にプラスの
影響をもたらしているのか，それともマイナスの影響をもたらしているのかは，
理論的な検討だけからではプラスの影響とマイナスの影響との双方が予想され，
いずれが上回るのかについて必ずしも決着がつかない場合がある。かといって，
法制審議会のような場で利害関係者にヒアリングをしてみても，そこで上がっ
てくる意見は「声の大きい」当事者のものだけでバイアスがかかっている（か
たよっている）可能性があり，実際の企業業績にどのような影響が発生してい
るのかを必ずしも正確に知りえないかもしれない。そのような場合に，データ
（数字）に基づいて客観的に影響を測定できれば，論争に決着を付けるのに最
適な方法といえるだろう。

　実際，米国では，多くの政策を実施する際に，データを収集して当該政策が
どのような結果をもたらしたのかをきちんと記録し，事後的に政策評価を行う
ことがなされている。また，法学の分野でも，実証分析を伴うものがしばらく
前からかなりの割合を占めるようになってきている。法学でしばしば行われる

利益衡量（たとえば静的安全と動的安全のどちらをどれくらい重視するか）は，それを行う者が過去に見聞きしてきた経験等からの直観的判断でなされてきたけれども，それを客観的なデータに基づいて行い，第三者による評価や検証をより可能な形にしようとするのが実証分析だともいえる。

　このように見てくると，実証分析が役に立つのは，研究者や立法担当者だけではないかと感じられるかもしれないが，必ずしもそうではない。訴訟でも実証分析の手法は使われることがある。たとえば，上場企業であれば株価という企業価値の指標になる数字が存在しているから，株価の変化を追っていけば，会社法において裁判例がいう「企業価値の毀損」があったのかどうかを検証することができるかもしれない[1]。これからの弁護士は，こういった訴訟資料を活用することができるように，実証分析の手法に通じている方が望ましいだろう。さらに，弁護士がそのような訴訟資料を提出してくることになると，それを評価する立場にある裁判官も，実証分析の手法を理解できなくてはならない。実証分析の手法を理解せずに，一方当事者の提出してきた「間違った実証分析」を裁判官が鵜呑みにして間違った判決を書いてしまったら，それは不幸なことだ。

　そこで本章では，実証分析について簡単な説明を行っていきたい。

　なお，実証分析と一口にいっても，大別して2つのタイプのものがある。定量的なものと定性的なものとである。定性的な実証分析とは，フィールドワークやケーススタディなどによって収集されたデータを分析するものである[2]。法学において伝統的に行われてきた判例研究という研究手法は，ある意味定性的な実証分析の1つだと位置づけることもできる。このような定性的な研究は，1つのケースに深く立ち入って分析することで，より深みのある分析を行うことができるという利点がある。けれども，それと同時に，その分析が当該ケースの特殊性に限定されてしまうし，調査者の主観も入りやすく，どこまでそれを一般化できるのか，研究の客観性の確保が難しいという欠点がある。

---

1)　たとえば，森田果「会社訴訟における統計的手法の利用——テクモ株式買取請求事件を題材に」商事法務1910号（2010）4-17頁。

2)　たとえば，森田果「宮城県における日本酒をめぐる取引の実態調査」法学68巻5号（2004）793-820頁。

　他方，定量的な実証分析とは，たくさんのケースにまたがって多量のデータを収集した上で，統計的な手法によってそれを分析していこうとするものである。定量的な実証分析は，個別のケースの特殊性に立ち入った深い分析が難しいという欠点はあるものの，一般性・客観性に優れるという利点がある。本章では，法学になじんだ多くの読者にはなじみの薄い，定量的な実証分析手法を取り上げて説明したい。

　定量的な実証分析手法の中にもさまざまなものがあるが，本章で扱うのは計量経済学（econometrics）の手法である。これは，他の統計的手法と比べ，計量経済学は，後述するような社会科学の実証に特有な問題の克服に取り組んできているため，法学における活用にも有用だと考えられるからである。

Ⅱ　相関関係と回帰分析

ⅰ　相 関 関 係

　実証分析の基礎になるのが「相関（correlation）関係」という概念だ。これは，複数の変数の間の関係を記述する概念であり，先ほどの例でいえば，「会社法上の特定の制度の有無」という変数と「企業業績」という変数との間の関係とについて，相関関係を観念できる。

　一方の変数が増えるにつれて他方の変数も増える場合を「正の相関関係がある」といい，逆に他方の変数が減る場合を「負の相関関係がある」という。この増減の対応がより明確に見える場合を「強い」相関関係といい（グラフでは直線に近くなる），対応が不明確な場合を「弱い」相関関係という。対応関係が見られない（一方の変数の増減と他方の変数の増減に一定の傾向が見いだせない）場合を，相関関係がない，あるいは無相関という。これらを図式的にあらわしたのが**図表 10-1** である。

　けれども，これらの相関関係の強弱は，グラフを見て分かる直感的・視覚的なものであり，客観的に把握するためにはやはり何らかの指標を使う必要がある。それが相関係数（correlation coefficient）である[3]。相関係数は，＋1 から −1

---

3)　相関係数は，共分散（covariance）をベースに定義される。まず，共分散とは，各変数

図表 10-1

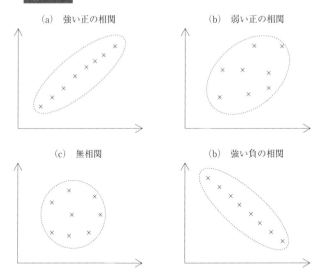

までの値をとり，0ならば無相関，0から大きくなればなるほど強い正の相関
関係，0より小さくなればなるほど強い負の相関関係となる（+1なら正の完全
相関，−1なら負の完全相関）。

　なお，相関関係は，**因果関係**（causal relationship）とは異なることに注意し
なければならない。相関関係というのは，Aという事象の生起とBという事
象という生起との間に何らかの関連性が認められることであるのに対し，因果
関係というのは，Aという事象「によって」Bという事象が引き起こされる，
という原因・結果の関係である。因果関係があれば相関関係はあるけれども，
相関関係があっても因果関係があるとは限らない。たとえば，「コンビニで傘

ごとに，それぞれの平均からどれだけずれているか（偏差）をかけ合わせたもの（偏差
積）の平均である。この共分散を2つの変数の標準偏差（偏差の2乗の和の平方根）で割
ると，相関係数が計算できる。数式で書くならば，データが (x_1, y_1)，(x_2, y_2)，…，(x_n, y_n)
と n 組あり，2つの変数 x，y の平均をそれぞれ $\bar{x}$，$\bar{y}$ で表すと，x，y の相関係数 r_{xy} は，

$$r_{xy} = \frac{\sum (x_i - \bar{x})(y_i - \bar{y})/n}{\sqrt{\sum (x_i - \bar{x})^2/n}\sqrt{\sum (y_i - \bar{y})^2/n}} = \frac{\sum (x_i - \bar{x})(y_i - \bar{y})}{\sqrt{\sum (x_i - \bar{x})^2}\sqrt{\sum (y_i - \bar{y})^2}}$$

実際には，これらの値は統計ソフトや表計算ソフトを使えば簡単に計算できる。

の売上が増えること」と「雨が降っていること」との間に相関関係が観察されるとしても，だからといって，「コンビニで傘の売上が増えたから雨が降ったのだ」という因果関係は認められない（その逆の因果関係ならある）。

　実は，実証分析によって検証できる関係は，基本的に相関関係にすぎず，それが認められたからといって，直ちに因果関係があると評価できるとは限らない。因果関係を判別するためには，Ⅳで見る手法を使う必要がある。

　相関関係があっても因果関係がないようなケースにはさまざまなものがある。まず，前述したコンビニの傘のように，原因と結果が逆になっている場合がある。他にも，隠れた真の要因が「原因」「結果」の双方に影響を与えている場合がある。たとえば，「コンビニで傘の売上が増えること」と「屋外に水たまりがあること」との間には相関関係があるけれども，両者の間に因果関係はない。これは，両者の背後に「雨が降っていること」という真の原因があって，「コンビニで傘の売上が増えること」も「屋外に水たまりがあること」も，この真の原因によって発生した結果にすぎないからである。

2　回 帰 分 析

　相関関係は，2つの変数の変化（variation）がどのような関係にあるのか——同時に同じ方向に動くのか，逆方向に動くのか，全く無関係に動くのか——を見るものである。この意味で，相関関係を考える際には，2つの変数の間にどちらが主でどちらが従かという区別はないのに対し，回帰にはそれがある。2つの変数の間で，一方の変数が，他方の変数に対して影響を与えるという関係を「想定」できる場合に，回帰を使う。ただし，前述したように，回帰分析によって分かるのは，あくまで相関関係であって，因果関係を知るためにはもう1ステップ必要であることに注意して欲しい。

　この2つの変数のうち，影響を与える前者の変数を説明変数（explanatory variable）や独立変数（independent variable）と呼び，影響を与えられる後者の変数を目的変数（response variable）や従属変数（dependent variable）と呼ぶ。筆者の個人的な用語の好みは，「前者で後者を説明する」という社会科学モデルを想起させる説明変数・目的変数だけれども，この辺りの好みは人それぞれで，他の用語が使われることもある[4]。簡単な式で書くと，次のような単純な比

例関係――これを線形の（linear）関係という――だ：

$$Y = \beta_0 + \beta_1 X \qquad (1)$$

この場合，X が説明変数で，Y が目的変数になる。X の値が決まれば，それに応じて Y の値も決まってくる関係にある（X の値を β_1 倍した上で（傾き，slope），β_0 を加えればよい（切片，intercept））から，X によって Y を説明できる（予測できる）ことになる（図表 10-2）。この直線が回帰直線（regression line）だ。

もっとも，実際には，この図表 10-2 のように「ぴったり」と実際のデータが回帰直線上に並ぶとは限らない。というより，並ばない方が普通であり，回帰直線(1)で予測されたデータと実際のデータとの間には，誤差が存在しているのが通常だ（たとえば図表 10-3）。その意味で，実際には，式(1)は，$Y = \beta_0 + \beta_1 X + \epsilon$ という形になっ

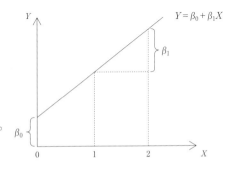

図表 10-2

ている。つまり，目的変数 Y の変化は，説明変数 X の変化によって完全に説明できるわけではなく，X 以外の要因である ϵ によっても左右されるのである。この ϵ は，X によって説明できないという意味で誤差項（error term）と呼ばれたり，分析者によって観察されていない（モデルに取り込まれていない）要因による影響だという意味で観察不能項（unobserved term）と呼ばれたりする。

もっとも，従属変数の変化を，1 個の説明変数だけで説明できるという状況はまれだ。むしろ，複数の要因の影響を考慮して初めて，従属変数の変化を説明できるという状況の方が一般的だろう。そのような場合に使われるのが，複数の説明変数を使った回帰分析である重回帰（multiple regression）分析だ。

---

4)　たとえば，独立変数は，コントロール変数（controlled variable）・regressor などと，従属変数は，被説明変数（explained variable）・regressand などと呼ばれることもある。同じ意味を持つ言葉が，文脈や書き手の好みによって使い分けられているので，初心者にとっては混乱を招きやすい困った事態なのだけれども，我慢して欲しい。

図表 10-3

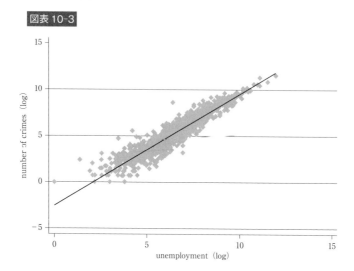

k 個の説明変数による重回帰は一般的に

$$y = \beta_0 + \beta_1 x_1 + \beta_2 x_2 + \beta_3 x_3 + \cdots + \beta_k x_k + \epsilon \qquad (2)$$

という形で書くことができる。単純な回帰分析の場合は，β_1 などパラメタの値は，x_1 などの説明変数が 1 変化したときに従属変数 y がどれだけ変化するのか（傾き）を表すものと理解できることを説明した。では，重回帰の場合は，これらの係数の値はどのように解釈できるのだろうか。

式(2)のような重回帰における β_j の推定結果 $\hat{\beta}_j$ とは，x_j 以外の全ての説明変数を固定した上で，x_j だけを変化させた場合に，それがどのような影響を目的変数 y に与えるのかを示す値だ，という意味を持つと位置づけることができる。つまり，「他の条件を全て一定とした上で（*ceteris paribus*）」の影響を抽出することができるのが，重回帰なのである。

3 OLS による推定

では，回帰直線をどのようにして発見したらいいのだろうか？ この推定（estimation）のための手法には，さまざまなものがあるけれども，最も基本的な方法が，最小二乗法（ordinary least squares, OLS）である。OLS の基本的な

発想は，その名の通り，「二乗を最小にする」ことにある。すなわち，式(1)で
計算した値は，実際のデータとは必ずしも一致しない。その「外れ」の程度が
最も小さいような直線が，そのデータを最も上手に説明する直線である，と考
える。そして，「外れ」の程度が最小になるかどうかは，「外れ」という距離の
二乗の総和が最小になるかどうかで判断するのである。

　具体的には，式(1)におけるβ_0，β_1の推定値$\hat{\beta}_0$，$\hat{\beta}_1$（推定値であることを明ら
かにするために「はっと」を付するのが慣例）は，次のようにして計算される（$\bar{X}$,
$\bar{Y}$はそれぞれX，Yの平均値）：

$$\hat{\beta}_1 = \frac{\sum_{i=1}^n (X_i - \bar{X})(Y_i - \bar{Y})}{\sum_{i=1}^n (X_i - \bar{X})^2} \qquad (3)$$

$$\hat{\beta}_0 = \bar{Y} - \hat{\beta}_1 \bar{X} \qquad (4)$$

　$\hat{\beta}_1$の推定値は，相関係数と密接な関連を持っており，相関係数と，回帰に
おける傾きβ_1とは，実質的に同じものである[5]。正の相関関係があればβ_1は正
の値をとるし，負の相関関係があればβ_1は負の値をとる。相関係数は+1から
-1までの間の数値しかとらない（標準化されている）のに対し，β_1はどんな数
値でもとりうる点が違う。

4　質的従属変数と MLE

　回帰分析の多くの場合については，OLS でパラメタを推定することができ
る。しかし，OLS を利用することが不適切な場合も多い。その典型的な例が，
従属変数が質的変数である場合である。質的変数とは，取りうる値を数量化で
きない場合である。たとえば，「ある企業が敵対的企業買収防衛策を採用して
いるか」「ある企業が社外取締役を採用しているか」という変数は，「採用して
いる」「採用していない」の2通りの値しかとりえず，そのまま数量化するこ
とはできない[6]。

---

5)　相関係数は，XとYの偏差積の総和を，XとYの標準偏差で割ったものであった。こ
　　れに対し，$\hat{\beta}_1$式は，同じ偏差積の総和を，Xの分散（＝標準偏差の二乗）で割ったもの
　　になっている。相関係数との違いは，分母の中のYの標準偏差をXの標準偏差と取り替
　　えただけである。
6)　これに対し，「ある企業が社外取締役を何人採用しているか」という変数なら，数量化

この場合，「採用している」を 1，「採用していない」を 0 と置き換えて OLS をすることは不可能ではないけれども，そうすると，バイアスが発生したり，予測値にマイナスの値や 1 より大きい値が出てしまったりすることがあり，必ずしも適切ではない。そのような場合に使われるのが，プロビット（probit）やロジット（logit）と呼ばれるモデルだ。これらの推定手法は，従属変数として，「その企業が社外取締役を採用している確率」をとり，説明変数として，さまざまな変数（株主構成・企業規模など）をとる。そして，説明変数の変化によって，社外取締役の採用確率がどのくらい変化するかを考えるのである。この際に，従属変数の確率変化の形として正規分布を考えるのがプロビットであり，ロジスティック分布を考えるのがロジットであるが，これら 2 つ以外にもさまざまなモデルがある。

　ただ，プロビットやロジットは，式(1)のような線形（図表 10-4 の破線）ではない非線形モデルだから（図表 10-4 の実線はぐにゃりと曲がっている！），OLS による推定はできない。そこで使われるのが，最尤法（さいゆうほう）（Maximum Likelihood Estimation，MLE）である[7]。これも統計ソフトウエアが自動的に計算してくれる。ただし，非線形モデルについて MLE で求められた推定値は，OLS の場合と違って解釈に一工夫必要だ。OLS における傾きの推定値は，「説明変数が 1 変化したら目的変数が $\hat{\beta}$ だけ変化する」という形で解釈できた。しかし，図表 10-4

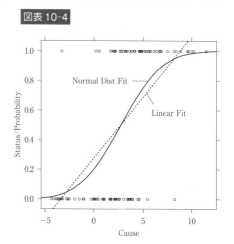

図表 10-4

の実線を見て分かるように，非線形モデルでは，場所によって傾きが違う。そ

できる。
7)　MLE の基本的な発想は，「どのようなパラメタの値が，私たちの目の前にあるデータを生成する尤度（蓋然性）を最も大きくするのか？」という問いを解くことである。

こで，代表的な値（たとえば説明変数の平均値）における傾き（限界効果，marginal effect）はまた別に計算しなければならないのがやや面倒だ（ただし統計ソフトウエアが計算してくれるのが普通）。

Ⅲ　仮　説　検　定

　以上のようにしてパラメタの値が推定できたとしても，その値をどれほど信用してよいのかは直ちには分からない。それを確認するのが仮説検定という作業だが，その前に母集団と標本の関係を説明しておこう。

1　母集団と標本

　具体例として，2005（平成 17）年改正前商法から会社法になった時点で廃止された最低資本金制度が，どのような社会的効果をもたらしたのかを検証することを考えよう。この作業のためには，日本に存在する全ての会社を調べる必要があるだろう。この「全ての会社」のように，私たちがこれから知りたいと考えている集団全体を母集団（population）と呼ぶ。けれども，この母集団について完全に知ることは，コストが大きいなどの理由——会社法を使わなかった潜在的利用者については，そもそも知ることさえできない！——によって不可能なことが多い。

　そのような場合，私たちは，母集団から一部を選び出し，その選び出された標本（sample）を分析することで，母集団についての推測（統計的推測，statistical inference）を行う。たとえば，私たちは，母集団についての平均や分散を知りたいけれども，実際にはそれを直接知ることができない。そこで，抽出された標本について，その標本の平均や分散を調べることで，母集団の平均や分散を推定するのである。選挙速報も，このメカニズムを使っている。今までに見てきた OLS や MLE といった推定手法は，目の前にある標本というデータから，

---

8)　厳密には，会社法を使おうと考えたけれども，結局使わなかったビジネス活動についても考えなければいけないので，母集団は遥かに大きい。けれども，説明を簡単にするためにここでは無視する。

図表 10-5 (a)

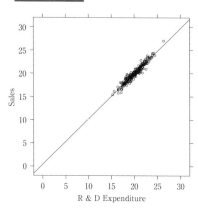

図表 10-5 (b)

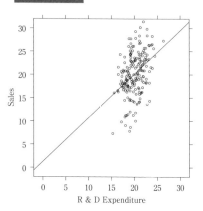

母集団のパラメタの値に関する推
定を行うための手法だったのだ。

図表 10-5 (c)

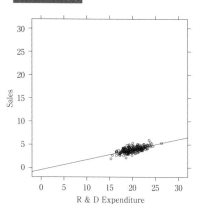

2 仮 説 検 定

　仮説検定においては，母集団に
関する何らかの仮説が真実かどう
かを検定する。この検定の対象と
なる仮説は，帰無仮説（null hy-
pothesis, H_0）と呼ばれる。なぜこ
んな変な名前がついているかとい
うと，帰無仮説は最初から否定さ
れることを予定された（期待された）仮説だからだ。そして，なお，この帰無
仮説と対立する仮説を，代替仮説（alternative hypothesis, H_1）と呼ぶ。

　たとえば，「企業の研究開発投資（R&D expenditure）が企業の売上（sales）
に影響するか？」という仮説を検証したいとしよう。この場合の帰無仮説は
「研究開発投資は売上に影響しない（つまり，両者の相関関係が0）」で，代替仮
説は「研究開発投資は売上に影響する（相関関係が0ではない）」になる。では，
この2つの変数の関係を，OLSによって推定してみよう（図表10-5の実線）。

　一番はっきりした関係を読み取れるのは，図表10-5(a)のケースで，この

場合，私たちは「研究開発投資は売上に影響しないとはいえない」とはっきりと断言できる。その上で，「研究開発投資が1単位増えると売上が1単位増える」とだいたい（平均的に）推測できる。他方，図表10-5(b)のケースは，OLSによる研究開発投資と売上の平均的な関係は図表10-5(a)の場合とよく似ているものの，ばらつきが激しいために（研究開発投資が増えると売上が増える場合も減る場合もある），「研究開発投資は売上に影響しないとは言えない」とははっきりとは断言できない。ちょっと注意しなければいけないのは，図表10-5(c)のケースで，この場合「研究開発投資が1単位増えると売上が0.2単位増える」という関係にあり，図表10-5(a)よりは影響の程度が弱いのだけれども，ばらつきは図表10-5(b)より小さいので，依然として「研究開発投資は売上に影響しないとはいえない」と断言できる。

　以上の説明は直感的だったけれど，これをもうちょっと厳密に判断するために使われるのが，有意水準（significance）とp値（p-value）という基準だ。帰無仮説が正しい（研究開発投資は売上に影響しない）という前提の下で，OLSによる推定値（図表10-5(a)(b)なら1，(c)なら0.2）がどれくらい稀な事象かを考えるのがp値だ。もし，推定値がごく稀な事象であれば，それはそもそも出発点である帰無仮説が間違っていたのだと結論づける（＝帰無仮説を棄却）のが合理的だろう。これが「統計的に有意」と表現される状態だ。これに対し，推定値がありふれた事象であれば，出発点が間違っているとは結論づけられない（＝帰無仮説を棄却できない）[9]。

　では，どのくらい稀な事象であったら帰無仮説を棄却すべきだろうか。その基準が有意水準だ。社会科学分野における有意水準は，5%が使われることが多いけれども，10%や1%が使われることもたまにある。人の生命がかかっているような場合では0.1%のような基準が使われることもある。もっとも，有意水準は厳しければ厳しいほど，望ましいというわけではない。仮説検定には，常に次の2種類のエラー（過誤）が起きる可能性がある。本当は帰無仮説が正しいにもかかわらず，帰無仮説を棄却してしまうというタイプ1エラー

---

9)　なお，帰無仮説を棄却できないということは，代替仮説を受容できることを意味しないことに注意。

(type I error) と，本当は帰無仮説が
正しくないにもかかわらず，帰無仮説
を棄却できないというタイプ2エラー
(type II error) とである（図表10-6）。

図表 10-6

判断＼仮説	真	偽
受　容	○	タイプ2エラー
棄　却	タイプ1エラー	○

　この2種類のエラーはトレードオフの関係にある。有意水準を厳しくすることは，タイプ1エラー（誤検出）を減らすけれども，タイプ2エラー（検出失敗）を増やしてしまう[10]。特に，「1−タイプ2エラーの確率」を，その検定のパワー(power) という。これは，何らかの効果を検出できる確率（一種の感度）であり，有意水準を厳しくすることは，誤検出を防止するけれども，同時にその検定のパワーを減らしてしまう。社会科学が5%の有意水準を主に使っているのは，この両者のバランスをとったものだといえよう[11]。

　ともあれ，仮説検定は，推定値とばらつきの度合い（図表10-5(a)(b)の違い）によって決まる。ばらつきについては，標準誤差（standard error）と呼ばれる数値を使い，次のような計算を行う:

$$\frac{\text{推定値} - \text{帰無仮説（ここでは 0）}}{\text{標準誤差}} \tag{5}$$

　この数値は，OLSの場合は t値（t-value），MLEの場合は z値（z-value）と呼ばれ，その絶対値が，有意水準10%なら絶対値で約1.6，有意水準5%なら絶対値で約1.96，有意水準1%なら絶対値で約2.6を超えていれば統計的に有意と言える。図表10-5(b)のように標準誤差が大きければ統計的に有意とはいいにくくなるし，図表10-5(c)のように推定値が0からあまり離れていなくても (0.2)，標準誤差が十分に小さければ統計的に有意といえる。

3 表の読み方

　そして，こういった推定結果をまとめて，図表10-7のような形にまとめる

---

10)　医薬品の効果（帰無仮説は「効果なし」）について有意水準を0.1%と厳しくすると，本当はその薬に効果がないにもかかわらず，「効果あり」と結論づけてしまう危険（タイプ1エラー）は減るけれども，本当はその薬に効果があるにもかかわらず，「効果なし」と結論づけてしまう危険（タイプ2エラー）が増える。

11)　どのような有意水準が望ましいのかについては，類似の先行研究を見るのがよい。

のが通例だ。この表は，齋藤・後掲 199 頁表 4-4 によるもので，取締役会構成の決定要因を分析したものだ。こういった表をどのように読むかというと，縦の列（column）(1)(2)というのが異なるモデルで，横の行（row）が説明変数のリストなどになる。(1)列と(2)列の違いはモデルに取り込んだ説明変数と推定モデルの違いで，(1)列は社外取締役の導入の有無を目的変数とし，比例ハザードと呼ばれる推定手法を使い，(2)列は社外取締役の比率を目的変数とし，トービット（Tobit）と呼ばれる推定手法を使っている。それぞれの説明変数の横に書いてあるのが，パラメタの推定値と，括弧内に標準誤差である。[12)]

では，このような表を提示されたとき，どのように読めばいいのだろうか。表を見る際に注目するポイントは，統計的に有意な項目だ。この表では，10% レベルで有意なところに*・5% レベルで有意なところに**・1% レベルで有意なところに***が付されてい

図表 10-7　取締役会構成の決定要因

従属変数 =	社外取締役導入	社外取締役比率（%）
計量モデル =	比例ハザード	Tobit
	(1)	(2)
Log（売上高）	0.255 **	3.335 ***
	(0.117)	(1.049)
子会社数／売上高	0.615	9.432
	(0.653)	(7.269)
海外売上高比例	0.003	0.036
	(0.007)	(0.064)
負債比例	− 0.076	0.309
	(0.669)	(5.903)
研究開発集約度	0.049	0.968 **
	(0.062)	(0.453)
時価簿価比率	0.322 **	1.374
	(0.145)	(1.245)
リスク	0.259 *	0.501
	(0.152)	(1.119)
フリーキャッシュフロー	− 0.129 ***	− 0.837 ***
	(0.355)	(0.318)
ラーナー指数	− 0.023	− 0.514
	(0.072)	(0.491)
Log（企業年齢）	0.174	− 2.150
	(0.349)	(1.472)
産業調整済み ROA	0.005	0.113
	(0.035)	(0.322)
創業者経営	− 0.600	− 7.561 **
	(0.427)	(3.667)
創業者の子孫経営	0.013	0.265
	(0.244)	(2.625)
外国人特殊比率	0.027 **	0.305 ***
	(0.012)	(0.100)
系列	0.061	− 0.453
	(0.236)	(2.506)
5% 以上株主	0.044	3.869 **
	(0.208)	(1.728)
10% 以上株主	0.251	12.726 ***
	(0.527)	(3.429)
産業ダミー	Yes	Yes
年度ダミー	No	Yes
Log pseudo-likelihood	− 737.350	− 9,349.654
サンプル数	3,404	5,346

（注）　1.（　）内の数字は企業内の誤差項の相関を考慮した頑健な標準誤差。
　　　2. *，**，***はそれぞれ，10%，5%，1% 有意水準を表す。
（出典：齋藤・後掲 199 頁表 4-4 から一部抜粋）

---

12)　比例ハザードおよびトービットについては，細かくなるので本章では説明しない。森田・後掲第 15 章を参照。

るから，**や***が付されているところだけに着目すればいい。それ以外の項
目は，統計的に有意でないから，「当該係数が0」という帰無仮説が棄却され
ていないことになり，当該項目が取締役会構成に影響したとは（5%レベルで）
評価できないからだ。

　とりあえず(1)列だけ確認しておくと，5%レベルで統計的に有意に出てい
るのは，売上高・時価簿価比率・フリーキャッシュフロー（FCF）・外国人持
株比率の4つだけだ。FCF以外はいずれの推定値も正の値なので，社外取締
役導入を早めるが（(2)列なら社外取締役比率が高まる），FCFについては負の値
なので，社外取締役導入を遅くする効果を持つ（(2)列なら社外取締役比率を下げ
る）ことになる。売上高が大きくなるほど社外取締役の導入は早まり（＝規模
の大きい企業ほど社外取締役をより早く導入する），時価簿価比率が高い企業ほど社
外取締役の導入は早まり（＝複雑な企業ほど社外取締役を早く導入する），FCFが
大きい企業ほど社外取締役の導入は遅くなり（＝経営者による資源浪費の可能性
が高い企業ほど社外取締役の導入が遅れる），外国人持株比率の高い企業ほど社外
取締役の導入は早まる（＝外国人投資家が社外取締役の導入に対する圧力となってい
る），ということが分かる。

Ⅳ　法制度の評価

　さて，以上で基本的な推定手法と仮説検定を見てきたので，ここからは，個
別的な実証分析手法について見ていきたい。多くの実証分析において私たちが
知りたいのは，何らかの法制度がもたらす影響だ。たとえば，会社法のコーポ
レート・ガバナンスをめぐっては，社外取締役の導入の是非が論点の1つにな
ってきたけれども，社外取締役の存在が企業業績にどのような影響を及ぼすの
かを知りたい。それでは，この場合に，社外取締役を採用している企業と，社外
取締役を採用していない企業の業績を比較すれば，社外取締役の効果を見られ
るのだろうか？　つまり，「業績（社外取締役あり）－業績（社外取締役なし）」だ。
　でもちょっと考えてみよう。この式は，「業績（社外取締役採用企業が社外取締
役あり）－業績（社外取締役採用企業が社外取締役なし）＋業績（社外取締役採用企
業が社外取締役なし）－業績（社外取締役不採用企業が社外取締役なし）」という形

に書き換えることができる。社外取締役がもたらす影響として私たちが通常知りたいのは，この変形後の式の前半部分だ。前半部分はすなわち，社外取締役を採用している企業の業績と，その企業が「もし仮に」社外取締役を採用していなかったならば実現していたであろう業績の差だ。これが私たちの求める，社外取締役と企業業績との因果関係（相関関係ではなく！）になる。ところが，現実の業績と比較対象されるべきは，現実にはありえなかった仮定の状態なので，**反事実**（counterfactual）だ。因果関係を識別（identify）するためには，この反事実をなんとかして作り出さなければいけない。

　もう1つ困るのは，最初に掲げた単純な比較では，社外取締役ありを選択した企業と社外取締役なしを選択した企業との間の，両社とも社外取締役がいなかったとした場合の業績の差が私たちの知りたい因果関係に追加されている（変形後の式の後半部分）。この追加部分は，**選択バイアス**（selection bias）と呼ばれる。選択バイアスがゼロであれば，社外取締役ありの企業の業績と社外取締役なしの企業の業績との差分をとるだけで，因果関係を判別できる。しかし，選択バイアスがゼロであるとは断言できない。なぜなら，社外取締役を採用するかしないかという企業の意思決定は，その企業の業績（予測）によって影響されている可能性が高く，そうだとすれば，社外取締役を採用した企業と採用しなかった企業との間では，そもそも社外取締役を採用しなかったと仮定しても，業績に差があるはずだからだ。たとえば，「業績のよい企業ほど社外取締役を採用する傾向が高い」という状況では，選択バイアスがプラスに出る。だとすると，仮に純粋な社外取締役の影響がマイナスであったとしても，単なる社外取締役ありの企業の業績と社外取締役なしの企業の業績との差分がプラスになる可能性すらあるから。

　このように，私たちが関心を持つ説明変数（ここでは「社外取締役を採用するか否か」）が，従属変数の影響を受けて決まっている状況を，**内生性**（endogeneity）がある，という（対義語は外生性，exogeneity）。説明変数が外生的ではなく，内生的に決まっている場合には，政策評価をしようとしても，単純な差分をとっただけでは，選択バイアスがゼロにならないので，因果関係を正確に判別することができなくなってしまう。

　そこで，計量経済学は，反事実を作り出し，選択バイアスあるいは内生性を

克服するために，さまざまな手法を編み出してきた。[13]以下では，その一端について簡単な説明をしていこう。なお，以下で解説する手法については，複数の手法が同時に使われることも多いので，注意されたい。

1　マッチング

選択バイアスを打ち消すための方法として簡単に思いつくのは，処置群と比較対照群とを対置するときに「似たようなものを比較する」ように仕組むことだ。似たような対象同士を比較するのであれば，従属変数による影響は同じように発生し，差し引いた場合にはキャンセルされることになる。そうすると，選択バイアスは発生しないはずだから，それを反事実として採用すればよい。これが，マッチング（matching）の基本的なアイデアである。

たとえば，社外取締役の採用が企業業績に与える影響を推定するときに，社外取締役の採用の有無以外については同じような企業を探し出してきて比較するのである。「同じような」というのは，たとえば，業種・売上げ・利益率・株主構成・資本構成など，さまざまな変数について（できるだけ）似た企業を探してくることになる。もっとも，比較の際に，多くの変数を参照すればするほど，社外取締役採用企業とぴったり一致するような非採用企業を探し出してくることは困難になる。そのような場合に使われるのが，プロペンシティスコア・マッチング（propensity score matching）だ。

プロペンシティスコアとは，処置を受ける確率のことである。ここでは，社外取締役を採用する確率になる。この確率が同じ企業同士を比較すれば，多くの変数に基づいて同じ企業を比較したのと同じ結果が導かれることが知られている。マッチングに使う変数が，たとえば10個から1個に減るので，比較対象の企業を探してくる作業が大幅に楽になる。具体的なやり方としては，サンプルデータに基づいて「企業が社外取締役を採用しているか否か」をプロビッ

---

13)　社会科学以外の領域では，ランダム化比較対照実験（randomized controlled trial,
RCT）が広く行われている。これは，被験者群を，処置群（treated）と比較対照群
（control）にランダムに割り振り，両者の差違を測定することで，処置の効果を測定する
手法である。こうすれば簡単に反事実を構築できる。本文で見ていく手法は，ある意味こ
のRCTを模倣するものだといえる。

トモデルで推定する。そうすると，各企業ごとに，実際の社外取締役の採否とは別に，「当該企業が社外取締役を採用する確率」を計算できる。この値が同じ企業同士をマッチングすればよい。

　実際にプロペンシティスコア・マッチングを行っている例としては，買収防衛策の採用が企業評価に与えた影響を推定している胥・後掲が挙げられる。ここでは，買収防衛策を採用した企業と採用しなかった企業で，防衛策採用の前後で評価にどのような差があるかを比較しているが，採用企業と不採用企業を単純に比較したのでは，「違うものを比較している」といわれかねないので，マッチングを使って推定を行っている。その結果，買収防衛策採用企業と不採用企業との間では統計的に有意な企業評価の差違が頑強には観察されず，それは買収防衛策の採用を株式市場が事前に予見していたためではないかと結論づけている。

2　IV（instrumental variable）

　内生性に対処するためのもうちょっとテクニカルな，けれども，頻繁に利用されている手法が，操作変数（instrumental variable, IV）だ。IV とは，「それ自体直接には従属変数に影響を与えていないけれども，内生的な説明変数に対する影響を通してのみ，間接的に従属変数に影響を与えている変数」だ。この抽象的な説明では分かりにくいと思うので有名な例として，従軍経験が平均賃金に与える影響を測定しようとした Angrist（1990）をとりあげよう。

　巷で昔からいわれるように，軍隊に入ろうと考える人は食いはぐれた人であることが多いとすると，従軍経験のある人と従軍経験のない人の平均賃金を比較すると，前者の方が後者の方より低くなるのは，まさに選択バイアスのせいである可能性があり，従軍経験自体によって賃金が低くなったかどうかは分からない。ところが，米国では，ベトナム戦争の際に，一時的にくじによる徴兵制が行われていた。このくじに当選したかどうかは，直接にはその人の平均賃金に影響を与えない。けれども，くじに当選したかどうか（これが IV）は，それによって徴兵されてベトナム戦争での従軍経験があるかないかにつながり，その従軍経験を通じて平均賃金に影響を与えることになる。とすれば，くじに当選した人と落選した人を比較すれば，従軍経験の有無が平均賃金に与える影

293

響だけを測定できるはずだ（そし
て実際低くなっていた），というの
がⅣのアイデアだ。

　Ⅳの発想を図式的に表すと，
図表 10-8 のようになる。Ⅳ を
使った推定は 2 段階からなり，ま
ず第 1 段階として，内生的な説明
変数を従属変数とし，Ⅳ を説明

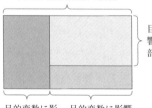

図表 10-8

内生的な説明変数の変化

目的変数に直接影
響しないⅣがこの
部分を切り出す

目的変数に影　　目的変数に影響
響される部分　　されない部分

変数として回帰し，内生的な説明変数の推定値を取り出す。Ⅳ は，目的変数
に対して直接影響しない変数だから，この回帰分析によって，内生的な説明変
数の変化全体のうち，目的変数に影響される部分は取り除かれ，目的変数に影
響されない部分のうち，Ⅳ によって説明できる部分だけが抽出されることに
なる。次に，第 2 段階として，この第 1 段階で得られた推定値を，内生的な説
明変数の代わりの説明変数として，もともとの回帰モデルに組み込んで回帰分
析を行う[14]。こうすると，2 段階目の回帰分析で使用される説明変数は，内生的
な部分はなくなるので，内生性の問題を克服できるのだ。

　このように Ⅳ は便利であり，多用されているのだけれども，Ⅳ を使った実
証分析を読む際には，いくつか注意しなければいけないことがある。第 1 に，
Ⅳ の肝は，「Ⅳ は目的変数に直接影響しない」というところにある。この属
性によって，**図表 10-8** の左側の目的変数の変化のうちの内生的な部分を排除
しているのだ。けれども問題は，この属性が本当に満たされているのかどうか
断言することが難しいところにある。

　前述したくじによる徴兵制の例であれば，くじはランダムだから（いかさま
がなされていない限り），この属性が満たされていることにあまり異論がない。
けれども，実際に利用されている Ⅳ の中には，この属性が満たされているか
どうか怪しいものもかなりある。もちろん，その分析を行った人は，「この属
性が満たされている」ということを言葉を尽くして読者を説得しようとするけ

---

14)　このように，Ⅳ を使った推定は 2 段階からなるので，最小二乗法を使っている場合に
　　は，二段階最小二乗法（two-stage least squares, 2SLS）とも呼ばれる。

れども，本当にその説明が説得的かどうかは，よくよく考えてみないといけない。もし，この属性が満たされていなければ，Ⅳ を使っても内生性を克服できていないことになるから，Ⅳ を使った意味がない（悪い Ⅳ と呼ばれる）。

　第2に，Ⅳ によって切り出される説明変数の変化は，図表 10-8 から分かるように，元の説明変数の変化全体の一部でしかない。もし，Ⅳ によって切り出された変化の割合がごくわずかであった場合には，元々の説明変数の変化のうちごく一部を使ってしか推定を行っていないことになるから，その推定結果は非常に不正確なものとなってしまう（弱い Ⅳ と呼ばれる）。この問題を発見するためには，第1段階の推定作業が，どれほど正確に行われているかをチェックすることが近道だ。もし，第1段階の推定作業が上手くいっていなければ，その Ⅳ には何かしら問題があると考えた方が良い。

　ともあれ，Ⅳ によって切り出される変化は，元の説明変数の変化の一部分でしかない以上，どのような Ⅳ を使うかによって，どの部分が切り出されるかも変わり，それに伴い，最終的な推定結果も変わりうる。このため，Ⅳ が「悪用」される場合には，実証分析を行う者にとって「都合のよい」結論が導かれるような Ⅳ を探してきて推定作業が行われることもありうる。そのような危険性を完全に除去することは難しいけれども，前述した2つのチェックポイントに注意しながら読めば，その危険性を小さくすることができるだろう。

3　DD（differences-in-differences）

　このほかに頻繁に見かける手法として，differences-in-differences（DD）がある。DD は，「差分の差分」というその名前からも推測できるように，政策

介入のビフォー・アフターの差分について，政策介入があったユニット（トリートメント・ユニット）と政策介入のなかったユニット（コントロール・ユニット）とを比較すれば，政策の効果を測定できるはずだ，というアイデア（図表10-9）である。

図表 10-9

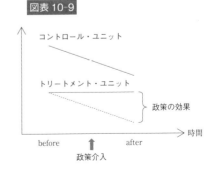

　図表10-9のようなケースでは，トリートメント・ユニットについて，政策介入の前後の差分をとっただけでは，政策介入によって何らの変化もなかったという結論が導かれてしまう。しかし，もし，トリートメント・ユニットと，政策介入の有無以外では共通したトレンドを持っていると想定できるようなコントロール・ユニットが，政策介入の前後で低下傾向を示していたのであれば，トリートメント・ユニットについても，仮に政策介入がなかったとしたならば，同様の低下傾向が観察されていたはずだ（←反事実の構築）。とすれば，政策介入によってこのような低下傾向が観察されなかったということは，政策介入によってこの低下傾向分が打ち消されたのであり，まさにその部分が政策介入による影響だととらえることができる。

　このようなDDは，少なくとも政策介入の前と後という2期分のデータがあれば，推定が可能であり，多くの政策評価において利用されている。ただし，DDを使うためには，大きな前提がある。それは，前述の説明からも明らかなように，トリートメント・ユニットとコントロール・ユニットとが，政策介入の有無以外は同じようなトレンドを持っている，という点だ。この点をチェックするための1つの方法としては，政策介入の前の時期における2つのユニットのトレンドを一定程度長期間観察し，両者のトレンドが似ているかどうかを確認する方法がある。また別の方法は，前述したマッチングを使うものだ。マッチングによって，「同じような性質を持ったユニット」を拾い出し，その上で政策介入の前後の差分を比較すれば，政策の効果を測定できるだろう。

　前述した胥・後掲は，まさにこのマッチングとDDの併用をしている。買収防衛策採用企業と不採用企業とについてまずマッチングを行って「同じような企業」を選び出した上で，買収防衛策採用の前後において，企業評価の差がどのように変わったのか，を推定しているわけである。

4　FE（fixed effects）

　DDを一般化した手法が固定効果法（fixed effects, FE）だ。FEは，パネルデータを前提とした手法だ。パネルデータとは，特定の時点における多くのユニットのデータを集めたクロスセクションデータや，1つのユニットについて多くの時点についてのデータを集めた時系列データと異なり，多数のユニットに

ついて複数の時点のデータを集めたデータだ。クロスセクションデータや時系
列データと異なり，パネルデータを使うと，DD の場合と同様，事前事後の比
較ができるので，因果関係を判別しやすいのだ。

　たとえば，多数の企業について，毎年の業績等のデータを集めてパネルデー
タを構築したとする。FE においては，各企業ごとに，時点が違っても変わら
ない固有の一定した特徴がある，という前提を置く。すなわち，ある企業が有
している一定の特徴は時間を経てもそう簡単には変わらないはずだから，目的
変数に対して同じような影響を与え続けているだろうと想定し，その分を差し
引いて考えるのである。このような FE を使うことは，異なる企業間の差違
(between difference) ではなく，同一の企業内の時点間差違 (within difference)
に着目し，同一の企業内で説明変数（政策など）が変化した場合に，その企業
に関する目的変数にどのような変化が発生するのかを測定することができる。
これなら，異なる特徴を持つ企業間を比較しているわけではないから，選択バ
イアスを回避できることになる[15]。他方で，FE は，その名の通り，各ユニット
ごとの特徴が，時間を経ても一定であるという仮定に依拠しているから，この
仮定が成り立ちにくい場合には，使うべきではないことになる。

　FE は，パネルデータが構築可能な場合には強力な推定手法であり，さまざ
まな場面で使用されている。たとえば，宮島＝小川・後掲は，独立社外取締役
の導入が企業業績にどのような影響を及ぼしたのかを固定効果モデルを使って
推定している。そして，独立社外取締役の導入が，社外取締役が助言あるいは
監視を行っていく際の情報獲得コストの低い企業群においてのみ企業業績にプ
ラスの影響を与えるのに対し，情報獲得コストの高い企業群では企業業績に統
計的に有意な影響が観察されないことを明らかにしている。

---

15)　さらに，FE においては，私たちが拾いきれなかった説明変数の影響が固定効果 α の中
　　に含まれるから，回帰分析において説明変数として使うべき説明変数をモデルから落とし
　　てしまっていても，バイアスが生じにくいというメリットもある。

V　株価を使った実証分析の手法

1　イベント・スタディ

　次に，イベント・スタディ（event study）という分析手法を見てみよう。[16]

　イベント・スタディの基本的なアイデアは，もし，法制度の変化・企業をめぐる状況の変化などのある出来事（イベント）があり，それが企業業績に大きな影響を与えるようなものであれば，株価はそれに応じて大きな変動を示しているはずだ，とすれば，株価の変動が大きなものであれば，その前にあった当該出来事は，企業業績に影響を及ぼすものであったに違いない，というものだ（株価以外でも，イベント・スタディを行うことは可能である）。たとえば，合併・株式交換などの組織再編によって企業価値の毀損があったかどうかを市場株価から測定したいという場合や，金商法上，ある事実の公表が市場株価に大きな影響を与えるほどの重要な事実であったかどうかを判定したいという場合に，イベント・スタディを利用できる可能性がある。

　かかるイベント・スタディは，前述したマッチングのバリエーションの 1 つとして理解できる。あるイベントが株価に対して影響を及ぼしたかどうかを評価するためには，当該イベントが存在しなかったならばどのような株価が形成されていただろうか，という反事実を構築する必要がある。イベント・スタディにおいては，過去の株価の変化を使って反事実＝マッチング・ペアを構築した上で，反事実と現実の株価の差分をとり，この差分が統計的に有意といえるほど大きいかどうかを検定するのである。

　具体的には，イベント・スタディは，次のような手続で行う：[17]

1. イベントおよびイベント・ウインドウの定義
2. 正常リターン（normal return）を推定するモデルの選定
3. 選定されたモデルを推定するための推定ウインドウの設定
4. 推定ウインドウのデータを利用した，モデルの推定
5. モデルから推定された正常リターンから算出された（累積）異常リターン（abnormal return）の算出とその統計的検証

16）　イベント・スタディについて詳しくは，Kothari and Warner（2007）を参照。

　まず最初に，法制度の変化など，企業の業績に影響を与えるかもしれないと
予想され，その効果を検証したいイベントを決める。もっとも，同じ時期に複
数の情報が株式市場に提供された場合，市場は，それら複数の情報の影響を総
合的に判断して価格を形成していくから，私たちが検証したいと思っているイ
ベントの影響だけを上手く取り出すことが難しくなる。私たちが検証したいと
考えるイベントだけが起きているケースを拾い出せるかどうかが，イベント・
スタディを上手く行う鍵だ。そして，このイベントに伴う株価の変化が市場に
影響すると思われる期間（イベント・ウインドウ）を設定する。特定日の前後1
日間・3日間・1週間などを設定するのが通常だ。

　次に，株価が当該イベントに応じて「特に」大きな変動を示したかどうかを
判断するためには，「普通」の株価の変動がどれほどなのかが分かっている必
要がある。それが，正常リターンの推定だ。通常は，

$$個別株価の変動 = \beta_0 + \beta_1 \text{市場インデックス} + \beta_2 \text{その他説明変数} + \cdots + \epsilon$$

といった回帰モデル（マーケットモデルと呼ばれる）を使う。多くの説明変数を
取り込むことも可能だけれど，通常は市場インデックス（TOPIXなど）くらい
で十分だ。その上で，一定期間の株価データを使って，このモデルのパラメタ
の推定を行う。このデータ採用期間を推定ウインドウといい，イベントより前
の半年から1年程度のデータを使うのが一般的だ。イベントより離れすぎてい
ると，株価の変動の仕方が変わっているかもしれないので望ましくないが，イ
ベント期間と重なっているとイベントの影響を取り込んでしまうので（反事実
として不適切になる），イベントの直前から採用するわけだ。

　続いて，この推定されたモデルを使って，イベント・ウインドウ内における
異常リターンを算出する。異常リターンとは，このモデルで予測される正常リ
ターン（株価の予想される変動の仕方）からの乖離幅だ。イベント・ウインドウ
が1日であれば，1日分の異常リターンになるけれど，複数日にわたる場合に
は，それら複数日の異常リターンを累積した，累積異常リターンを算出するこ

---

17)　なお，イベント・スタディを行う際には，配当修正（その他に株式分割等の与える影響
　　の修正も必要である）のなされた後の株価データを使うのが厳密な手法である。

とになる。その上で，この（累積）異常リターンが，「当該イベントが株価に影響を与えない」という帰無仮説の下でどれくらい稀な事象かについて，（累積）異常リターンの標準誤差による仮説検定を行う。統計的に有意な結果が出れば，そのイベントは，企業業績に統計的に有意な影響を及ぼしたと推測できる。

2　マーケットモデルを活用した反事実の構築

　イベント・スタディで使う正常リターンの推定プロセスは，他の用途に使うこともできる。前述したように，このプロセスは，「イベントが存在しなかったならばどのような株価が形成されていただろうか」という反事実の構築だ。とすれば，組織再編がなかったならば成立していたであろう価格である「ナカリセバ価格」や，証券取引をめぐる損害賠償請求訴訟における「虚偽事実の公表がなかったならば成立していたであろう価格」の推定に，このテクニックは活用できるはずだ。

　たとえば，インテリジェンス事件東京高裁決定（東京高決平成 22・10・19 判タ 1341 号 186 頁，百選 Ap33）においては，株式交換に伴う株式買取請求がなされた場合において，株式交換計画公表後の株価の変動を取り込んだ補正をするために，前述した正常リターンを推定する回帰モデルを活用している。

　この事件では，株式交換計画公表後，リーマンショックの発生により市場全体の株価は大きく下落したが，それと同時に，株式交換計画公表後の当該会社の株価変動は，株式交換が当該会社にもたらす影響を取り込んだものになっている。そこで，組織再編「ナカリセバ価格」を算定するために，計画公表以後の株価については，現実の株価ではなく，計画公表以前の当該会社の株価変動が，計画公表以後も続いたと仮定して想定株価を算出して利用しようとしたのである。そのためには，計画公表前の株価データ（→推定ウインドウ）を利用してマーケットモデルを推定し，その推定されたマーケットモデルを利用して，計画公表後の想定株価を計算すればよい[18]。

　もっとも，このように，ナカリセバ価格の推定や虚偽事実がなかったならば

---

[18]　もっとも，実際にインテリジェンス事件東京高裁決定で採用された方法には多くの問題点があることについては，森田・後掲第 6 章・第 10 章を参照。

図表 10-10

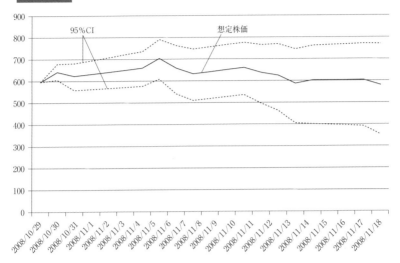

形成されたであろう株価の推定においてマーケットモデルを活用する際には，注意しなければいけない点がある。それは，マーケットモデルによって推定される想定株価は，あくまで「想定された株価の平均値」にすぎず，実際に株価がとりうるであろう価格には，推定誤差が介在することだ。しかも困ったことに，この推定誤差は，想定期間が長くなれば長くなるほど拡大していく。図表10-10 は，ある企業の株価について，マーケットモデルを利用した想定株価と，その株価が95% の確率で採りうる範囲（信頼区間，confidence interval, CI）を計算したものだ。たった2 週間が経過しただけで，考えられる誤差の範囲は相当に広がっていることが分かるだろう。

　このことに鑑みると，確かにマーケットモデルは「○○という事象が存在しなかったならば成立していたであろう株価」を計算するための有力な手法であるけれども，あまり長期の予測には向かないと考えるべきだろう。少なくとも，数か月先とか1 年とかの長期間についてマーケットモデルで想定株価を計算することは，95% 信頼区間の幅を考えると，相当に気持ちの悪いことである。このような長期のリターンを推定するには，マーケットモデルではなく，Fama-French のマルチ・ファクター・モデルといったモデルの方が精度が高い

ことが知られており，そちらを使うのも 1 つの方法かもしれない。[19)]

Ⅵ　お わ り に

　本章の最初に，実証分析が優れている点の 1 つは，それがどのモデル・解釈・法政策がより妥当かどうかを，データに基づいて客観的に検証できることにある，と書いた。たしかに，きわめて主観的な普通の法学の方法論に比べれば，実証分析は，相対的により客観的な手法ではある。けれども，そのことは，実証研究が完全に主観的な評価から自由であることを意味しない。手法の客観性とは程度の差であって，実証分析といえども相当に主観的な部分がある。これが実証分析が濫用される危険性の理由の 1 つになっている。[20)]

　そこで，実証分析を行う場合は，まず，自分が正しいと考えているモデル・手法について，それが前提としている仮定を明示的に提示することが望ましい。その上で，他の考えられるモデル・手法についても推定を行った上で，その分析結果を並べて提示するとよい。もし，異なったモデル・手法による分析結果が類似していれば，自分の行った分析は，頑強（robust）であるとして，高い客観的妥当性を認められるだろう。実際，アカデミックな世界においては，そのような手続を踏むことが一般的な慣習となっており，この手続を踏んでいなければレフェリーからそれを求められる（従わないと却下される）ことになる。

　ところが，実証分析が法廷に訴訟資料として提出される場合には，頑強性のチェックがきちんとなされているとは限らない。当該当事者にとって有利な分析結果だけが法廷に提出され，不利な分析結果が隠されてしまう危険がある。特に，一風変わった手法で分析がされており，しかもその分析手法による結果しか提示されていない場合は注意深く読む必要がある。そのような訴訟資料を読まなければいけない裁判官や相手方弁護士の仕事は大変なのだ。

---

19)　これらのほかにも様々な問題があることについては，森田果「あえて言おう，カスであると！──会社訴訟・証券訴訟で利用されるマーケットモデルはどこまでロバストなのか？」黒沼悦郎＝藤田友敬（編）『企業法の進路　江頭憲治郎先生古稀記念』497 頁を参照。

20)　この問題について詳しくは，森田・後掲第 2 章を参照。

◆練習問題◆

相関係数の手による計算

　2つの変数（x, y）について，10個のサンプルがあったとする：(176, 15)，(170, 14)，(135, 13)，(141, 11)，(161, 13)，(137, 15)，(195, 19)，(186, 14)，(138, 13)，(168, 15)。この2つの変数について，相関係数を電卓を使って計算しなさい。エクセルや統計ソフトウエアの相関係数算出コマンドは使わないこと[21]。

ATE on untreated —— estimand（推定の対象）は何か？

　社外取締役を会社法で上場会社に会社法で強制すべきか否かを考えるために，社外取締役の存在が企業業績に与える影響を推定した実証研究を援用することを考える。前述したように，社外取締役採用企業と不採用企業の業績を単純に比較したのでは，選択バイアスによって正しい推定値が得られない。そこで，マッチング・DD・FE などを使うことによって選択バイアスを克服できるように推定を行ったところ，社外取締役の存在によって企業業績にプラスの影響が観察されることが明らかになった。この実証研究を，強行規定の導入の根拠として援用できるか，考えてみなさい[22]。

内生性と IV

　資本市場の発展度合いが経済成長に対してどのような影響を及ぼすのか分析したい。ところが，資本市場の発展が経済成長に影響を与えるだけでなく，経済成長が資本市場の発展に影響を及ぼしている可能性がある。そこで，資本市場の発展に影響を与える IV として，法の起源（ドイツ法・フランス法・英米法）を使うことを考える。英米法系の諸国において資本市場が最も発展している一方，フランス法系の諸国において資本市場の発展が遅れており，ドイツ法系の諸国はその中間である。この「法の起源」が，IV として妥当かどうかについて検討しなさい[23]。

■参照文献■

Angrist, Joshua D., 1990, *Lifetime Earnings and the Vietnam Era Draft Lottery:*

---

21)　答え：0.6714692。
22)　ヒントとして，森田果「ATE on Untreated」金融商事判例 1396 号（2012）1 頁。
23)　弱い IV についてのヒントとして，John Armour, Simon Deakin, Prabirjit Sarkar, Mathias Siems, and Ajit Singh, 2009, *Shareholder Protection and Stock Market Development: An Empirical Test of the Legal Origins Hypothesis,* JOURNAL OF EMPIRICAL LEGAL STUDIES 6: 343-380. また，悪い IV かどうかについても考えてみなさい。

Evidence from Social Security Administrative Records, AMERICAN ECONOMIC REVIEW 80: 313-36.

Kothari, S.P., and Jerold B. Warner, 2007, *Econometrics of Event Studies*, in: HANDBOOK OF CORPORATE FINANCE, VOLUME 1 3-36 (Elsevier).

ヨシュア・アングリスト＝ヨーン・シュテファン・ピスケ（大森義明＝小原美紀＝田中隆一＝野口靖子訳）『「ほとんど無害」な計量経済学——応用経済学のための実証分析ガイド』（NTT 出版，2013）。

今井耕介『社会科学のためのデータ分析入門（上）・（下）』（岩波書店，2018）。

齋藤卓爾「日本企業による社外取締役の導入の決定要因とその効果」宮島英昭編『日本の企業統治【その再設計と競争力の回復に向けて】』181-213 頁（東洋経済新報社，2011）。

胥鵬「買収防衛策イン・ザ・シャドー・オブ株式持合い」商事法務 1874 号（2009）45-55 頁。

中室牧子＝津川友介『「原因と結果」の経済学——データから真実を見抜く思考法』（ダイヤモンド社，2017）

宮島英昭＝小川亮「日本企業の取締役会構成の変化をいかに理解するか——取締役会構成の決定要因と社外取締役の導入効果——」商事法務 1973 号（2012）81-95 頁。

森田果『実証分析入門——データから「因果関係」を読み解く作法』（日本評論社，2014）。

事 項 索 引

数字でわかる会社法　第2版
Numerical Analysis of Corporate Law, 2nd ed.

2013 年 4 月 30 日　初　版第 1 刷発行
2021 年 4 月 20 日　第 2 版第 1 刷発行

編 著 者	田　中　　　亘
著　　者	飯　田　秀　総
	久 保 田 安 彦
	小　出　　　篤
	後　藤　　　元
	白　井　正　和
	松　中　　　学
	森　田　　　果
発 行 者	江　草　貞　治
発 行 所	株式会社　有　斐　閣

郵便番号 101-0051
東京都千代田区神田神保町 2-17
電話　(03)3264-1314〔編集〕
(03)3265-6811〔営業〕
http://www.yuhikaku.co.jp/

印刷・大日本法令印刷株式会社／製本・大口製本印刷株式会社
© 2021, W. Tanaka, H. Iida, Y. Kubota, A. Koide, G. Goto,
M. Shirai, M. Matsunaka, H. Morita. Printed in Japan
落丁・乱丁本はお取替えいたします。
★定価はカバーに表示してあります。

ISBN 978-4-641-13858-2